初等理科教育法
～先生を目指す人と若い先生のために～

はじめに

　本書は，平成 29（2017）年に改訂された小学校学習指導要領（理科編）に準拠し，大学の初等教員養成課程の学生・大学院生，小学校の教師を対象に執筆されています．

　本書の基本的なコンセプトは，「使えること，考えること」です．まず，使えることとは，大学・大学院での講義や教育実習等，現職教育における各種研修の場で使えるということです．このため，各章は，教育（学）の先端的動向に関する内容を踏まえ，実践を想定して執筆されています．また，第 11 章から第 16 章までは，実践の場で用いるため，まず，第 11 章はその後の章につながる理論から実践への扉として設定しています．第 12 章から第 15 章までは，各学年で学ぶことと，それを基盤として，教育実習を指導されている国立大学附属小学校の先生方に，教育実習はもとより現職の各種研修をも対象として使えるように学習指導案を作成して頂いています．第 16 章は，小学校低学年生活科と中学校理科とのつながりを考慮した章です．広島大学附属小学校では低学年理科を実施しており，その考え方も示してあります．また，第 4 章では，近年の教育改革の基盤になっているアクティブ・ラーニングの視点から小学校理科での取り組み方を，第 10 章では，新しい評価の在り方を小学校の理科を事例にしながら解説してあります．この 2 つの章は，京都大学大学院教育学研究科で教育方法学を研究された先生方にご執筆頂いており，世界的な教育学の動向を考慮しながら pedagogy の視点から，理科を事例にした内容になっています．

　他方，考えることとは，各章の最後に，これまでに学んだことを参考にしながら検討するための課題がいくつか設定してあります．一人で考えることもできますが，グループで話し合って考えることにも使えます．第 1 章からは理論的解説をした章が続きます．実践ばかりを考えていては，学習指導要領の改訂や世界の教育改革の動向に迅速に対応ができなくなります．「明日の授業に役立つこと」ばかりを追い求めるばかりでは，新しい教育の動向について行けません．「明日の授業に役立つこと」は，「明後日の授業には役立ちません」から，理論的な考え方をこれらの章の学習を通して身に付けてください．また，この書籍で学んだことは，他の教科の考え方にも通じるところもあります．

　本書が，小学校の先生を目指す学生さんの大学や大学院での講義や教育実習の場にて，また，小学校の先生方の日々の実践を省察したり，各種研修の場において，「考えること，使えること」に十分役立てて頂ければ執筆者一同望外の喜びです．

　最後になりましたが，本書の企画と出版を快諾して頂きました，学校図書株式会社社長 中嶋則雄様，部長 矢野高広様には，この場をお借りして御礼申し上げます．

令和元年 12 月

広島大学大学院教育学研究科

磯　﨑　哲　夫

　○本書には学習指導案が示されておりますが，実際のご指導に際しては，各地域の形式や実態に併せて
　　変更の上ご使用下さい．

執筆者一覧（令和 2 年 3 月現在）

編著者

磯﨑　哲大
広島大学大学院教育学研究科・教授 ⋯⋯⋯⋯⋯⋯⋯⋯⋯⋯⋯ 第 8 章

著　者

赤松　雄介
広島大学附属小学校・教諭 ⋯⋯⋯⋯⋯⋯⋯⋯⋯⋯⋯⋯⋯⋯ 第 16 章

石井　英真
京都大学大学院教育学研究科・准教授 ⋯⋯⋯⋯⋯⋯⋯⋯⋯ 第 4 章

内海　志典
岐阜大学教育学部・准教授 ⋯⋯⋯⋯⋯⋯⋯⋯⋯⋯⋯⋯⋯⋯ 第 6 章

越智　拓也
広島大学大学院，国立教育政策研究所・学力調査専門職 ⋯⋯⋯ 第 1 章

河合　彰浩
愛知教育大学附属名古屋小学校・教諭 ⋯⋯⋯⋯⋯⋯⋯⋯⋯ 第 14 章

佐藤　崇之
弘前大学教育学部・准教授 ⋯⋯⋯⋯⋯⋯⋯⋯⋯⋯⋯⋯⋯⋯ 第 7 章

菅原　雄貴
弘前大学教育学部附属小学校・教諭 ⋯⋯⋯⋯⋯⋯⋯⋯⋯⋯ 第 13 章

高橋　一将
北海道教育大学旭川校・講師 ⋯⋯⋯⋯⋯⋯⋯⋯⋯⋯⋯⋯⋯ 第 3 章

富田　瑞枝
筑波大学附属小学校・教諭 ⋯⋯⋯⋯⋯⋯⋯⋯⋯⋯⋯⋯⋯⋯ 第 12 章

平野　俊英
愛知教育大学教育学部・教授 ⋯⋯⋯⋯⋯⋯⋯⋯⋯⋯⋯⋯⋯ 第 5 章

峯田　武典
横浜国立大学教育学部附属横浜小学校・教諭 ⋯⋯⋯⋯⋯⋯ 第 15 章

山田　真子
長崎大学大学院教育学研究科・助教 ⋯⋯⋯⋯⋯⋯⋯⋯⋯⋯ 第 2 章

吉永　紀子
同志社女子大学現代社会学部・准教授 ⋯⋯⋯⋯⋯⋯⋯⋯⋯ 第 10 章

和田　一郎
横浜国立大学教育学部・教授 ⋯⋯⋯⋯⋯⋯⋯⋯⋯⋯⋯⋯⋯ 第 9 章

渡辺　理文
北海道教育大学札幌校・准教授 ⋯⋯⋯⋯⋯⋯⋯⋯⋯⋯⋯⋯ 第 11 章

第1章　世界の中の日本の理科教育（子どもの学力）

　子どもたちの学力は，どのような特徴をもっているものだろうか．また，世界の中で，我が国の子どもたちの学力はどのように位置付けられるだろうか．これらのことを明らかにすることは，よりよい授業を行うことに貢献するだろう．そのために，国内外において様々な学力調査が実施されるようになってきている．ここでは，世界各国のカリキュラムに影響を与えている国際調査である TIMSS 調査および PISA 調査，また，国内の全国的な学力調査である全国学力・学習状況調査を基に検討していきたい．

第1節　TIMSS 調査

1．TIMSS 調査の概要

　TIMSS（Trends in International Mathematics and Science Study：国際数学・理科教育動向調査）調査は，IEA（The International Association for the Evaluation of Educational Achievement：国際教育到達度評価学会）が実施している国際調査であり，1964 年に初めて実施され，1995 年以降は 4 年に 1 度実施されており，最新の調査は 2015 年に実施されたものである．この調査では，初等中等教育段階における児童・生徒の算数・数学及び理科の教育到達を国際的な尺度によって測定し，児童・生徒の学習環境条件等の諸要因との関係を分析することが目的とされている．調査の対象や内容は以下の通りである（国立教育政策研究所，2013；2017）．

調査内容：算数・数学及び理科のペーパーテスト；児童・生徒質問紙；教師質問紙；学校質問紙
調査対象：①9 歳以上 10 歳未満の大多数が在籍している隣り合った 2 学年のうちの上の学年の児童
　　　　　②13 歳以上 14 歳未満の大多数が在籍している隣り合った 2 学年のうちの上の学年の生徒
　　　　　我が国においては，①は小学校 4 年生，②は中学校 2 年生．
参加国・地域：TIMSS2015 では，小学校については 50 か国・地域（約 27 万人），中学校については，40 か国・地域（約 25 万人）

　TIMSS 調査の問題は，内容領域と認知的領域の 2 つの領域から構成されている．内容領域には，「物理」，「化学」，「生物」，「地学」，のような学校の理科で学ぶ内容が含まれている．認知的領域では，「知ること（知識）」，「応用すること（応用）」，「推論すること（推論）」を枠組みとして，児童・生徒が理科の内容に取り組んでいるときに示すと期待される行動が含まれている．

2．TIMSS 調査の枠組み

　TIMSS 調査は，図 1- 1 に示すようなカリキュラムの 3 層構造のモデルを枠組みとしている．このモデルにおいて，「意図されたカリキュラム」では，国家の政策やカリキュラムなどに

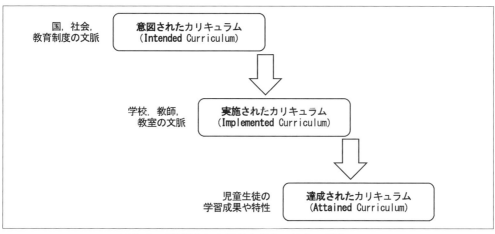

図 1-1　TIMSS におけるカリキュラムモデル

(出典：Mullis & Martin, 2013: 5, Exhibit 1 を訳出した.)

おいて，教科の目的や内容がどのように定められているか，教育制度がどのように構成されているかなどを示している．我が国においては，学習指導要領や教科書などがこれに当たる．次に，「実施されたカリキュラム」は，教師が何を，どのように，実際に児童・生徒たちに対して教授したのかを示している．つまり，学習指導要領を教師がどのように解釈したのかということや，教科書を用いて実際にどのような指導を行ったのかということなどが含まれる．最後に，「達成されたカリキュラム」では，児童・生徒が最終的に理科について何を学び，何を考えたのかということを示している．つまり，学習指導要領やそれを解釈した教師の指導によって，実際に児童・生徒が何を身に付けたのかということが表される．

　このモデルに基づくことによって，児童・生徒の学力が，様々な諸条件から影響を受け，参加国・地域間での教育到達度の分布や平均点に違いが生まれ，国内においても児童・生徒の到達度の違いとなって現れる（猿田，2012）．これらの差異を分析することによって，各国・地域の教育へのフィードバックを得ることができるようになる．

3．TIMSS 調査の結果と我が国の特徴

　では，我が国の児童・生徒は，この TIMSS 調査においてどのような結果を示してきたのだろうか．以下に，過去の TIMSS 調査の得点の推移（表 1-1），TIMSS2015 における上位 5 か国・地域の習熟度別児童・生徒の割合（表 1-2，表 1-3）を示す．

表 1-1　TIMSS 調査における我が国の児童・生徒の得点の推移

		1995	1999	2003	2007	2011	2015
小学校 4 年生	点数	553	実施 なし	<u>543</u>	548	**559**	**569**
	順位 / 参加国	2/26		3/25	4/36	4/50	3/47
中学校 2 年生	点数	554	550	552	554	558	**571**
	順位 / 参加国	3/41	4/38	6/45	3/48	4/42	2/39

表註：太字部分は前回と比較して有意に上昇，下線部分は有意に低下していることを示す．

(出典：国立教育政策研究所，2001；2005；2008；2013；2017 を基に作成)

表 1-2　TIMSS2015 における小学校理科の上位 5 か国・地域の習熟度別児童の割合（％）

	国・地域	625 点以上	550 点以上	475 点以上	400 点以上	400 点未満
1	シンガポール	37	34	19	7	3
2	韓国	29	46	21	4	0
3	日本	19	44	30	6	1
4	ロシア	20	42	29	8	1
5	香港	16	39	33	10	2

（出典：国立教育政策研究所，2017 を基に作成）

表 1-3　TIMSS2015 における中学校理科の上位 5 か国・地域の習熟度別生徒の割合（％）

	国・地域	625 点以上	550 点以上	475 点以上	400 点以上	400 点未満
1	シンガポール	42	32	16	7	3
2	日本	24	39	26	9	2
3	台湾	27	36	23	10	4
4	韓国	19	35	31	12	3
5	スロベニア	17	35	32	13	3

（出典：国立教育政策研究所，2017 を基に作成）

TIMSS2015 の結果より，我が国の特徴として，以下のことが指摘されている．

　　小学校，中学校ともに，前回調査と比較して，550 点未満の児童生徒の割合が減少し，550 点以上の児童生徒の割合が増加している．2003 年調査以降，550 点未満の児童生徒の割合が減少し，550 点以上の児童生徒の割合が増加している傾向が見られる．日本より上位の国と比較すると，625 点以上の児童生徒の割合が低い．

（国立教育政策研究所，2017：19）

また，質問紙調査の結果からは，以下のことが指摘されている．

　　小学校においては，「理科は楽しい」と回答している児童が約 9 割となっており，国際平均を上回っており，中学校においては，「理科は楽しい」と回答している生徒の割合が増加し，国際平均との差が縮まっている傾向が見られる．また，小学校においては，理科が得意だと回答している児童の割合は増加している傾向が見られる．
　　中学校においては，「日常生活に役立つ」，「将来，自分が望む仕事につくために，良い成績をとる必要がある」と思う生徒の割合は増加し，国際平均との差が縮まっている傾向が見られる．

（国立教育政策研究所，2017：19）

　小学校を見ると，TIMSS2011，2015 において前回調査と比較して得点が有意に上昇していることは，特筆すべき事項である．そして，習熟度の高くない層が年々減少してきているものの，上位の国と比較すると習熟度の高い層の割合が低いことから，我が国の子どもの学力の特徴として，国際的に見て習熟度は高い水準にあるものの，やや平準化されている傾向が見られる．また，質問紙調査の結果から，理科に対する興味・関心に関する質問項目への肯定的な回答の割合は，小学校の段階においては国際平均を上回っている一方で，中学校においては多く下回っている．TIMSS2015 においては，その改善が見られるものの，このことは我が国の継続的な課題である．

第2節　PISA 調査

1．PISA 調査の概要

　PISA（Programme for International Student Assessment：国際的な学習到達度調査）調査は，OECD（Organisation for Economic Co-operation and Development：経済協力開発機構）が実施している国際調査であり，2000 年に初めて実施され，3 年に 1 度実施されており，最新の調査は 2018 年に実施されたものである．この調査は，義務教育終了段階の生徒がもっている知識や技能を，実生活の様々な場面で直面する課題にどの程度活用できるかを評価することを目的としている．先述の TIMSS 調査では，基本的には，それぞれの国の・地域のカリキュラムの内容をどの程度習得しているのかを測っているのに対して，PISA 調査では，生涯にわたって継続的に学習者であり続けられるような知識や技能がどの程度身に付いているのかを測っていることが特徴である（経済協力開発機構編，2016；国立教育政策研究所，2016）.

　この PISA 調査で測定しているキー・コンピテンシーは，我が国の学習指導要領において示される「生きる力」と同一の考え方であり，PISA 調査において「生きる力」の 1 側面を測定することが可能であると考えられている（例えば，小倉，2012）.そのため，PISA 調査は，小学生を対象とした調査ではないものの，義務教育修了段階生徒の能力を測定するものであることから，その結果は小学校の学習指導要領にも大きな影響を与えている.

　調査の対象や内容は以下の通りである.

調査内容：科学的リテラシー，読解力，数学的リテラシーの 3 分野のペーパーテスト；生徒質問紙学校質問紙
調査対象：調査段階で 15 歳 3 か月以上 16 歳 2 か月以下の学校に通う生徒
　　　　　我が国においては，高等学校 1 年生
参加国・地域：PISA2015 では，72 か国・地域（約 54 万人）

　PISA 調査では，科学的リテラシー，読解力，数学的リテラシーのうち，いずれかを中心分野として調査している．科学的リテラシーは，2008 年と 2015 年に中心分野として重点的に調査されている．また，2015 年調査では，全ての調査において，筆記型調査からコンピュータによる調査へと移行している.

　PISA2015 では，科学的リテラシー，読解力，数学的リテラシーの各分野を，次の 3 つの側面から扱っている（国立教育政策研究所，2016）．①生徒が各分野で習得する必要がある「知識領域」(Knowledge domain)．②生徒が用いなければならない「関係する能力」(Competencies involved)．③知識・技能の応用やそれが必要とされる「状況・文脈」(Context and situation)．以下では，科学的リテラシーについて中心的に取り上げる.

2．評価の枠組み

　まず，PISA2015 において中心分野として評価された科学的リテラシーは以下のように定義されている.

　　　科学的リテラシーとは，思慮深い市民として，科学的な考えを持ち，科学に関連する諸問題に関与する能力である．科学的リテラシーを身に付けたひとは，科学やテクノロジーに関する筋の通った議論に自ら進んで携わり，それには以下の能力（コンピテンシー）を必要とする.

・現象を科学的に説明する：自然やテクノロジーの領域にわたり，現象についての説明を認識し，提案し，評価する.
・科学的探究を評価して計画する：科学的な調査を説明し，評価し，科学的に問いに取り組む方法を提案する.
・データと証拠を科学的に解釈する：様々な表現の中で，データ，主張，論（アーギュメント）を分析し，評価し，適切な科学的結論を導き出す[1].

(経済協力開発機構編，2016：20)

このコンピテンシーと科学的リテラシーは，以下の図のような関係で示され，評価の枠組みとして用いられている.

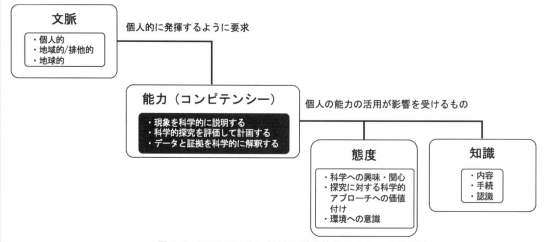

図1-2　PISA2015における科学的リテラシーの枠組み
(出典：経済協力開発機構編，2016：71，図2.1.1)

3．PISA調査における我が国の特徴

では，我が国では，このPISA調査においてどのような結果を示してきたのだろうか．以下では，PISA2015における科学的リテラシーの上位国の結果を概観する.

表1-4　科学的リテラシーの科学的能力の上位5か国とその平均得点

順位	現象を科学的に説明する		科学的探究を評価して計画する		データと証拠を科学的に解釈する		科学的リテラシー全体	
1	シンガポール	553	シンガポール	560	シンガポール	556	シンガポール	556
2	日本	539	日本	536	日本	541	日本	538
3	台湾	536	エストニア	535	エストニア	537	エストニア	534
4	フィンランド	534	カナダ	530	台湾	533	台湾	532
5	エストニア	533	フィンランド	529	マカオ	532	フィンランド	531

(出典：国立教育政策研究所，2016を基に作成)

PISA2015 の結果からわかるように，義務教育修了段階においては，PISA 調査においても国際的に高い水準に位置している．一方で，質問紙調査においては，「科学の楽しさ」や「理科学習者としての自己効力感」のような生徒の科学に対する態度は，大きく改善している項目もあるものの，全体的に肯定的に回答している割合が OECD 平均を大きく下回っている．

　この結果は，義務教育修了段階のものであるため，小学校の理科教育においても留意すべき点である．

第3節　全国学力・学習状況調査

１．全国学力・学習状況調査の概要

　全国学力・学習状況調査は，国立教育政策研究所が実施している調査であり，国語と算数・数学が 2007 年に初めて実施され，理科は 2012 年より実施されている．一部の年を除いて，基本的には悉皆調査であり，国語と算数・数学は毎年，理科及び 2019 年から調査が始まった英語（中学校のみ）は 3 年に 1 度，調査が実施される[2]．この調査では，①義務教育の機会均等とその水準の維持向上の観点から，全国的な児童・生徒の学力や学習状況を把握・分析し，教育政策の成果と課題を検証し，その改善を図ること，②学校における児童生徒への教育指導の充実や学習状況の改善に役立てること，③そのような取組を通して，教育に関する継続的な検証改善サイクルを確立すること，の 3 点を目的としている．調査の対象や内容は以下の通りである（国立教育政策研究所，2012；2015；2018a）．

調査内容：教科に関する調査（国語，算数・数学，理科，英語），生活環境や学習環境等に関する質問紙調査（児童・生徒対象と学校対象）
調査対象：【小学校調査】小学校 6 年生，特別支援学校小学部 6 年生
　　　　　【中学校調査】中学校 3 年生，中等教育学校 3 年生，特別支援学校中学部 3 年生
参加校・人数：19,733 校，1,077,930 人（2018 年，小学校調査）

　この調査は，全国的な悉皆調査であるため，我が国のカリキュラムの作成や教育行政に大きな影響を与えている．以下では，小学校理科について中心的に取り上げる．

２．調査の枠組み

　全国学力・学習状況調査では，「主として『知識』に関する問題」と「主として『活用』に関する問題」を主な枠組みとしている．前者は，理科の調査においては，実生活において不可欠で，活用することが望まれる「知識」や「技能」であり，後者はその「知識」や「技能」を実生活の文脈において課題解決のために「適用」，「分析」，「構想」，「改善」する力である[3]．また，先述した PISA 調査における科学的リテラシーの枠組みも踏まえることとなっている（国立教育政策研究所，2018b）．

3．結果の推移

　全国学力・学習状況調査における理科の結果は，どのようになっているのだろうか．これまで実施された3回の調査の結果を概観する．

表 1-5　小学校理科における全国学力・学習状況調査の結果と概要

調査年	枠組みごとの正答率（％）			結果の主な特徴
	知識	活用	全問	
2012	69.2 (7)	57.8 (17)	61.1 (24)	• 観察，実験の結果を整理し，考察することに課題がある． • 科学的な言葉や概念を使用して考えたり説明したりすることに課題がある．
2015	61.4 (9)	60.7 (15)	61.0 (24)	• 観察，実験の器具について適切な操作技能に関する知識の定着に依然として課題がある． • 観察，実験の結果を整理し考察することについて，得られたデータと現象とを関連付けて考察することは相当数の児童ができているが，考察して分析した内容を記述することに課題がある． • 予想が一致した場合に得られる結果を見通して実験を構想したり，実験結果を基に自分の考えを改善したりすることに課題がある．
2018	78.1 (3)	56.3 (13)	60.4 (16)	• 観察，実験の器具について，適切な操作技能に関する知識の定着において，ろ過の操作技能には改善状況が見られる． • 観察，実験の結果を整理して分析して考察することについて，得られたデータと現象を関連付けて，考察することはできているが，分析して考察した内容を記述することに課題がある． • 予想が確かめられた場合には，得られる結果を見通して実験を構想したり，実験結果を基に自分の考えを改善したりすることには依然として課題がある． • 既習の内容や生活経験をものづくりに適用することに課題がある．

表註：上段は正答の百分率，下段は問題数を表す
（出典：国立教育政策研究所，2012；2015；2018a を基に作成）

　実験操作に関する知識や技能については，調査を通じて改善が見られるものの，予想から見通しをもって実験することや結果を整理・考察したりすることには課題が見られるなど，いわゆる「科学の方法」についてはその習得が十分でないことがわかる．

　また，教科に関する調査とともに実施されている質問紙調査によると，「理科の勉強は好きですか」や「自然の中で遊んだことや自然観察をしたことがありますか」のような項目に肯定的に回答しているような，理科の学習に対する興味・関心が高い児童の方が，平均正答率が高くなっていることが指摘されている（国立教育政策研究所，2018c）．しかしながら，小学校と中学校の児童・生徒の結果を比較すると，これらの項目に肯定的に回答している割合は，中学校において大きく減少している．このことは，TIMSS調査やPISA調査に見られる結果と同様である．

　全国学力・学習状況調査では，その課題を基に，授業アイディア例や指導事例などが公開されている（例えば，国立教育政策研究所，2018d）．調査結果は，各学校へフィードバックされるため，これらの資料を基に授業改善を目指すことも有効であろう．

第4節　まとめ：我が国の子どもの学力の特徴

　TIMSS 調査や PISA 調査のような国際的な学力調査や，国内における全国学力・学習状況調査の結果を踏まえると，我が国の子どもたちの学力はどのような特徴をもっているだろうか．

　まず，国際的に見ると，常に高い水準にあり，習熟度の高くない層の割合が少ないということが挙げられる．また，全国学力学習・状況調査では，興味・関心の高い児童ほど正答率が高くなっていることが指摘されているが，小学校の段階においては，各調査において理科に対する興味・関心が高くなっており，そのことが知識や技能の習得につながっていることが指摘できる．さらに，TIMSS 調査における小学校理科の得点が年々上昇していることは，TIMSS 調査や PISA 調査の結果に基づく教育改善の成果であると言える．

　一方で，身に付けている知識を活用していくことや，いわゆる「科学の方法」の習得については課題が見られる．また，国内外の学力調査のどちらの結果からも，小学校においては高い理科に対する興味・関心は，中学校以降には大きく下がっている．このことは，小学校と中学校の理科教育を円滑に接続すること，更にその後も生涯にわたって科学について学んでいくための大きな課題である．

　PISA 調査や全国学力・学習状況調査では，実社会や実生活で直面する課題に対して，どのような科学的知識や技能を用いて，どのように科学的に説明するかということが求められている．平素の授業においても，実社会や実生活の文脈から子どもたちにとってリアルな課題を取り上げ，科学的知識や技能を用いて解決することを目指していくことが，これからの時代に求められる学力を子どもたちに身に付けさせていくために重要な点となる．

註
1）ここでは，アーギュメントは，事実と理由付けを提示しながら自らの主張を相手に伝える過程を指している（経済協力開発機構，2016）
2）2010，2012，2013 年調査においては抽出及び希望による調査となっている．理科については，2012 年調査のみが抽出及び希望による調査である．
3）2019 年以降の調査では，国語や算数・数学においても，「主として『知識』に関する問題」と「主として『活用』に関する問題」を，従来のように個別に出題はせず，理科と同様に一体的に出題することとなっている．

引用文献

経済協力開発機構編（2016）：PISA2015 調査 評価の枠組み：OECD 生徒の学習到達度調査（国立教育政策研究所監訳），明石書店．（OECD (2015): PISA 2015 *Assessment and Analytical Framework: Science, Reading, Mathematic, Financial Literacy and Collaborative Problem Solving*, OECD Publications.）
国立教育政策研究所（2008）：TIMSS2011 理科教育の国際比較：国際数学・理科教育動向調査の 2011 年調査報告書，国立教育政策研究所．
国立教育政策研究所（2012）：平成 24 年度 全国学力・学習状況調査【小学校】報告書．（Retrieved from http://www.nier.go.jp/12chousakekkahoukoku/03shou-gaiyou/24_shou_houkokusyo_ikkatsu_2.pdf）
国立教育政策研究所編（2013）：TIMSS2011 理科教育の国際比較：国際数学・理科教育動向調査の 2011 年調査報告書，明石書店．
国立教育政策研究所（2015）：平成 27 年度 全国学力・学習状況調査 報告書：小学校理科．（Retrieved from http://www.nier.go.jp/15chousakekkahoukoku/report/data/psci.pdf）

国立教育政策研究所編（2016）：生きるための知識と技能6 OECD生徒の学習到達度調査（PISA）：2015年国際調査結果報告書，明石書店．

国立教育政策研究所編（2017）：TIMSS2015算数・数学教育／理科教育の国際比較：国際数学・理科動向調査の2015年調査報告書，明石書店．

国立教育政策研究所（2018a）：平成30年度 全国学力・学習状況調査 報告書：小学校理科．（Retrieved from http://www.nier.go.jp/18chousakekkahoukoku/report/data/18psci.pdf）

国立教育政策研究所（2018b）：平成30年度 全国学力・学習状況調査 解説資料：小学校理科．（Retrieved from http://www.nier.go.jp/18chousa/pdf/18kaisetsu_shou_rika.pdf）

国立教育政策研究所（2018c）：平成30年度 全国学力・学習状況調査 解説資料：質問紙調査．（Retrieved from https://www.nier.go.jp/18chousakekkahoukoku/report/question/）

国立教育政策研究所（2018d）：平成30年度 全国学力・学習状況調査の結果を踏まえた授業アイディア例：小学校．（Retrieved from http://www.nier.go.jp/jugyourei/h30/data/18p.pdf）

Mullis, I. V. S., & Martin, M. O. (Eds.). (2017): TIMSS 2015 *Assessment Frameworks*, TIMSS & PIRLS International Study Center, Lynch School of Education, Boston College and International Association for the Evaluation of Educational Achievement (IEA).

小倉康（2012）：OECD生徒の学習度到達調査（PISA），日本理科教育学会編「今こそ理科の学力を問う」，12-17，東洋館出版社．

猿田祐嗣（2012）：国際数学・理科教育動向調査（TIMSS），日本理科教育学会編「今こそ理科の学力を問う」，6-11，東洋館出版社．

────────────────────── 課 題 ──────────────────────

1 TIMSS調査やPISA調査，全国学力・学習状況調査の問題を見て，それぞれの調査の問題にはどのような特徴があるかまとめてみよう．なお，TIMSS調査の問題例やPISA調査の問題例，全国学力・学習状況調査の問題は，以下のURLから取得できる．

TIMSS調査：https://www.nier.go.jp/timss/index.html

PISA調査：https://www.nier.go.jp/kokusai/pisa/index.html

全国学力・学習状況調査：https://www.nier.go.jp/kaihatsu/zenkokugakuryoku.html

hint TIMSS調査における「知ること（知識）」，「応用すること（応用）」，「推論すること（推論）」の枠組みや，PISA調査における「科学的リテラシー」，全国学力・学習状況調査における「知識」と「活用」の枠組みは，どのように定義され，どのように問題に反映されているのかを検討してみよう．

2 この章で扱った学力調査の結果を，授業でどのように活用していくことができるだろうか．

hint それぞれの学力調査の枠組みを参考にしながら授業について考えてみよう．

3 我が国の子どもたちの課題を克服するためには，どのような指導をしていくことが必要か，考えて説明してみよう．

hint 1であげたそれぞれの学力調査では，何が課題とされ，どのような改善点が示されているか調べてみよう．

4 実社会や実生活の中で，市民が直面する課題にはどのようなものがあるだろうか．

hint メディア報道で取り上げられる科学・技術が背景にある社会的な問題（socio-scientific issues）にはどのようなものがあるか考えてみよう．

第2章　日本の理科教育の歴史

第1節　明治期における科学教育と理科教育

1．欧米諸国の科学教育の導入

　わが国において，明治5（1872）年に「学制」が公布された．これにより，欧米諸国の教育制度を模範とした近代的な学校教育が始められた（堀，1961）．同年に「小学教則」が公布された．これによると，当時の小学校は，下等小学第1～4学年と高等小学第5～8学年に分けられていた（文部省，1873）．小学校8年間の全授業時数のうち，科学に関する教科が14.4%，数学に関する教科が27.7%，計42.1%となり，科学教育に重きを置いた教科編成であったと指摘されている（板倉，2009）．当時は「理科」という教科はなく，科学に関する教科としては，第2，3学年に「養生口授」，第3～8学年に「物理学輪講」（「理学輪講」，「究理学輪講」から改称），第7，8学年に「博物」と「化学」，第8学年に「生理」が開設されていた（文部省，1873）．中でも「物理学輪講」の授業時数が多かった．これらの授業では，洋学者たちが欧米諸国の自然科学書を翻訳または抄訳・編集した科学啓蒙書が教科書として使用され，講義中心の授業が行われていた．例えば，「養生口授」においては「養生法」，「健全学」などの本を用いて教師が詳しく口述すること，「物理学輪講」においては「究理図解」などの本を講述させることと示されていた（文部省，1873）．その後，欧米諸国の科学教科書の翻訳書も教科書として広く用いられるようになり，例えばその1つであるロスコー（H. Roscoe）著，市川盛三郎訳「小学化学書」には，講義や暗記中心の授業ではなく，実験中心の学習を行うことが強調されていたが，その真意は十分には理解されなかったと推察されている（磯﨑・大鹿・池田，1995）．さらに，明治10年代になると，後藤牧太らによって，簡易物理実験や簡易化学実験の機器が考案され，実験の普及・振興の努力がなされていたが，広く一般に普及するには至らなかったと指摘されている（寺川，1990）．

　以上のような欧米諸国を模範とした「学制」による小学校教育は，実情に合うものではなく，実施が困難であった（文部省，1972）．そこで，文部省は，明治5（1872）年に教員養成を目的として創設された師範学校において，新たに「小学教則」を編成させ，これを全国に普及させる方針をとった．この師範学校の「小学教則」には，「読物」，「算術」，「書取」，「問答」，「輪講」，「暗記」といった教科が設けられていた（文部省，1972）．このように，文部省の「小学教則」とは教科が異なっており，科学に関する教科は見られなかった．ただし，「問答」において，地理や歴史などに加えて科学に関する内容が扱われていた（文部省，1972）．また，「読物」において，科学に関する教材を扱った教科書が使用されていた（板倉，2009）．当時，師範学校には，アメリカ人教師のスコット（M. M. Scott）が招かれ，彼によって大人数の児童・生徒に対して問答によって教えるというような一斉授業の形式が伝えられ，次第に各地の学校に一斉授業の形式が広まっていった（堀，1961）．このように授業の形式は大きく変化し，問答によって教える方法も取り入れられたが，本を読み，暗記するといった教授方法が依然として主流であったことが教科名から窺える．

　明治12（1879）年に「学制」が廃止され，「教育令」が公布された．翌年明治13（1880）年には「改正教育令」が公布され，明治14（1881）年には「改正教育令」に基づいて「小学校教則綱領」が公布された．「小学校教則綱領」によると，小学校は，初等科第1～3学年，中等科第4～6学年，高等科第7，8学年に分けられていた（文部省，1881）．科学に関する

教科は，第1〜3学年には開設されず，第4，5，7，8学年に「博物」，第5，6学年に「物理」，第7，8学年に「化学」と「生理」が開設されていた．科学に関する教科の授業時数は，「学制」期に比べると大幅に削減されており，中では「物理」の割合が小さく，「博物」の割合が大きくなっていた．内容については，具体的な自然の事物・現象が指導順序を踏まえて挙げられていた．例えば，「物理」においては，物性・重力などの内容から始め，次第に水・空気・熱・音・光・電気・磁気の初歩的な内容に移っていくことと示されていた（文部省，1881）．教授方法については，例えば，「物理」において，簡易な実験によって物理の原理などを理解させること，「生理」において，実物もしくは模型の観察によって生理の原理を理解させることと示されていた（文部省，1881）．このように，実験や観察を行うことが明示されたことは注目に値する．しかしながら，当時は一般的に，児童に内容を暗記させるべきだと考えられており，実物の観察，実験はほとんど行われなかったと指摘されている（堀，1961）．

2．教科「理科」の誕生

　明治19（1886）年に「小学校令」及びそれに基づく「小学校ノ学科及其程度」が公布された．「小学校ノ学科及其程度」によれば，小学校は，尋常小学校第1〜4学年と高等小学校第5〜8学年に分けられていた（文部省，1886）．このとき，尋常小学校第1〜4学年は義務教育とされた．尋常小学校にも高等小学校にも従前の科学に関する教科は見られず，高等小学校に「理科」が誕生し，授業時数は週に2時間と定められていた．「改正教育令」期の科学に関する教科と比べると，「理科」の授業時数は大幅に削減されていた．「理科」の項目には，「理科ハ果実，穀物，菜蔬，草木，人体，禽獣，虫，魚，金，銀，銅，鉄等人生ニ最モ緊切ノ関係アルモノ，日，月，星，空気，温度，水蒸気，雲，露，霜，雪，霰，氷，雷電，風，雨，火山，地震，潮汐，燃焼，錆，腐敗，唧筒，噴水，音響，返響，時計，寒暖計，晴雨計，蒸気器械，眼鏡，色，虹，槓杆，滑車，天秤，磁石，電信機等日常児童ノ目撃シ得ル所ノモノ」（文部省，1886：258，読点は筆者による）と示されていた．この記述から，「理科」という新しい教科で，これらの自然の事物・現象について扱うことは窺い知ることができる．このように，教科「理科」は誕生したが，それは義務教育段階でもなく，また詳細な目標も示されなかった．

　その後，明治24（1891）年に公布された「小学校教則大綱」において，初めて「理科」についての詳しい説明がなされた．このとき，「理科ハ通常ノ天然物及現象ノ観察ヲ精密ニシ其相互及人生ニ対スル関係ノ大要ヲ理会セシメ兼ネテ天然物ヲ愛スルノ心ヲ養フヲ以テ要旨トス」（文部省，1891：181）と示された．この「理科」の要旨は，当時ドイツから輸入されたユンゲ（F. Junge）の「生活共存体としての自然」について教えるべきとする理科教育思想の影響を受けているという指摘（板倉，2009）がある一方，日本の伝統的自然観の影響を受けているという指摘（岡本・森，1976；小川，1986；小川，1998）がある．そして，「天然物ヲ愛スルノ心ヲ養フ」という考え方は，このときからごく短期間を除いて延々と受け継がれてきた日本の小学校理科の目標であり（小川，2014），長年にわたり，日本の伝統的自然観を重視し，情意面を強調した目標であると指摘されている（Isozaki，2014）．「小学校教則大綱」において，理科の教授方法に関しては，実物または標本，模型，図画などの観察や簡単な実験を実施し，明瞭に理解させることと示されていたが（文部省，1891），依然として講義式の授業，読書式の授業が一大勢力を占め，観察，実験などはほとんど行われなかったと指摘されている（堀，1961）．

　明治33（1900）年に「小学校令」が改正され，尋常小学校の修業年限は4年，高等小学校の修業年限は2〜4年と定められた（文部省，1900）．このとき，義務教育4年制が確立された．尋常小学校第1〜4学年に理科が課されない状況は変わらず，高等小学校第1学年から理科が

課された．また，理科の内容に大きな変化は見られなかった．

　明治36（1903）年に「小学校令」が改正され，小学校の教科書は文部省が著作権を持つものと規定された（文部省，1903）．すなわち，国定教科書が用いられることとなった．それまでは，明治19（1886）年より始まった検定制度において，文部省検定済の多数の教科書の中から，府県の審査委員会の審査に基づいて，その府県の小学校で使用する教科書を採択していたが，審査委員と教科書会社との間に贈収賄事件が起き，検定制度を持続できなくなっていったのである（文部省，1972）．ただし，理科はこの国定教科書の使用から除外され，さらに児童用教科書が使用できなくなった．その理由としては，理科は書物を読むものではないこと，「結論」が記載されている教科書は児童に理科の学習態度を養う上で不都合であること，全国で一様な教材が扱われている教科書を使用するとその土地に適した教材を活用できないことなどが指摘されていた（神戸，1938）．しかしながら，児童用教科書を使用せずに理科を教えることは不便であるという世論も高まっていった．出版社はこの状況に目をつけ，理科の教師用教科書とともに，「生徒筆記代用」あるいは「理科筆記帳」といった児童用の図書を出版し，児童に教科書の代わりに使用させることにした（板倉，2009）．

　明治40（1907）年に「小学校令」が改正され，尋常小学校の修業年限は6年，高等小学校の修業年限は2年と定められ，ただし高等小学校は延長して3年とすることが認められた（文部省，1907）．このとき，義務教育は従前の4年から6年に延長された．これに伴い，理科は，第5学年から課されることは変わらなかったが，義務教育に含まれることとなった．

　明治41（1908）年に文部省編纂の第5,6学年の教師用教科書「尋常小学理科書」が発行され，民間の検定教科書と並行して用いられていたが，明治44（1911）年からはこれが国定教科書として用いられることとなった（板倉，2009）．さらに，理科の児童用の国定教科書も作成されることとなり，明治43（1910）年に文部省編纂の第5,6学年の児童用教科書「尋常小学理科書」が発行され，明治44（1911）年から使用されていった．明治44（1911）年に翻刻発行された「尋常小学理科書　第六学年児童用」の目次を見てみると，「たねの発芽」，「二枚貝」，「川」，「火山・火成岩」，「銅」，「酸」，「重力」，「電流」，「消化」，「衛生」などの自然の事物・現象が羅列されていた（文部省，1911）．その内容は，すでに多くの研究者（例えば，神戸，1938；板倉，2009）によって指摘されている通り，無味乾燥なものであった．例えば，「たねの発芽」のところでは，「いんげん豆のたねは皮の中に二枚の厚き子葉及び小さき茎・根・若葉を有す．子葉の中には養分あり．」（文部省，1911：1）というように，一文一文が簡潔に記述されている．ただし，このような一見無味乾燥な内容には，理科は本によって学ぶものではなく，実物の観察，実験によって学ぶものであり，児童用教科書はその結果として児童が覚えておくべきことのみを記述したものであるという考え方が反映されていた（堀，1961；板倉，2009）．

第2節　大正期における理科教育

1．児童・生徒実験の普及

　大正3（1914）年に第1次世界大戦が始まり，日本にも様々な影響を及ぼした（板倉，2009）．産業界はヨーロッパからの輸入が止まり，深刻な困難に襲われた一方，東南アジアの市場が開けて商品の需要が増し，自給自足・国産奨励，ひいては科学技術振興が叫ばれるようになった．さらに，第1次世界大戦で様々な科学兵器が使用されたことを受け，これらの新兵

器の開発のためにも，科学技術振興が論じられるようになった．これらのことは，科学技術教育振興の政策へとつながっていった．

　大正6（1917）年に帝国臨時議会は，師範学校と中学校における物理と化学の生徒実験の設備に対し，約20万円の補助金を支出することを決議した．このことを受け，大正7（1918）年に文部省は，「師範学校物理及化学生徒実験要目」と「中学校物理及化学生徒実験要目」を制定し，これに準拠して生徒に実験を課し，理化学教育の効果を発揮するように指示した（文部省，1918）．これはわが国の理科教育史上画期的な出来事であり，生徒実験の普及は中等理科教育の改善に大きな役割を果たしただけでなく，やがて小学校にも波及し，児童実験の隆盛を招くなど，初等理科教育の改善にも大きく貢献したと評価されている（寺川，1990）．

　当時東京高等師範学校の教授であった棚橋源太郎は，イギリスのアームストロング（H. E. Armstrong）の発見的教授法を紹介し，わが国においても児童・生徒による観察，実験が必要であることを主張している（棚橋，1913；1918）．また，広島高等師範学校の教授であった大嶋鎮治は，アームストロングの発見的教授法を紹介するとともに，児童・生徒による観察，実験が重要であることを自然科学，科学と科学教育の歴史，教育原理の3つの面から論じている（大嶋，1920）．しかしながら，大嶋（1920）が指摘していた通り，第1に児童・生徒による観察，実験を指導する十分な資質・能力を持った教師がほとんどいなかったこと，第2に児童による観察，実験を実施し得る十分な設備を持った小学校が非常に少なかったこと，第3に小学校については適切な理科教育の制度がまだ考えられていなかったこと，などの理由から児童・生徒による観察，実験は論旨通りには実施されなかった．

2．低学年理科特設運動

　大正8（1919）年に「小学校令施行規則」が改正され，理科が尋常小学校第4学年から週に2時間ずつ課されることとなった（文部省，1919）．一方，第1〜3学年には，理科は課されないままであった．

　このような状況下で，「日本の科学教育史上まれにみるねばりづよい運動」（板倉，2009：299）と評される低学年理科特設運動が展開された．低学年理科特設運動とは，①明治後半期から昭和初期までの低学年における理科に関わる授業の実践的研究と，②低学年に理科に関わる学習を課すことを求めた全国的規模の運動を指す（磯﨑，2000）．①明治後半期から昭和初期までの低学年における理科に関わる授業の実践的研究は，一部の高等師範学校附属小学校や私立小学校で実施された．例えば，東京高等師範学校附属小学校では，明治34（1901）年から棚橋源太郎により，ドイツのRealien（実科）を範として，第1，2学年に「直観教授（直観科）」，第3，4学年に「郷土科」が設置され，地理，歴史，理科に関わる学習が行われていた（棚橋，1903）．奈良女子高等師範学校附属小学校では，大正9（1920）年から校長の木下竹次のもとで，第1学年から理科に関わる学習が独立した教科においてではなく，合科学習において行われていた（山田・磯﨑，2015）．私立の成城小学校では，大正6（1917）年の開校時から校長の澤柳政太郎のもとで，特にアメリカのNature Study（自然科，自然研究）を参考にして，第1学年から理科に関わる学習が独立した教科として行われていた（鶴岡，1986）．②低学年に理科に関わる学習を課すことを求めた全国的規模の運動としては，全国の小学校理科教育関係者で発足された研究組織である，理科教育研究会による文部省への建議などが挙げられる．大正8（1919）年に理科教育研究会によって開催された第1回全国理科教育研究大会において，小学校第1学年から理科（自然科）を課す案について討議され，文部省に建議することが決議された（板倉，2009）．

　このように低学年に理科に関わる学習を課すことを求める声が強くなっていったことには，

第1次世界大戦後にアメリカやイギリスから輸入された自由主義，民主主義の思想や，ペスタロッチ（J. H. Pestalozzi）やデューイ（J. Dewey）の系譜で子どもの必要と興味を中心とした実物による教育を重視する「新教育」の思想などが関係している（蒲生，1969）．これらの思想の普及は，理科の教材や教科書，学習方法についての研究に大きな影響を与え，低学年の理科に関わる学習の設置のみならず，理科の国定教科書の廃止や理科教育の生活化・作業化などをも主張する理科教育改革運動として発展していった（板倉，2009）．

第3節　昭和初期における理科教育

1．理科教育の危険視と振興

　第1次世界大戦後，まもなくして日本の産業は伸び悩み，経済は深刻な不況に陥った（板倉，2009）．一方，労働運動が活発化し，民主主義思想が知識人の間に普及しはじめ，天皇制政府と資本家や地主層は，それに大きな恐れを抱くようになった．そして，理科教育は天皇制国家・封建体制と矛盾する合理的・実証的な考え方を養成するものとして危険視されるようになった．さらに，思想の取締りが行われるなどして，理科教育を振興しようとする教師たちの熱が冷やされる結果になったと言われている（内藤，1953）．

　しかし，昭和12（1937）年に始まった日中戦争を契機として，軍事産業が拡大し，技術者の不足が問題となり，再び科学技術振興，ひいては理科教育振興が叫ばれるようになった（板倉，2009）．ただし，軍事技術の基礎となる科学をこれまで通り欧米諸国に学ぶわけにはいかない状況になっていた．そこで，文部省の理科教育の関係者らは，日本人が日本人の感覚で自然から直接学ぶというような「日本的科学」の考え方を重視した．

2．「理数科理科」

　昭和16（1941）年に「国民学校令」が公布され，従来の小学校は国民学校と改称された（文部省普通学務局，1941）．国民学校は，初等科第1〜6学年と高等科第1，2学年に分けられていた．初等科には「国民科」，「理数科」，「体練科」，「芸能科」の4つの教科，高等科にはそれらに「実業科」を加えた5つの教科が設置された．このうち「理数科」は，算数と理科の2つの科目に分けられていた．そしてこの「理数科理科」は，第1学年から課された．明治後半期から昭和初期までねばりづよく続けられてきた低学年理科特設運動の成果が，ここにようやく現れたのである．

　昭和16（1941）年に公布された「国民学校令施行規則」によれば，「理数科理科」の目的は，自然の事物・現象及び自然の法則とその応用に関して，生活に必須の一般的な知識・技能と科学的な処理の方法を習得させ，科学的精神を養うことと示されていた（文部省普通学務局，1941）．理科の内容としては，初等科第1〜3学年では「自然の観察」，第4〜6学年，高等科第1，2学年では「理科一般」を扱うことと示されていた．第1，2学年は算数と合わせて週に5時間，第3学年は理科単独で週に1時間，第4〜6学年，高等科第1，2学年は理科単独で週に2時間ずつ課されていた．

　理科の教科書はすべて文部省によって編纂された．第1〜3学年の「自然の観察」に対して，『自然の観察』という教師用教科書が発行された．しかしながら，児童用教科書は発行されなかった．それは，児童用教科書を発行すれば，「自然の観察」を教室において教科書で指導することになりやすく，悪い結果を招く恐れがあるからであり（文部省，1941），それまでの「本

で教える」理科を打破しようという意図があった（蒲生，1969）．第4～6学年の理科に対しては，『初等科理科』という教科書が，教師用と児童用ともに発行された．高等科第1，2学年の理科に対しては，『高等科理科』という教科書が，教師用と児童用ともに発行された．

　昭和17（1942）年に発行された『初等科理科　一』の目次を見てみると，「イモの植えつけ」，「兎のせわ」，「でんわ遊び」，「紙だま鉄砲」，「生き物の冬越し」，「春の天気」などが挙げられており（文部省，1942），教材は，児童の生活に見られ，興味・関心を誘発するものであった．そして，例えば，「兎のせわ」のところでは，「兎の重さはどれくらいあるでしょうか」，「どのようにして量ればよいでしょうか」，「これから元気に育つように，よくせわをしましょう」というような文章が記載されており（文部省，1942），児童に，実物に触れ，自ら調べたり考えたりすることを促すような内容であった．

　このように，「理数科理科」において，本を読んで学ぶのではなく，児童が自然の事物・現象に直接触れ，興味・関心を持って，自ら調べたり考えたりしながら学ぶことが意図されていた．このことは，大正期以降の理科教育改革運動の成果の現れであった．しかしながら，徐々に戦火が激しくなり，初等科児童の疎開や高等科児童の勤労動員が進められ，「理数科理科」は十分に実践がなされないまま終戦を迎えた．

第4節　昭和中・後期，平成期における理科教育

1．占領下の教育改革

　昭和20（1945）年8月15日に，日本は敗戦により無条件降伏をして，連合国軍最高司令官総司令部（General Headquarters，以下GHQとする）の占領下となった．それまでの国家主義，軍国主義を改め，民主主義，平和主義的な国家の建設をめざし，アメリカの強い影響力のもとに様々な改革が行われた．

　同年9月20日には，教科書から軍国主義的な教材を消す通達が出され，全国で教科書の黒塗りが強制された（蒲生，1969）．同年10月末から12月にかけて，GHQは，日本の教育制度の管理についての指令をはじめとする教育関係指令を次々と出した（大橋，1978）．

　また，GHQの民間情報教育局（Civil Information and Education，以下CIEとする）による教育関係の指示が出され，CIEと文部省の折衝が始まった（大橋，1978）．理科教育に関して，主としてCIEとの折衝に当たったのは，『自然の観察』を執筆した1人でもある岡現次郎であった．岡（1978）は，『自然の観察』の理科教育の方針は画期的なものと自負しており，この理科教育の方針を捨てる気持ちなど毛頭なかったと回顧している．また，CIEの理科教育担当者エドミストン（V. T. Edmiston）から，『自然の観察』の方針は非常によいと評価されていた（岡，1978）．そして，CIEより "Courses of Study" を書き上げるようにとの指示が出され，岡はその中で『自然の観察』の方針を反映させた．すなわち，これが「学習指導要領理科編（試案）」として後に発表されるのである．このようにして，『自然の観察』の方針は，戦後の理科教育に受け継がれていった．

　昭和21（1946）年5月に「新教育指針」が発表され，新しい日本の教育の重点目標が示された．昭和22（1947）年3月には「教育基本法」，「学校教育法」が制定され，教育の基本原理と学校体系が示された．国民学校は再び小学校という名称になり，小学校は6年の課程とされた．また，3年の課程である新制中学校が発足され，小学校と中学校の9年間が義務教育とされた．同じく昭和22（1947）年3月には，「学習指導要領一般編（試案）」が発

表された．そして，昭和22（1947）年5月に，「学習指導要領理科編（試案）」が発表された．昭和23（1948）年4月には，教科書の検定規則が公布され，国定教科書から再び検定教科書が使用されることとなった．

2．学習指導要領に基づく理科教育

　昭和22（1947）年に発表された「学習指導要領理科編（試案）」は，その「はじめのことば」に書かれている通り，従来の教師用教科書とは根本的に異なり，「教師自身でやる研究の手引き」（文部省，1947：1-2）という位置付けであった．理科の指導目標は，すべての人が合理的な生活を営み，いっそうよい生活ができるように，児童・生徒の環境にある問題について，物ごとを科学的に見たり考えたり取り扱ったりする能力，科学の原理と応用に関する知識，真理を見いだし進んで新しいものを作り出す態度の3点を身につけるようにすることと示され，この目標はさらに13項目に分けて示されていた（文部省，1947）．理科は第1学年から課されていた．理科において指導する教材の単元として，例えば第1〜3学年では「動物の生活」，「植物の生活」，「空と土の変化」，「機械と道具のはたらき」が示されていた．また，理科の学習指導の段階として，「導きの段階」，「研究の段階」，「整理の段階」，「応用の段階」の4つが示されていた．この「学習指導要領理科編（試案）」には，アメリカから紹介された，子どもの生活経験から問題を選び，子どもの活動を通して問題を解決していくという，進歩主義的教育を基盤とした生活単元学習の考え方が反映されていた（寺川，1986）．

　昭和22（1947）年に発表された「学習指導要領理科編（試案）」は戦後早急に作成されたもので，不備な点も認められたため，昭和27（1952）年に改訂版の「小学校学習指導要領理科編（試案）」が発表された．「まえがき」に書かれているように，昭和22（1947）年に発表された「学習指導要領理科編（試案）」と理科教育の根本方針は変わっていなかった（文部省，1952）．主に改めた点としては，理科の目標について教育の一般目標との関連を十分に考えて整理し，表現を改めたこと，指導計画について新しく加筆したこと，指導方法について詳しく記述したことなどであった．

　昭和25（1950）年に始まった朝鮮戦争の頃から，日本の産業・経済は復興し，科学技術振興ひいては理科教育振興の気運が高まっていった（寺川，1990）．その顕著な例は，昭和28（1953）年の「理科教育振興法」の制定であり，これはその後の理科教育の充実，発展につながった．一方，この頃，基礎学力の低下が問題となり始め，生活単元学習による理科を「這いまわる理科」として批判する声が高まっていった（寺川，1986）．生活単元学習による理科は，学習によって得られた知識が断片的で，科学の体系的知識の習得にはつながらないと考えられたためである．そして，科学の基礎的，体系的知識の教授を重視する科学主義・内容主義的な理科教育へ傾倒していった．このような動きを踏まえて昭和33（1958）年に改訂された「小学校学習指導要領」では，理科において，科学主義・内容主義的な系統学習が重視されたのである．具体的には，事実に基づき，筋道を立てて考えたり，工夫・処理したりする態度と技能を養うことや，生活に関係の深い自然科学的な事実や基礎的原理を理解して生活を合理化しようとする態度を養うことなどが目指された（文部省，1958）．このとき，理科の授業時数は，第1学年68時間，第2学年70時間，第3，4学年各105時間，第5，6学年各140時間と定められた．なお，昭和33（1958）年に改訂された「小学校学習指導要領」は，それまでの「学習指導要領」に付されていた「試案」の文字が外され，教育課程の基準として告示された（文部省，1972）．

　1950年代から1960年代にかけて，アメリカを中心に初等・中等レベルでの科学教育のカリキュラム改革運動，すなわち「理科教育の現代化運動」が進められ，世界の多くの国へ波

及していった（進藤，1986）．そのような状況下で，昭和43（1968）年に「小学校学習指導要領」が改訂された．理科においては，自然の認識を深めるとともに，科学的な能力と態度を育てることが目指された（文部省，1968）．また，内容は，「A　生物とその環境」，「B　物質とエネルギー」，「C　地球と宇宙」の3区分に整理された．

　昭和40年代，大学入試や教育の現代化運動などにより，高次な教育内容が多くの教材のもとに習得されるような実践がなされていたため，児童・生徒の学習負担の適正化が求められていた（武村，1978）．このような状況を踏まえ，ゆとりある充実した学校生活の中で人間性豊かな児童を育てることなどの方針に基づき，昭和52（1977）年に「小学校学習指導要領」が改訂された（文部省，1978）．理科においては，自然の事物・現象についての直接経験が重視され，自然を調べる能力と態度を育てることや，自然の事物・現象についての理解を図ること，自然を愛する豊かな心情を培うことが目指された．内容としては，観察，実験が容易なものなどが精選された．第1，2学年では合科的指導を行いやすいように配慮がなされ，第5，6学年では授業時数が各140時間から105時間に削減された（文部省，1977）．

　平成元（1989）年の「小学校学習指導要領」改訂では，社会の変化に自ら対応できる心豊かな人間性の育成が目指されていた（文部省，1989b）．この改訂で，小学校第1，2学年において，生活科が新設され，それに伴って理科と社会科は廃止された．第3〜6学年の理科の目標は，「自然に親しみ，観察，実験などを行い，問題解決の能力と自然を愛する心情を育てるとともに自然の事物・現象についての理解を図り，科学的な見方や考え方を養う」（文部省，1989a：58）ことと示された．従前の第1，2学年の理科の内容のうち，生活科の学習活動になじみにくいものについては第3〜6学年の理科の内容に統合され，従前の第3〜6学年の理科の内容については精選・集約が行われた（文部省，1989b）．

　平成10（1998）年の「小学校学習指導要領」改訂では，ゆとりの中で特色ある教育を展開し，児童に豊かな人間性や自ら学び考える力などの「生きる力」の育成を図ることが基本的なねらいとされた（文部省，1999）．理科の目標において，従前の目標に「見通しをもって」という文言が加えられ，児童が無目的に観察，実験などを行うのではなく，事前に予想したり，仮説を設定したりして，見通しをもって観察，実験などを行うことが強調された．また，学年の目標において，各学年で重点を置いて育成すべき問題解決の能力が明示された．内容については，他教科や中学校と重複した内容や指導が高度になりがちな内容が削除・移行・統合される一方で，ものづくりと自然災害に関する内容の充実が図られた．また，第5，6学年において，児童が「課題選択」をして学習できるようになった．理科の授業時数は，従前の各学年105時間から，第3学年70時間，第4学年90時間，第5，6学年各95時間にそれぞれ削減された（文部省，1998）．

　平成18（2006）年の「教育基本法」改正，平成19（2007）年の「学校教育法」改正を踏まえ，基礎的・基本的な知識・技能の習得，思考力・判断力・表現力等の育成，学習意欲の向上や学習習慣の確立などを基本的な考え方として，平成20（2008）年に「小学校学習指導要領」が改訂された（文部科学省，2008b）．理科の目標において，従前の目標に「実感を伴った」という文言が加えられ，具体的な体験を通して自然の事物・現象について調べることや，理科で学んだ内容が生活の中で役立てられていることを確かめることなどにより，実感を伴った理解を図ることが強調された．また，従前の3つの領域構成を「物質・エネルギー」，「生命・地球」の2つの領域構成に改めた．さらに，「エネルギー」，「粒子」，「生命」，「地球」の4つの科学の基本的な見方や概念を柱として，子どもたちの発達の段階を踏まえ，小・中・高等学校を通じた理科の内容の構造化が図られた．理科の授業時数は，第3学年90時間，第4〜6学年各105時間に増加された（文部科学省，2008a）．

平成29（2017）年の「小学校学習指導要領」改訂は，子どもたちに求められる資質・能力とは何かを社会と共有し，連携する「社会に開かれた教育課程」の重視や，「主体的・対話的で深い学び」の実現に向けた授業改善の推進などの基本方針に基づき行われた（文部科学省，2018）．理科においては，自然に親しみ，理科の見方・考え方を働かせ，見通しをもって観察，実験を行うことなどを通して，自然の事物・現象についての問題を科学的に解決するために必要な資質・能力を育成することが目指されることとなった．

引用文献

蒲生英男（1969）：日本理科教育小史，国土社.

堀七蔵（1961）：日本の理科教育史　第一，福村書店.

磯﨑哲夫（2000）：低学年理科特設運動，武村重和・秋山幹雄編「重要用語300の基礎知識　6巻 理科重要用語300の基礎知識」，59，明治図書.

Isozaki, T.（2014）: The Organisation and the Recontextualization of *Rika* (School Science) Education in the Second Half of the Nineteenth Century in Japan, *Science & Education*, 23, 5, 1153-1168.

磯﨑哲夫・大鹿聖公・池田秀雄（1995）：教育学部理科教育学講座に収集されている史・資料による理科教育史研究の現状，広島大学研究・教育総合資料館研究報告，1，13-20.

板倉聖宣（2009）：増補　日本理科教育史（付・年表），仮説社.

神戸伊三郎（1938）：日本理科教育発達史，啓文社.

文部科学省（2008a）：小学校学習指導要領，東京書籍.

文部科学省（2008b）：小学校学習指導要領解説理科編，大日本図書.

文部科学省（2018）：小学校学習指導要領（平成29年告示）解説理科編，東洋館.

文部省（1873）：小学教則，出雲寺萬治郎.

文部省（1881）：小学校教則綱領，黒羽彌吉.

文部省（1886）：文部省令第八号，官報，867，257-258.

文部省（1891）：文部省令第十一号，官報，2516，180-183.

文部省（1900）：小学校令　小学校令施行規則　小学校令改正ノ要旨及其施行上注意要項，文部省.

文部省（1903）：明治三十六年四月改正　改正小学校令，博文館.

文部省（1907）：小学校令，弘文書院編集部編「改正小学校令及施行規則師範学校規程」，9-30，弘文書院.

文部省（1911）：尋常小学理科書　第六学年児童用，日本書籍.

文部省（1918）：文部省訓令第一号，官報，1651，57-58.

文部省（1919）：文部省令第六号，官報，1994，525-527.

文部省（1941）：自然の観察　教師用　一，文部省.

文部省（1942）：初等科理科　一，東京書籍.

文部省（1947）：学習指導要領理科編（試案），東京書籍.

文部省（1952）：小学校学習指導要領理科編（試案），大日本図書.

文部省（1958）：小学校学習指導要領，大蔵省印刷局.

文部省（1968）：小学校学習指導要領，大蔵省印刷局.

文部省（1972）：学制百年史，帝国地方行政学会.

文部省（1977）：小学校学習指導要領，大蔵省印刷局.

文部省（1978）：小学校指導書理科編，大日本図書.

文部省（1989a）：小学校学習指導要領，大蔵省印刷局.

文部省（1989b）：小学校指導書理科編，教育出版.

文部省（1998）：小学校学習指導要領，大蔵省印刷局.

文部省（1999）：小学校学習指導要領解説理科編，東洋館.

文部省普通学務局（1941）：国民学校令及国民学校令施行規則，内閣印刷局.

内藤卯三郎（1953）：理科教育の回顧　第IX回，理科の教育，16，190-192.

小川正賢（1986）：理科教育における鍵概念「自然」をめぐって―予備的考察―，茨城大学教育学部紀要（教育科学），35，1-8.

小川正賢（1998）：「理科」の再発見―異文化としての西洋科学―，農山漁村文化協会.

小川正賢（2014）：科学の教育的価値と理科の教育目的論をめぐって，磯﨑哲夫編「教師教育講座　第 15 巻　中等理科教育」，33-54，協同出版.

岡現次郎（1978）：戦後より昭和 22 年版学習指導要領（試案）まで，日本理科教育学会編「現代理科教育大系　第 1 巻」，241-246，東洋館.

岡本正志・森一夫（1976）：理科教育に現われたわが国の伝統的自然観―「理科の要旨」の制定に関する考察を中心として―，科学史研究（第 Ⅱ 期），15，118，98-101.

大橋秀雄（1978）：戦後新教育と理科，日本理科教育学会編「現代理科教育大系　第 1 巻」，24-50，東洋館.

大嶋鎮治（1920）：理科教授の原理，同文館.

進藤公夫（1986）：現代化運動の思想，学校理科研究会編「現代理科教育学講座　第 3 巻　歴史編」，193-202，明治図書.

武村重和（1978）：昭和 52 年版小学校学習指導要領成立過程とその特色，日本理科教育学会編「現代理科教育大系　第 1 巻」，262-267，東洋館.

棚橋源太郎（1903）：尋常小学に於ける実科教授法，金港堂書籍.

棚橋源太郎（1913）：新理科教授法，宝文館.

棚橋源太郎（1918）：改訂新理科教授法，宝文館.

寺川智祐（1986）：日本，学校理科研究会編「現代理科教育学講座　第 3 巻　歴史編」，44-59，明治図書.

寺川智祐（1990）：わが国における初等理科教育の変遷，寺川智祐編「教職科学講座 21　理科教育学」，139-155，福村出版.

鶴岡義彦（1986）：小学校低学年理科設置の論拠づけに関する事例の分析―「低学年理科特設運動」の初期における成城小学校の場合―，島根大学教育学部紀要（教育科学），20，85-96.

山田真子・磯﨑哲夫（2015）：奈良女子高等師範学校附属小学校の低学年における理科に関わる学習の特色，科学教育研究，39，3，264-277.

推薦図書

蒲生英男（1969）：日本理科教育小史，国土社.

堀七蔵（1961）：日本の理科教育史　第一～三，福村書店.

板倉聖宣（2009）：増補　日本理科教育史（付・年表），仮説社.

―――――――――――――――――――――― 課　題 ――――――――――――――――――――――

1　明治期から平成期までの各時代の理科教育の特徴をまとめてみよう.
　　hint 学年，授業時数，目標，教授方法，教科書などに着目しよう.

2　日本の理科教育は，欧米諸国の科学教育からどのような影響を受けてきたかを書き出してみよう.
　　hint 各時代で参考にされた思想や取り組みなどを探そう.

3　明治期から平成期までの各時代の理科教育の問題点を書き出してみよう.
　　hint 制度上の問題点や思想上の問題点などを探そう.

4　3. の各時代の理科教育の問題点が解決されたかどうかを確認してみよう.
　　hint 解決策は実施されたか，その効果はあったかなどの点に着目しよう.

5　4. の結果を踏まえて，現代の理科教育の問題点とその解決策を考えてみよう.
　　hint 過去の理科教育の問題点とその解決策などを参考にしよう.

第3章　小学校理科教育の目標

第1節 小学校学習指導要領の変遷

　小学校学習指導要領が示されるようになったのは第二次世界大戦後からであり，以来，一部改正を除くと8度にわたり改訂がなされてきた．小学校で学習指導要領が，現在のように法的拘束力をもつようになったのは昭和33（1958）年の改訂からであり，それ以前は，試案の形で，昭和22（1947）年の「学習指導要領　理科編　（試案）」と昭和27（1952）年の「小学校学習指導要領　理科編　（試案）」が示された．前者は，小学校（第1～6学年）と中学校（第7～9学年）を対象としている一方で，後者は現在のように小学校だけを対象としている．その後，昭和33（1958）年，昭和43（1968）年，昭和52（1977）年，平成元（1989）年，平成10（1998）年，そして，平成20（2008）年と改訂がなされ，平成29（2017）年に新たな小学校学習指導要領が示された．

　文部科学省（n.d.b）は，試案の時期と一部改正を除き，平成20～21（2008～2009）年の改訂までの学習指導要領（中学校と高等学校も含む）の変遷を6つの区分で説明している．文部科学省（n.d.b）を軸にして，小学校に着目した資料（文部科学省，n.d.a）と平成20（2008）年改訂の「小学校学習指導要領解説　理科編」（文部科学省，2008b）も参照しながら，以下に各区分の特徴をまとめた．昭和33～35（1958～1960）年の区分では，学習指導要領は，国が定める教育課程として位置付けられ，基礎学力の充実や各教科の系統性に基づく学習が目指された．その背後には，試案の時期に地域間の学力差が顕在化したことや経験主義や単元学習への過度な傾倒があった．昭和43～45（1968～1970）年の区分では，「教育内容の現代化」（文部科学省，n.d.b）が特徴として挙げられ，目まぐるしく発展する時代に対応できる教育内容が求められた．昭和52～53（1977～1978）年の区分では，時間的に余裕がある中で充実した学校生活の実現，児童の豊かな人間性の涵養，そして，精選した教育内容の確実な習得が謳われた．平成元（1989）年の区分では，「社会の変化に自ら対応できる心豊かな人間の育成」（文部科学省，n.d.b）が目指され，教育内容のさらなる精選などが行われた．平成10～11（1998～1999）年の区分においても，余裕がある中で充実した学校生活を実現していくことは継続して重視され，そのような学校生活を通じて「生きる力」（文部科学省，n.d.b）を身に付けることが目指された．平成20～21（2008～2009）年の区分では，「生きる力」の育成はより一層重視され，基礎・基本となる知識・技能の習得とそれを活用する思考力・判断力・表現力等をバランスよく育成することが目指された．

　これらの資料から小学校学習指導要領の大まかな移り変わりを理解することはできるものの，その中で小学校理科がどのように変遷してきたのかを読み取ることは難しい．そこで，理科教育学研究者によってなされてきた解釈：小田（1973），武村（1989），丹沢（2004a，2004b）に着目した．

第2節 小学校学習指導要領における理科の変遷

　丹沢（2004b）は，「子ども中心の理科」と「科学中心の理科」を両端に位置付け，昭和22（1947）年の試案の発表から平成10（1998）年の学習指導要領改訂の間に，理科教育がその両端を揺

れ動いてきたと主張した.「子ども中心の理科」は,「身近な問題解決能力育成のための理科」,「生活と理科の関わり理解を重視した理科」,「一般普通教育としての理科」, そして,「市民として必要とされる科学的教養育成の理科」を含み,「科学中心の理科」は,「科学的探究能力育成のための理科」,「科学の知識体系と方法を重視した理科」,「専門性育成のための理科」, そして,「科学者養成のための理科」を含んでいる(丹沢,2004b:180). 彼のモデルでは,「子ども中心の理科」が極致に達したのは昭和20年代であり,「科学中心の理科」は昭和30 ～ 40年代であった. そして, 昭和50年代から平成10年にかけて, 理科は「科学中心の理科」から「子ども中心の理科」へと振り戻っていった.

　武村(1989)は, 昭和22(1947)年の試案における理科を, 民主主義を尊重し, 文化的繁栄を目指した新しい理科教育の始まりとして「新教育の理科」と定義した. さらに, 昭和27(1952)年の試案の理科を,日常生活の改善を目指した,子どもの日々の経験にもとづく「生活経験の理科」(武村,1989:25)とした. 小田(1973)と丹沢(2004a)は,昭和22(1947)年と昭和27(1952)年の試案における理科の特徴として, 生活単元や問題解決学習を指摘している. 小田(1973)によれば,「生活単元, 問題解決学習は子どもの生活経験を生かし, その意欲を満足させながら生活上の問題解決の方法を探究し, 発見しようとする活動」(p.84)である. 以上をまとめると, 試案の時期では, 子どもの興味や関心, そして彼らの直面する生活が理科の学びの中心に位置付けられていたといえる. このような理科の重点は, 確かに, 丹沢(2004b)の指摘する「子ども中心の理科」に該当するといえる.

　昭和33(1958)年の小学校学習指導要領における理科の特徴は系統学習であったとみられている(小田, 1973;武村, 1989;丹沢, 2004a). 学習内容が, 子どもたちの直面する生活というよりは, 科学の学問内容が有する系統性を反映して整理されるようになった. 続く昭和43(1968)年の小学校学習指導要領の理科では, 科学重視傾向は維持されたままで, 子どもによる発見や探究が重視されるようになったと指摘されている(丹沢,2004a). 一方で, 武村(1989)は, この時代の理科を「現代化の理科」(p.30)と定義し, 児童の自然に対する科学的認識の発展が重視されたことを指摘した. 論者によって着眼点がさまざまではあるものの,昭和33(1958)年から昭和43(1968)年にかけて, 科学の側面が強調されるようになったことは共通して指摘されており,これは, 丹沢(2004b)の「科学中心の理科」の特徴と重なる.

　武村(1989)は, 昭和52(1977)年に改訂された小学校学習指導要領における理科を「人間性の理科」(p.31)と定義し, 児童による基礎・基本的な学習内容の習得だけではなく, 人間性の育成も重視されたことを指摘している. 丹沢(2004a)は, 昭和52(1977)年から平成10(1998)年の一連の改訂を1つの区分として扱っている. 丹沢(2004a)は, この一連の改訂を, 科学の専門家育成から科学的リテラシーを備えた市民の育成への移行と解釈している. 以上のことから, 昭和52(1977)年の改訂以降, 小学校の理科は, 昭和43(1968)年の「科学中心の理科」から「子ども中心の理科」へと移り変わっていったことがわかる.

　次に, 小学校理科の目標に焦点化して, 原文に立ち戻りながら, その目標がどのように変わっていったのかを分析する. その際, 目標において重視されてきた内容に着目すると同時に, 改訂によって大きく変更された点はどこかについても目を向けていく.

第3節 各年代の小学校理科の目標の変遷

1. 昭和22(1947)年の「学習指導要領　理科編　(試案)」

　昭和22(1947)年に示された「学習指導要領　理科編　(試案)」は, 小学校だけでなく

中学校も対象にしている．以下に，理科の指導目標を示した．

理科の指導目標は

すべての人が合理的な生活を営み，いっそうよい生活ができるように，児童・生徒の環境にある問題について次の三点を身につけるようにすること，

1．物ごとを科学的に見たり考えたり取り扱ったりする能力．
2．科学の原理と応用に関する知識．
3．眞理を見いだし進んで新しいものを作り出す態度．

であり，この目標はさらに次の通りに分けられる．

1．自然に親しみ科学的な作品に興味を持つ態度．
2．自然界の物と現象とを観察する能力．
3．すじ道の通った考え方をする能力．
4．機械や器具を使う能力．
5．生きものをかわいがり育てる態度．
6．健康を保つ習慣．
7．ねばり強く，助けあい，自ら進んで科学的な仕事や研究をする習慣．
8．眞理にしたがい，進んで未知のものを探ろうとする態度．
9．やさしい科学の本を読む能力．
10．身のまわりの物ごとの間の関係や性質を知るための科学の主な原理と応用に関する知識．
11．自然の調和，美しさ，恵みを知ること．
12．科学者の仕事の尊さを知ること．
13．更に進んだ理科学習への準備と職業上必要なものの準備．

（文部省，1947）

理科の指導目標の最初にある「合理的な生活」と「いっそうよい生活」の実現，そして，細分化された目標のいくつかから，この時代では子どもたちの直面する日常生活の充実が重視されていることがわかる．その一方で，科学的に観察する能力や科学的思考の育成，そして，科学的知識の習得も目指されていた．

2．昭和27（1952）年の「小学校学習指導要領　理科編　（試案）」

昭和27（1952）年に改訂された「小学校学習指導要領　理科編　（試案）」は，改訂前とは違い，小学校のみを対象にしている．「まえがき」に「まず第一に述べておきたいのは，理科教育の根本方針は変わっていないことである」（文部省，1952）とあり，昭和22（1947）年で示された方向性は改訂後も継承された．以下に，理科の目標を示した．

（1）自然の環境についての興味を拡げる．
（2）科学的合理的なしかたで，日常生活の責任や仕事を処理することができる．
（3）生命を尊重し，健康で安全な生活を行う．
（4）自然科学の近代生活に対する貢献や使命を理解する．
（5）自然の美しさ，調和や恩恵を知る．
（6）科学的方法を会得して，それを自然の環境に起る問題を解決するのに役だたせる．
（7）基礎になる科学の理法を見いだし，これをわきまえて，新しく当面したことを

> 理解したり，新しいものを作り出したりすることができる．
>
> （文部省，1952）

　上記の目標は，昭和22（1947）年の指導目標で掲げられた内容と多くの点で共通している．1点目に，児童の日常生活における理科の学びの重要性が示されている．例えば，上記の目標の（2）の説明には，理科を学ぶことを通じて日常生活や仕事を合理的に処理する方法を学ぶことが記述されている（文部省，1952）．また，目標の（6）においても，科学の方法の習得が生活の改善と結び付けられて説明されており，目標の（7）でも，科学的原理の理解が日常生活における対処の仕方との関連から論じられていた（文部省，1952）．2点目に，児童の自然への直接的な関与である．昭和22（1947）年では細分化された指導目標に「1. 自然に親しみ…」とあり，上記の目標の（7）の説明においても「この理法をわきまえるには，こどもが直接に自然現象にぶつかって，その中から理法を見いだすことから出発すべきである」（文部省，1952）と説明されている．3点目に，科学的能力の習得や科学的内容の理解について言及されている．これらは，昭和22（1947）年の指導目標では1と2に，細分化された目標では2と10などに見られ，上記の目標では（6）と（7）で端的に表現されている．4点目に，自然への情意的側面が示されている．上記の目標の（5）は，昭和22（1947）年の細分化された指導目標の11に相当し，目標の（5）の説明では，「自然を愛し，自然の恩恵や調和を知るように努力しなくてはならない」（文部省，1952）と述べられている．小川（1998）は，この第4点目に諸外国と比較したときの我が国の小学校理科の特色を見いだしている．

3.　昭和33（1958）年の小学校学習指導要領

　文部省は，昭和33（1958）年の改訂から名称で（試案）を除き，告示という形式で小学校学習指導要領を発表した．小学校理科の目標は，それぞれが相互に関連する目標として以下の4点で示された．

　1　自然に親しみ，その事物・現象について興味をもち，事実を尊重し，自然から直接
　　学ぼうとする態度を養う．
　2　自然の環境から問題を見いだし，事実に基き，筋道を立てて考えたりくふう・処理
　　したりする態度と技能を養う．
　3　生活に関係の深い自然科学的な事実や基礎的原理を理解し，これをもとにして生活
　　を合理化しようとする態度を養う．
　4　自然と人間の生活との関係について理解を深め，自然を愛護しようとする態度を養
　　う．

（文部省，1958）

　改訂前の試案と比べて，次の4点が共通している．1点目は，理科の学びによる日常生活の合理化であり，これは上記の目標の3に顕著である．2点目は，児童による自然との直接的な関わりであり，目標の1に「自然から直接学ぼうとする態度を養う」ことが明記されている．3点目は，科学的能力の習得と科学的内容の理解である．目標の2において科学的に考えたり処理したりできるようになることが，目標の3において基礎的な科学的内容の理解が目指されている．4点目は，自然への情意的側面の育成であり，目標の4において目指されている．この時の小学校学習指導要領の理科の内容を解説している「小学校理科指導書」（文

部省，1967）には，自然の愛護について以下の説明がある．

> 　理科では，…さりとて純粋に自然科学的な学習だけが，その全部であってよいという
> わけではない．たとえば，児童は生物を飼育・栽培している間に，それらの生物に愛着
> を感じ，愛育しようという気持ちを生じるのが普通である．このような機会をとらえて，
> その感情をさらに高めていくことも理科のたいせつな任務である．
>
> 　　　　　　　　　　　　　　　　　　　　　　　　　　　　　（文部省，1967：13）

　昭和22（1947）年と昭和27（1952）年の試案の目標に比べ，自然の事物・現象への直
接的な関与を通じた理科の学びが強調されている．試案の時期の目標には，前述の目標の1
にある「自然から直接学ぼうとする」といった文言は見られない．この目標の説明では，低
学年において「ごく身近な自然の事物・現象を見たり，扱ったりさせることによって，自然
に親しむ態度を養う」（文部省，1958）ことが期待されている．

4．昭和43（1968）年の小学校学習指導要領

　昭和43（1968）年の小学校学習指導要領に示された理科の目標は，総括的目標とそれを
さらに詳細に示した具体的目標から構成されている．それらは，以下のとおりである．

> 　自然に親しみ，自然の事物・現象を観察，実験などによって，論理的，客観的にとらえ，
> 自然の認識を深めるとともに，科学的な能力と態度を育てる．
> 　このため，
> 　1　生物と生命現象の理解を深め，生命を尊重する態度を養う．
> 　2　自然の事物・現象を互いに関連づけて考察し，物質の性質とその変化に伴う現象
> 　　　やはたらきを理解させる．
> 　3　自然の事物・現象についての原因・結果の関係的な見方，考え力や定性的，定
> 　　　量的な処理の能力を育てるとともに，自然を一体として考察する態度を養
> 　　　う．　　　　　　　　　　　　　　　　　　　　　　　　　（文部省，1968）

　上記の具体的目標の1は生物を対象とした児童の理解について，2は無生物を対象とした
児童の理解について，そして，3は，児童が習得すべき科学的能力と態度について示してい
る（文部省，1970）．
　改訂前の学習指導要領と共通して，自然への直接的な関与と，科学的能力の習得および科
学的内容の理解が明確に目標に位置付けられている．総括的目標の「自然に親しみ」は，児
童が直に自然の事物・現象に触れていくことを意図している（文部省，1970：4）．総括的目
標の「自然の認識を深めるとともに，科学的な能力と態度を育てる」では，科学的内容の理
解と科学を実践することに伴う能力や態度の育成を意味している（文部省，1970：6）．具体
的目標でもこれらの理解や能力の育成が述べられている．
　大きな変更は，日常生活の合理化と自然への情意的側面の育成が目標で明文化されていな
いこと，および，実験と観察の実施が明記されたことである．学習内容を活用した日常生活
の合理化は，これまで重視されてきた目標の1つであった．しかし，今回の目標では「生
活」という用語すら一度も現れていない．また，自然愛護の態度も同様に目標には見られない．
その一方で，「実験」と「観察」が目標に明記された．総括的目標の「観察，実験などによって」
では，実験や観察を実施するための能力だけではなく，実験や観察を計画するための能力の

育成も意図されており，それを通じて目標にある「自然の認識を深めるとともに，科学的な能力と態度を育てる」ことが目指されている（文部省，1970：5）．

　この年代の小学校理科の目標は，科学を学ぶことをこれまで以上に重視しているが，将来の社会を生きる一般市民の育成をおろそかにしていたわけではない．『小学校指導書理科編』（文部省，1970）では「児童は現代および未来の社会人としてもつべき初歩的な科学的教養を習得」（p. 7）することが目標の説明にあり，今日の科学的リテラシーに通じる考え方をここに見ることができる．

5. 昭和52（1977）年の小学校学習指導要領

　昭和52（1977）年の小学校学習指導要領では，総括的目標が理科の目標で示され，具体的目標は各学年の目標で示されるようになった（文部省，1978）．ここでは，総括的目標に焦点をあてる．以下に，その総括的目標を示した．

> 　観察，実験などを通して，自然を調べる能力と態度を育てるとともに自然の事物・現象についての理解を図り，自然を愛する豊かな心情を培う．　　　　　　　（文部省，1977）

　昭和43（1968）年の目標と同様に，自然に直接はたらきかける姿勢，科学的能力の育成と科学的内容の理解が目指されている．改訂に伴って「自然に親しみ」が削除されているが，『小学校指導書理科編』（文部省，1978）の説明では，「観察，実験などを通して」において，児童が自然に直接はたらきかけながら理科の学習が展開されるべきことが主張されている（p. 7）．科学的能力の育成と科学的内容の理解は，「自然を調べる能力」と「自然の事物・現象についての理解」に該当する．「自然を調べる能力」に着目すると，「自然の事物・現象についての疑問や問題を解決するために，観察，実験などを通して自然にはたらきかける能力と態度」（文部省，1978：7-8）とある．

　ところで，「小学校指導書理科編」（文部省，1978）の目標の解説の最後には，以下の説明がある．

> 　…自然を調べる能力，態度，自然の事物・現象についての理解，自然を愛する豊かな心情を身に付けていく中で，児童は自然の事物・現象から問題を見いだし解決する力を養うことができる．この問題を解決する力は，文化を創造する力につながるものであり，児童が未来の文化と社会の良き形成者となるための基礎となるものである．
>
> 　　　　　　　　　　　　　　　　　　　　　　　　　　　　（文部省，1978：9）

　上記の引用から，この年代の小学校理科は問題解決能力の育成を重視しており，その理由は児童にこれからの社会で生きていくための力を身に付けさせることにあると解釈できる．

　改訂前とは異なり，目標に「自然を愛する豊かな心情」が復活している．この心情を培うこととは，「自然に接する機会を繰り返しもつことによって，自然への愛情を芽生えさせ育てていくこと」（文部省，1978：9）と説明されている．

6. 平成元（1989）〜20（2008）年の小学校学習指導要領

　平成元（1989）年から平成20（2008）年にかけての小学校理科の目標には，それまでの改訂に比べ大きな変化は見られない．よって，この年代を一括りにして目標をみていこう．以下の表に，各年代の目標をまとめた．

表 3-1　平成元（1989）年〜平成 20（2008）年の小学校理科の目標

年　代	目　標
平成元（1989）年	自然に親しみ，観察，実験などを行い，問題解決の能力と自然を愛する心情を育てるとともに自然の事物・現象についての理解を図り，科学的な見方や考え方を養う．
平成 10（1998）年	自然に親しみ，見通しをもって観察，実験などを行い，問題解決の能力と自然を愛する心情を育てるとともに自然の事物・現象についての理解を図り，科学的な見方や考え方を養う．
平成 20（2008）年	自然に親しみ，見通しをもって観察，実験などを行い，問題解決の能力と自然を愛する心情を育てるとともに，自然の事物・現象についての実感を伴った理解を図り，科学的な見方や考え方を養う．

（出典：文部省，1989a；文部省，1998；文部科学省，2008a から抜粋して筆者作表）

　改訂前の昭和 52（1977）年と平成元（1989）年の目標を比べてみると，共通点が非常に多いことに気付く．それらは，自然に直接はたらきかける姿勢，科学的能力の育成と科学的内容の理解，そして，自然を愛する心である．1 点目について，「自然に親しみ」が目標に復活しているが，これは児童が自然の事物・現象に直接はたらきかけて関心や興味をもつことを指している（文部省，1989b：9）．また，「観察，実験などを行い」では，児童による自然への直接的なはたらきかけが理科の学びの前提になると説明されている（文部省，1989b：10）．よって，自然への直接的なはたらきかけは，より一層重視されるようになったと考えられる．2 点目には，「問題解決の能力」と「自然の事物・現象についての理解」が関係する．「問題解決の能力」で意図されている能力は，例えば，実験や観察の計画，条件制御，結果の記録，そして，図やグラフでの表現などである（文部省，1989b：11）．「自然の事物・現象についての理解」は，昭和 52（1977）年の目標と同じ文言である．3 点目の自然を愛する心は，文言の若干の変更はあるが，平成元（1989）年の目標に受け継がれている．

　追加された内容に，「科学的な見方や考え方を養う」がある．この見方や考え方は，「具体的な自然の事物・現象について自ら得た情報の内容を単純化し，統一的に整理してまとめる仕方及びまとめられた概念」（文部省，1989b：13）と説明されている．「科学的」という用語は，昭和 43（1968）年の目標でも使われ，昭和 52（1977）年には消えている．それゆえ，平成元（1989）年の改訂は「科学中心の理科」への回帰と考えることができるかもしれない．しかし，昭和 52（1977）年と平成元（1989）年の目標に見られる共通点の多さは，両者の小学校理科の方向性が類似していることを表している．

　次に，平成元（1989）年以降の目標の移り変わりをみていこう．各改訂で 1 か所ずつ文言が加えられている．平成 10（1998）年の改訂では「見通しをもって」が，平成 20（2008）年では「実感を伴った」が加筆された．児童が「見通し」をもつことによって，彼らが各自の目的意識のもとで観察や実験に取り組むようになること，予想と結果が一致するかしないかがわかりやすくなること，そして，彼らが科学の成果を人間の生み出したものとして捉えるようになることが意図された（文部省，1999：11）．「実感を伴った理解」とは，実験や観察といった体験を経て得られる理解，自分たちで問題を解決したという実感を伴

う理解，そして，学んだ内容が自然や日常生活の中に見いだすことができるという理解として説明されている（文部科学省，2008b：9-10）．

以上のことより，昭和52（1977）年から平成20（2008）年までの小学校理科の目標は，丹沢（2004b）の「子ども中心の理科」，とりわけ，「一般普通教育としての理科」と「市民として必要とされる科学的教養育成の理科」をより前面に押し出す形で改訂されていった．

7．平成29（2017）年の小学校学習指導要領

この度の改訂では「社会に開かれた教育課程」の実現が標榜され，将来の社会を創り，生き抜くための子どもたちの資質・能力の育成が目指された（中央教育審議会，2016）．これを受けて，小学校理科の目標も資質・能力に基づいて整理された．この改訂の経緯は，「一般普通教育としての理科」あるいは「市民として必要とされる科学的教養育成の理科」（丹沢，2004b）の重視とも読み取ることができる．以下に，小学校理科の目標を示した．（1）が資質・能力の「知識及び技能」に，（2）が「思考力，判断力，表現力等」に，そして，（3）が「学びに向かう力，人間性等」に対応している（文部科学省，2018）．

自然に親しみ，理科の見方・考え方を働かせ，見通しをもって観察，実験を行うことなどを通して，自然の事物・現象についての問題を科学的に解決するために必要な資質・能力を次のとおり育成することを目指す．
（1）自然の事物・現象についての理解を図り，観察，実験などに関する基本的な技能を身に付けるようにする．
（2）観察，実験などを行い，問題解決の力を養う．
（3）自然を愛する心情や主体的に問題解決しようとする態度を養う．

（文部科学省，2017：94）

平成20（2008）年の目標と構造が大きく変化しているが，多くの共通要素を見いだすことができる．それらは，自然に直接はたらきかける姿勢，児童の主体性，科学的能力の育成と科学的内容の理解，そして，自然を愛する心である．特に，児童の主体性については，目標に「主体的に問題解決しようとする態度を養う」と明記されているように，改訂前にもまして重視されている．

前回の目標から，「科学的」が修飾する対象と「見方・考え方」の扱いが変化している．「科学的」は，平成20（2008）年の目標では「見方や考え方」に係っていた．一方で，今回の目標では「解決する」に係っている．「問題を科学的に解決する」ことは，科学の実証性，再現性，そして，客観性を踏まえた仕方によって問題を解決することを意味している（文部科学省，2018：16）．つまり，児童の問題解決という行為において，ますます科学的側面が重視されるようになったと捉えることができる．「見方・考え方」は，平成20（2008）年の目標では，児童が理科の学習を通じて最終的に身に付けるものとして表現されていた．しかし，今回の目標では，児童が学習の中で「見方・考え方」を働かせていくことが期待されている．理科の見方は「問題解決の過程において，自然の事物・現象をどのような視点で捉えるか」（文部科学省，2018：13）を意味し，理科の考え方は，「問題解決の過程において，どのような考え方で思考していくか」（文部科学省，2018：13）を意味している．

第 4 節　まとめ

　小学校の理科の目標の変遷を概観すると，将来の科学者や技術者の育成よりも，これからの社会を生き抜く一般市民の育成に主眼が置かれてきたことがわかる．目標を構成してきた要素として，理科が自然科学を扱う教科であることを踏まえると当然ではあるが，児童の科学的能力の育成と科学的内容の理解は重要な要素であり続けてきた．そして，これらを育成する上で，児童による自然への直接的な関与も大切にされてきた．また，科学的側面だけではなく，小川（1998）が日本の理科教育の特徴として指摘する，自然を愛する心の育成も重要な目標の 1 つとして受け継がれてきた．これらを目標の基盤として共有していきながら，その時々の社会の要請に応じて，小学校理科において「子ども中心」あるいは「科学中心」が適宜，強調されてきた．

引用文献

中央教育審議会 (2016): 幼稚園，小学校，中学校，高等学校及び特別支援学校の学習指導要領等の改善及び必要な方策等について（答申）. Retrieved September 18, 2019 from http://www.mext.go.jp/b_menu/shingi/chukyo/chukyo0/toushin/__icsFiles/afieldfile/2017/01/10/1380902_0.pdf

文部科学省 (n.d.a): 資料　学習指導要領等の改訂の経過. Retrieved August 3, 2019 from http://202.232.190.211/a_menu/shotou/new-cs/idea/__icsFiles/afieldfile/2011/03/30/1304372_001.pdf

文部科学省 (n.d.b): 新しい学習指導要領の考え方－中央教育審議会における議論から改訂そして実施へ－. Retrieved June 13, 2019 from http://www.mext.go.jp/a_menu/shotou/new-cs/__icsFiles/afieldfile/2017/09/28/1396716_1.pdf

文部科学省 (2008a): 小学校学習指導要領. Retrieved from 国立教育政策研究所 (2014) の学習指導要領データベース : https://www.nier.go.jp/guideline/

文部科学省 (2008b): 小学校学習指導要領解説　理科編，大日本図書株式会社.

文部科学省 (2017): 小学校学習指導要領. Retrieved from http://www.mext.go.jp/component/a_menu/education/micro_detail/__icsFiles/afieldfile/2019/03/18/1413522_001.pdf

文部科学省 (2018): 小学校学習指導要領（平成 29 年告示）解説理科編，東洋館出版社.

文部省 (1947)：学習指導要領　理科編　（試案）. Retrieved from 国立教育政策研究所 (2014) の学習指導要領データベース : https://www.nier.go.jp/guideline/

文部省 (1952): 小学校学習指導要領　理科編　（試案）. Retrieved from 国立教育政策研究所 (2014) の学習指導要領データベース : https://www.nier.go.jp/guideline/

文部省 (1958): 小学校学習指導要領. Retrieved from 国立教育政策研究所 (2014) の学習指導要領データベース : https://www.nier.go.jp/guideline/

文部省 (1967): 小学校理科指導書　22 版，大日本図書株式会社.

文部省 (1968): 小学校学習指導要領. Retrieved from 国立教育政策研究所 (2014) の学習指導要領データベース : https://www.nier.go.jp/guideline/

文部省 (1970): 小学校指導書理科編，東京書籍株式会社.

文部省 (1977): 小学校学習指導要領. Retrieved from 国立教育政策研究所 (2014) の学習指導要領データベース : https://www.nier.go.jp/guideline/

文部省 (1978): 小学校指導書理科編，大日本図書株式会社.

文部省 (1989a): 小学校学習指導要領. Retrieved from 国立教育政策研究所 (2014) の学習指導要領データベース : https://www.nier.go.jp/guideline/

文部省 (1989b): 小学校指導書理科編，教育出版株式会社.

文部省 (1998): 小学校学習指導要領. Retrieved from 国立教育政策研究所 (2014) の学習指導要領データベース : https://www.nier.go.jp/guideline/

文部省 (1999): 小学校学習指導要領解説理科編, 東洋館出版社.

小田求 (1973): 第3章　わが国における理科教育の発展, 木村仁泰編著「理科教育学原理」, 65-86, 明治図書出版株式会社.

小川正賢 (1998):「理科」の再発見―異文化としての西洋科学―, 農山漁村文化協会.

武村重和 (1989): Ⅱ章　理科の改訂の変遷, 奥井智久・草野保治編「改訂　小学校学習指導要領の展開　理科編」, 21-31, 明治図書出版株式会社.

丹沢哲郎 (2004a): 4-2-2　戦後日本の理科教育の歴史, 八田明夫・丹沢哲郎・土田理・田口哲著「理科教育学―教師とこれから教師になる人のために―」, 173-180, 東京教学社.

丹沢哲郎 (2004b): 4-2-3　戦後理科教育の流れのまとめ, 八田明夫・丹沢哲郎・土田理・田口哲著「理科教育学―教師とこれから教師になる人のために―」, 180-181, 東京教学社.

─────────────────── 課　題 ───────────────────

1　平成29（2017）年の小学校理科の学習指導要領には, 本章で示した教科の目標に加えて, 各学年の目標が示されている. 第3〜6学年の目標から1つを選び, 学年の目標で3点の資質・能力がどのように示されているかをまとめよう.

　hint 「小学校学習指導要領（平成29年告示）解説理科編」（文部科学省, 2018）で示された各学年の目標の構造を参考にしよう.

2　小学校理科の「理科の見方・考え方」を,「見方」と「考え方」に分けてまとめよう.

　hint 理科の学習内容を構成する4領域（「エネルギー」,「粒子」,「生命」, そして,「地球」）や改訂前の学習指導要領で各学年に対応して育成が目指されていた問題解決の能力との関連も考慮しながらまとめよう.

3　平成29（2017）年の中学校学習指導要領で示された理科の教科の目標と比較して, 小学校の理科の目標の特徴をまとめてみよう.

　hint 自然を愛する心の育成に着目して考えてみよう.

第4章　小学校におけるアクティブ・ラーニング

第1節　資質・能力の3つの柱とアクティブ・ラーニングの3つの視点をどう捉えるか

　資質・能力の3つの柱とアクティブ・ラーニング（AL）の3つの視点（主体的・対話的で深い学び）が提起している授業改革の方向性は，学力論や学習論の基本的な知見，特に教科の学力の質の3層構造と，学習活動の3軸構造をふまえて考えるとより明確になる．

　ある教科内容に関する学力の質的レベルは，下記の3層で捉えられる．個別の知識・技能の習得状況を問う「知っている・できる」レベルの課題（例：穴埋め問題で酸素，二酸化炭素などの化学記号を答える）が解けるからといって，概念の意味理解を問う「わかる」レベルの課題（例：燃えているろうそくを集気びんの中に入れると炎がどうなるか予想し，そこで起こっている変化を絵で説明する）が解けるとは限らない．さらに，「わかる」レベルの課題が解けるからといって，実生活・実社会の文脈での知識・技能の総合的な活用力を問う「使える」レベルの課題（例：クラスでバーベキューをするのに一斗缶をコンロにして火を起こそうとしているが，うまく燃え続けない．その理由を考えて，燃え続けるためにどうすればよいかを提案する）が解けるとは限らない．そして，社会の変化の中で学校教育に求められるようになってきているのは，「使える」レベルの学力の育成と「真正の学習（authentic learning）」（学校外や将来の生活で遭遇する本物の，あるいは本物のエッセンスを保持した活動）の保障なのである．

　学力の質的レベルの違いに関わらず，学習活動は何らかの形で対象世界・他者・自己の3つの軸での対話を含む．そして，そうした対話を繰り返す結果，何らかの認識内容（知識），認識方法（スキル）が形成され身についていく．スキルは，対話の3つの軸（大きくは対象世界との認知的対話，他者・自己との社会的対話）に即して構造化できる．さらに，学習が行われている共同体の規範や文化に規定される形で，何らかの情意面の影響も受ける．学力の階層ごとに，主に関連する知識，スキル，情意（資質・能力の要素）の例を示したのが表4-1である．知識，スキル，情意の育ちは一体のものであり，どの質の知識を，どの質のス

表4-1　教科学習で育成する資質・能力の要素を捉える枠組み

能力・学習活動の階層レベル（カリキュラムの構造）		資質・能力の要素（目標の柱）			
		知識	スキル		情意（関心・意欲・態度・人格特性）
			認知的スキル	社会的スキル	
教科等の枠づけの中での学習	知識の獲得と定着（知っている・できる）	事実的知識、技能（個別的スキル）	記憶と再生、機械的実行と自動化	学び合い、知識の共同構築	達成による自己効力感
	知識の意味理解と洗練（わかる）	概念的知識、方略（複合的プロセス）	解釈、関連付け、構造化、比較・分類、帰納的・演繹的推論		内容の価値に即した内発的動機、教科への関心・意欲
	知識の有意味な使用と創造（使える）	見方・考え方（原理と一般化、方法論）を軸とした領域固有の知識の複合体	知的問題解決、意思決定、仮説的推論を含む証明・実験・調査、知やモノの創発（批判的思考や創造的思考が深く関わる）	プロジェクトベースの対話（コミュニケーション）と協働	活動の社会的レリバンスに即した内発的動機、教科観・教科学習観（知的性向・態度）

（出典：石井英真『今求められる学力と学びとは―コンピテンシー・ベースのカリキュラムの光と影』日本標準，2015年より抜粋）

キルを，どの質の情意を重視するかと問う必要がある．資質・能力の３つの柱は，学力の３要素それぞれについて，「使える」レベルのものへとバージョンアップを図るものとして読むことができる．それは「生きて働く学力」の追求という旧くて新しい課題に取り組むことを意味する．

また，ALの３つの視点は，学習活動の３軸構造に対応するもの（対象世界とのより深い学び，他者とのより対話的な学び，自己を見つめるより主体的な学び）として捉えることができるだろう．ALをめぐっては，学習者中心か教師中心か，教師が教えるか教えることを控えて学習者に任せるかといった二項対立図式で議論されがちである．しかし，グループで頭を突き合わせて対話しているような，主体的・協働的な学びが成立しているとき，子どもたちの視線の先にあるのは，教師でも他のクラスメートでもなく，学ぶ対象である教材ではないだろうか．

授業という営みは，教師と子ども，子どもと子どもの一般的なコミュニケーションではなく，教材を介した教師と子どもとのコミュニケーションである点に特徴がある．この授業におけるコミュニケーションの本質をふまえるなら，子どもたちがまなざしを共有しつつ教材と出会い深く対話し，教科の世界に没入していく学び（その瞬間自ずと教師は子どもたちの視野や意識から消えたような状況になっている）が実現できているかを第１に吟味すべきだろう．教科の本質を追求することで結果としてアクティブになるのである．

第２節　教科の本質を追求する授業とは

授業をアクティブなものにすることと教科の本質を追求することとを結びつけ，かつ「真正の学習」を実現する授業づくりのヴィジョンとして，「教科する（do a subject）」授業（知識・技能が実生活で生かされている場面や，その領域の専門家が知を探究する過程を追体験し，「教科の本質」をともに「深め合う」授業）を提起したい．それは，教科の本質的かつ１番おいしい部分，特にこれまでの教科学習であまり光の当てられてこなかったそれ（教科内容の眼鏡としての意味，教科の本質的なプロセスの面白さ）を子どもたちに経験させるものである．

教科学習の本来的意味は，それを学ぶことで身の回りの世界の見え方やそれに対する関わり方が変わることにある．「蒸発」という概念を学ぶことで，水たまりが次の日にはなくなっているという現象のメカニズムが見えてくるし，蒸発しやすくするため衣類を温めてから干すなどの工夫をするようになるといった具合である．それは，教科内容の眼鏡としての意味を顕在化することを意味する．

また，教科の魅力は内容だけではなく，むしろそれ以上にプロセスにもある．例えば，「実験すること」という一見科学的な活動があっても，それを子どもたちの内的プロセスからみると，「実験手順を正しく安全になぞること」（cook book方式の作業的実験）になっていて，問いや仮説を伴った，真に「科学すること」になっていない場合が多いのではないか．実験の結果にばらつきが生じたときに，教師が教科書の権威により結論を押しつけるのでは，結論まずありきの実験の作業化・儀式化に陥る．ばらつきが生じた原因を考えてみるよう子どもたちに少し投げかけることで，実験の手順や条件統制等に問題はなかったか，自分たちで気付くこともできるであろうし，「塩酸にアルミニウムを入れると水素が発生する」と理解したつもりでいる子どもたちに対して，「では，２枚，３枚とアルミニウムを追加していった

らどうなるか」「アルミニウム以外の金属を入れてみるとどうなるか」などとゆさぶりをかけたりして，事象と向き合うことを促すことで，「どうなるのかな」という問いをもって事象に向かい，教科書で切り取られた無難な結論に収まらない気付きも出てくるだろう．

　若い教師たちが増えている状況下で，標準授業モデルとしてのスタンダードが各自治体から提案されているが，そこにおいて「学び合い」という形をなぞることが標準化されていないか．教科書等の課題を提示して，グループで取り組むよう指示し，各グループから出てきた意見をただ交流して終わる．こうした形をなぞることで，表面的に学習者主体の授業が成立しているように卒なく見せることはできるかもしれない．しかし，学習の規律と時間を管理する役割を果たすだけで，子どもたちが教材と対話し学び深めていく過程に教師が絡んでいかないなら，学びの責任は学習者に丸投げされ，その質は保障されないだろう．

　特に，小学校については，授業はすでに十分アクティブであり，活動主義にならないよう，課題や問いの質を吟味したり，グループでの子どもたちの思考とコミュニケーションの中身を見取って次の一手を構想したり，多様な考え方を関連付けたりゆさぶったりすることが必要であり，そのために教師は教科内容や教材に関する深い理解と，それを子どもの学びと結びつける構想力が求められる．

　教材研究とは，教師が子どもたちに本当に教えたいものを吟味し，そして，そうした教師が教えたいものを子どもの学びたいものにするような素材（ネタ）をデザインすることである．それは，教科の本質的なポイントを外さずに中身のある学びを保障することにつながる．さらに，そうした教材研究のプロセスは，子どもに先立って教師が一人の学び手として教材と対話するということであり，教師自身の知識が増えてその教科に精通したり，教科の内容をとことん学び深めることを経験したりすることで，子どもたちが授業過程で出してくる多様な考え方を受け止め，学びのプロセスに伴走しつつその深まりを導くことを可能にするだろう．

　こうした教材研究において，「自動改札には磁気が使われているというけど，どういう仕組みなのかな」と日常生活に教材を見つけようとしたり，「空気中に見えないけど水蒸気が混じっていることをたしかめるには・・・」と実験方法を考えようとしたりするなど，教師は「科学する」経験をしているし，その「科学する」プロセスにこそ教科の面白さを感じているのではないか．しかし，多くの場合，教師は教材研究の結論を子どもたちに押し付けたり，子どもたちにそれを忖度させたりするのみで，子どもたちがそうしたプロセスを経験することはほとんどない．教材研究のプロセス（各教科の1番本質的かつ魅力的なプロセス）を，子どもたちにゆだねていく．ここ1番のタイミングでポイントを絞ってグループ学習などを導入していくことで，アクティブ・ラーニングは，ただアクティブであることを超えて「教科する」授業となっていくのである．

表4-2　授業づくりの成否を規定する判断のポイント

目的・目標（Goal）： ねがいとねらいを明確化する	何を教え，どのような学力を形成し，どんな子どもを育てたいか
教材・学習課題（Task）： 教材・学習課題をデザインする	どういう素材や活動を通してそれを学ばせるか
学習の流れと場の構造（Structure）： 学習の流れと場の構造の組織化	授業の展開をどう時系列で組織化し，学習形態と空間をどうデザインし，学びの文化的環境をどう再構成するか
技とテクノロジー（Art & Technology）： 授業を組織する技とテクノロジー	ことばと身体でどう働きかけるか，テクノロジーやメディアをどう活用するか
評価（Assessment）： 評価を指導や学習に生かす	どのような方法で学習の過程と成果を把握し，その結果をどう実践に生かすか

第3節　授業をデザインするときの思考の道筋とは

　「教科する」授業を目指しつつ，具体的にどう授業をデザインしていけばよいのかについて述べていこう．授業を組み立てデザインしていく過程は判断の連続であるが，判断の節目を形成するいくつかの問題領域を見いだすことができる（表4-2）．そうした判断の節目において教師が出す答えの妥当性が，その授業の成否を左右し，ゆえに，それぞれの判断のポイントにおける一般的な原則を学ぶことが重要となる．図4-1に示した「授業づくりのフレーム」は，こうしたいわば「授業づくりのツボ」とでも呼ぶべきものを一般化したものである．

　「昆虫」概念の授業づくりを例としながら，授業をデザインする思考の流れと「授業づくりのフレーム」の意味を確認しよう．小学生に「昆虫」という概念を教えるのにどの虫を素材として取り上げるかと尋ねると，多くの人は，カブトムシ，チョウ，トンボ，アリ，セミ，バッタ，クモなどを選択肢として挙げるだろう．この中でどれが適切かを選ぶ際，ある人は，人気のあるカブトムシを使えば，子どもたちが動機づけられると考えるかもしれない．しかし，ここで考えるべきは，"Goal"，つまり「昆虫」概念を指導するときに外してはいけない本質的な内容である．「昆虫」概念の授業では，昆虫に共通する特徴（昆虫の体は頭，胸，腹で構成され，頭には目や触覚，口があり，胸から3対6本の足が生えている．変態により成長する．）を指導することが重要である．昆虫の体の構成だけが重要なら，アリを選んでもよいが，アリは小さくてすばしっこくて観察しにくいし，「変態」についても教えたいので，チョウがもっとも適切と判断される．こうして"Goal"の達成を意識しながら，子どもたちの興味をそそり，かつそれを通して教えたい内容の理解が深まるような"Task"を考えるのである．

　さらに，"Structure"を考えることで，授業をドラマとしてデザインし，概念について印象深く学び理解を深めることができる．最初に「昆虫」の特徴を典型的に示すチョウを用いて「昆虫」概念を指導する．その後に，「じゃあクモは昆虫かな？」と問いかけることで，日常生活では虫とされているが生物学的には「昆虫」ではないものの存在に子どもたちは気付き，彼らの「昆虫」概念の理解はより確かなものとなる．その上で，「昆虫」概念が理解できたと思っている子どもたちに対して，「昆虫」ではあるがその特徴が見えにくい素材として，カブトムシを取り上げ，「では，カブトムシは昆虫だろうか？」と問う．すると，子どもたち

図4-1　授業づくりのフレーム（5つのツボ）（筆者作成）

の中に，「えっ，どうなんだろう？」という問いが生じ，子どもたちの理解がゆさぶられる．そうしたら授業者としてはしめたものである．カブトムシが昆虫だと思う者とそうでない者とで議論するなどして，「実際どうなのか確かめたい」という子どもたちの追求心を高めた上で，カブトムシを実際に観察してもよいだろう．カブトムシが昆虫かどうかを議論することは，子どもたちの「昆虫」概念の理解や科学的推論の能力を試すことができるよい機会なので，クラス全体で話し合いをするよりも，ペアやグループの学習形態を用いて，子どもたち全員に思考しコミュニケーションする機会を与えることが有効かもしれない．そうして，カブトムシも確かに昆虫の特徴を備えていることを確かめることで，「昆虫」概念は，印象深い情動的な経験を伴って，子どもたちにすっきりと理解されるのである．

さらに，"Task" や "Structure" がよくデザインされていても，"Art ＆ Technology" が巧みでなければ，期待したような授業のドラマ的な展開や理解の深まりはもたらされない．チョウ，クモ，カブトムシと教材を並べて，子どもたちに認知的葛藤を起こさせるような授業の展開の構造をデザインしたとしても，問いの前に間もタメもなくさらっと授業を進めてしまっては，子どもたちの意欲も思考もかき立てられない．また，チョウやカブトムシを観察する際の子どもたちへの教師の指示やルールの指導があいまいだったり，教師が観察器具や実物を提示する機器を巧みに使いこなせなかったりすると，授業が混乱するおそれがある．実践過程での教師の指導技術や非言語的コミュニケーションの力や臨機応変の対応力が，授業での実際の経験の質に大きく影響するのである．

以上のように，「昆虫」概念を情動を伴って深く理解する授業が展開されても，多くの場合，"Assessment" については，アリの絵を見せて，「頭」「胸」「腹」「触覚」といった部位の名称を答えさせる，断片的な知識を問う客観テストが用いられがちである．しかし，そうした「豊かな授業」と「貧しい評価」というズレの結果，子どもたちは，評価される断片的な知識を記憶しておけばよいという学習方略を採用するようになる．頭の中でのイメージの形成や知識間のネットワークの構築を大事にする授業を実施しているのであれば，評価もそれを可視化できるよう工夫される必要がある．例えば，「昆虫」概念の理解を問うのであれば，頭・胸・腹だけを書いたアリの絵を子どもたちに提示して，足はどこから生えているかを絵で描かせるとよいだろう．また，複数の生物を提示して，昆虫と昆虫でないものとを分類させてみてもよいし，そこで分類の理由を聞いてみてもよいだろう．豊かで深い学習を実現していくためには，目標と指導と評価の一貫性（alignment）を保障することが必要なのである．

第4節　学力・学習の質的レベルに応じて目指す授業像はどう変わるか

授業者が考える理想の授業像に応じて，授業づくりのフレームに示した五つのツボで何が妥当な判断となるのかは変わる．例えば，表4-3のように，黒板を背にして教科書の内容（正答）を一方的に淡々と説明し，個別の知識・技能の項目を網羅していって，客観テストのみで評価するような授業は，「知っている・できる」レベルのみを目標とするのであれば，よしとされるかもしれない．しかし，「わかる」を伴わないと，「知っている・できる」という目標すら実際には達せられないし，学ぶ側から見れば単調で退屈で平板な授業となるだろう．逆に，目標が明確でなく，盛り上がる活動だけがあるような授業，テクノロジーなどが華々しく使われているが，結局何を学んだのかがわからない授業も，よい授業とはみなされないだろう．

表 4-3　こんな授業になっていませんか？

目的・目標（Goal）	個別の知識・技能中心（知っている・できるレベル） 目標を学習者の姿で明確化できておらず，別の学習場面で生かせないまとめになっている メインターゲットが絞れておらず，項目を網羅することになっている
教材・学習課題 （Task）	教科書を教える授業 教科書の記述をそのまま説明する 盛り上がっても何を学んだかわからない
学習の流れと場の構造（Structure）	ヤマ場のない平板な授業，「時間がかかる」という感覚 復習中心でやる気を削ぐ授業，スタートダッシュで息切れする授業 常に黒板を中心とする一方的で一様な学習形態 教師の考える正答をさぐる関係性と正答主義の文化
技とテクノロジー （Art & Technology）	わかりにくく不明瞭な説明や指示，クイズ的な問い中心，管理的な指示中心 学習者に言葉を届ける意識がない，学習者の意見や反応を受け止める間がない 新しいテクノロジーに使われている
評価（Assessment）	客観テスト中心，授業の活動との整合性が問われない 「学習の評価（assessment of learning）」（評定・成績付のための評価）中心，最後にだけ評価して評価しっぱなしでフィードバックがない

　「知っている・できる」を含んで，教科内容の豊かな習得を保障する「わかる」授業を成立させるには，授業づくりのフレームの 5 つのツボにおいて，表 4-4 のようなポイントを意識するとよいだろう．すなわち，個別の知識・技能から，それらを概括するような本質的な概念や方略に目標の焦点を移し，メインターゲットを絞って明確化する．教科内容と教材の区別を意識しながら，「教科書を教える」授業から「教科書で教える」授業に転換する．淡々とこなす「平板な授業」ではなく，ヤマ場のある「展開のある授業」を目指す．黒板を中心にした一斉授業の形態から黒板を必ずしもセンターにしない多様な学習形態を用いた授業へと転換する．発問，説明，指示などの指導言を鍛え，学習者との応答的なコミュニケーションを大切にする．評価についても，意味理解を可視化する工夫を行い，教師の指導改善につなげていくことを意識する，というわけである．

表 4-4　「わかる」授業（豊かに「教科を学ぶ（learn about a subject）」授業）

目的・目標	概括的な概念・方略中心（わかるレベル） 目標を学習者の姿で明確化できていて，別の学習場面でも活かせる一般化されたまとめになっている メインターゲットが絞れていて，何を学んだかが教師や学習者もわかる
教材・学習課題	教科書で教える授業 典型性と具体性のある教材，思考する必然性と学びの足場のある課題 →生活的概念をゆさぶり科学的概念がすっきりわかるネタ
学習の流れと場の構造	全体としてのヤマ場があるシンプルでストーリー性のある授業（教師が展開を組織する授業），「時間をかける」という感覚 教師に導かれつつ，授業のヤマ場でメインターゲットの内容を活動や討論を通じてともに深め合う授業（最後にすっきり納得する授業） 個人，ペア，グループ，全体での練り上げなど，多様な学習形態の活用 教師とともに真理をさぐる関係性と学びの深さを尊重する文化
技とテクノロジー	わかりやすく明確な説明や指示，意識的に思考を促す発問が中心 学習者に言葉を届ける意識がある，学習者の意見や反応を受け止める間がある ローテクで対応できるところは対応しつつ，新しいテクノロジーを効果的に用いている
評価	知識のつながりとイメージを可視化する評価方法の工夫がある 「学習のための評価（assessment for learning）」（教師がつまずきを指導改善に活かす）中心 わかる授業を通して生み出される思考の表現をもとに教師が自らの指導を振り返る

表 4-5　教科の本質的プロセスにふれる授業（「教科する（ do a subject）」授業）

目的・目標	見方・考え方（プロセス）中心（使えるレベル） 目標を学習者の姿で明確化できていて，単元や領域，時には教科を超えた汎用性のあるまとめになっている メインターゲットが絞れていて，より長期的なゴールも意識されている
教材・学習課題	教科書を資料にして学ぶ授業（教科書も学びのリソースの 1 つ） 思考する必然性と学びの足場のある課題，手持ちの知識・技能を結集しないと解けないリアルで挑戦的な問題状況→教師の教材研究のプロセスをたどり直すのに必要な一次資料や現実場面
学習の流れと場の構造	1 時間の大部分が学習者に委ねられ，各個人や各グループで静かなドラマが生まれる授業（学びから展開が生まれる授業），時間を忘れて学び込む感覚，共に未知を追究するプロセス自体を楽しみ新たな課題や問いが生まれる授業（もやもやするけど楽しい授業） 個人やグループなど学習者のより息の長い自律的な活動に委ねる 教師とともに未知を追究する関係性と教科の本質的価値を追究する文化
技とテクノロジー	わかりやすく端的な説明や指示，教師にとっても未知を含む本物の問い 学習者に言葉を届ける意識がある，学習者の意見や反応を受け止める間があり，学習者とともに未知を追究できる ローテクで対応できるところは対応しつつ，学びのツールやリソースの 1 つとして新しいテクノロジーが効果的に用いられている
評価	知識・技能を総合するプロセスを可視化するパフォーマンス評価の活用 「学習としての評価（assessment as learning）」（学習者自身がつまずきを学習改善に活かす）も含んで展開する，思考過程や最終的な作品をめぐって教師と子どもたち，子たち同士が対話や相互批評を行い，見る目を肥やしていく

　さらに，より学習者主導の参加型の授業を，そして，スキル主義や態度主義に陥ることなく，教科の枠にとらわれず知を総合化していく学びや，問いと答えの間の長い活動での試行錯誤を通じて，知識・スキル・情意の育ちを統合的に実現していく学びを目指すなら，教科の内容を豊かに深く「わかる」授業の先に，表 4-5 のような，「教科する」授業が目指される必要がある．すなわち，1 時間のメインターゲットが，教科の見方・考え方といったよりメタな目標との関係で位置付けられており，1 時間単位で完結するのではなく，長期的な指導の見通し（カリキュラム構想）を持てていること．「教科書で教える」授業を超えて，その教科の，さらには複数の教科の教科書を問題解決や探究活動の資料とするような，「教科書で学ぶ」授業を展望すること．1 時間の主要な活動の主導権が学習者に委ねられ，必ずしも教師の前や学級全体の場でなくても，各グループなどで静かなドラマが生まれる授業，そして，授業の終わりも，すっきりと終わるだけでなく，時には新たな問いやさらにわからないことが生まれるような，「もやもやするけど楽しい授業」を目指すこと．発問によって思考を方向付け練り上げるのみならず，時には教師にとっての未知も含む本物の問いを学習者とともに追求する，伴走者的・促進者的な言葉かけや，創発的なコミュニケーションを活性化し促進するよう ICT を活用していくこと．そして，教師がつまずきを生かすのみならず，学習者自身の自己評価能力の育ちを含むよう，「学習のための評価」を超えて「学習としての評価」をより強調することを意識する，というわけである．
　先述の「昆虫」概念の授業も，「昆虫」概念がすっきりわかることのみならず，未知を探究する「科学する」プロセスを強調するなら，「カブトムシはどうなんだろう？」という問いを生じさせるまでのプロセスはむしろ学びへの導入と位置付けることができ，「では，テントウムシなどの他の虫は？」「逆にクモやダンゴムシは何なの？」といった具合にさらに問いを広げて，標本や実物や書物を手がかりに探究活動を行い，グループで手分けして調べたものをまとめて，虫の図鑑にまとめる，といった活動をデザインすることができるだろう．

第5節　教材と深く対話するとはどういうことか

　改めて，学びの深さをもたらす手立てについて述べておこう．資質・能力を育む主体的・対話的で深い学びとは，教科としての本質的な学びの追求に加えて，取ってつけたように，資質・能力や見方・考え方を実体化した汎用的スキルの指導や，込み入ったグループ学習やICTを使った学習支援ツールなどの手法を組み込んで，目新しい学びを演出することではない．子どもたちが教材と出会いその世界に没入し，彼ら個人や彼らを取り巻く生活を豊かにするような，それゆえに，問いと答えの間が長く，見方・考え方などに示された活動やプロセスが自ずと生起するような学びを，また，教材と深く対話することで，それぞれの教科の本来的な魅力や本質（ホンモノ）を経験する学びを追求していくことが肝要なのである．

　教材との深い対話を実現する上で，そもそも子どもたちが教材と向かい合えているかを問うてみる必要がある．子どもたちが活発に話し合っているようにみえても，教師が教材研究で解釈した結果（教師の想定する考えや正解）を子どもに探らせることになってはいないだろうか．形の上で子どもたちに委ねているように見えて，教師が手綱をしっかりと握っているわけである（正答主義で結ばれた教師 - 子ども関係）．

　しかし，深い学びが成立するとき，子どもたちは常に教師ではなく対象世界の方を向いて対話しているはずである．まず個人でアサガオを観察し，観察記録を交流し合う中で観察の新たな視点を得て，さらにもう一度アサガオを見直したなら違った発見があるといった具合に，学びが深まるとは，わかったつもりでいた物事が違って見えてくるということである．子どもたちが，個々人で，あるいは，仲間とともに，教材とまっすぐ向かい合えているかを常に問うこと，教師の想定する結論に収束させるべく議論を急いだりしていないかを問い，考察の根拠となる自然事象や実験・観察結果（事実）に立ち戻ることが重要である．

　教材に正対しそれに没入できているか，そして，見方・考え方に例示されているような，教科として本質的なプロセスを経験できるような教材への向かい方ができているかを吟味した上で，その経験の質や密度を高めるべく，新たな着想を得ることで視野が開けたり，異なる意見を統合して思考や活動がせりあがったりしていくための指導の手立て（枠組みの再構成やゆさぶり）が考えられる必要がある．学びが深まる経験は，グループでの創発的なコミュニケーションの中で，さまざまな意見が縦横につながり，小さな発見や視点転換が多く生まれることでもたらされる場合もある．また，クラス全体でもう一段深めていくような対話を組織することを通じて，なぜなのか，本当にそれでいいのだろうかと，理由を問うたり前提を問い直したりして，1つの物事を掘り下げることでもたらされる場合もある．グループでの子ども同士の学び合いのあと，各グループからの話し合いの報告会や交流で終わるのではなく，子どもたちが気付いていない複数のグループの意見のつながりを示したり，子どもたちが見落としているポイントや論点を提示したりして，子どもたちをゆさぶる投げかけ（「まだまだ甘い」とつっこみ教育的に挑発する）をすることを日々意識するとよいだろう．教師が子どもに教え込む（タテ関係）だけでも，子ども同士で学び合う（ヨコ関係）だけでもなく，教材をめぐって教師と子どもがともに真理を追求し，子どもたちが先行研究者としての教師に挑み，教師も一人の学び手として子どもたちと競る関係（ナナメの関係）を構築していくことが重要である．

　さらに，思考の密度（中身の詰まり具合）については，子どもたちが，ただ想像し推理するのではなく，十分な質と量の知識を伴って，すなわち，確かな思考の材料と根拠をもって推論することを保障するのが重要である．教科書でわかりやすく教える授業を超えて，教科書をも資料の1つとしながら学ぶ構造を構築した上で，複数の資料を机に広げながら，思考

の材料を子ども自身が資料やネットなどから引き出しつなげていくこと（知識の吸い上げ）を促すことで，学習者主体で学びの質を追求しつつ，知識の量や広がりも担保できるだろう．例えば，学校のある場所の地層の特徴を，ボーリング試料を手掛かりに読み解く際，教科書，資料集，授業プリントや参考文献なども持ち出して，机の上に広げ，ページをめくり，もてる手掛かりを総動員して考えていくという具合に．

　最後に改めて，学びの深さ以前に，教材自体の深さを吟味する必要性を指摘しておきたい．「深い学び」というとき，浅く貧弱な教材に対して，思考ツールや込み入ったグループ学習の手法を用いることで，無理やりプロセスを複雑にして考えさせる授業になっていないだろうか．教材それ自体の文化的価値が高く，内容に深みがあればこそ，その真価をつかむためにはともに知恵を出し合わざるを得ず，協働的な学びや深い学びが要求されるのである．

参考文献

石井英真（2015）：今求められる学力と学びとは，日本標準．

石井英真（2017）：中教審「答申」を読み解く，日本標準．

石井英真編著（2017）：小学校発　アクティブ・ラーニングを超える授業，日本標準．

石井英真編著（2018）：授業改善８つのアクション，東洋館出版社．

石井英真（2020）：授業づくりの深め方，ミネルヴァ書房．

石井英真・熊本大学教育学部附属小学校編（2020）：粘り強くともに学ぶ子どもの育成，明治図書．

新潟大学教育学部附属新潟中学校編（2017）：「3つの重点」を生かした確かな学びを促す授業，東信堂．

―――――――――――――――――　課　題　―――――――――――――――――

1　「資質・能力の３つの柱」と「主体的・対話的で深い学び」という言葉で目指されている学力と授業のあり方について，本章の内容をふまえて説明しよう．
　　hint 学力の質の３層構造と学習活動の３軸構造をふまえて考えよう．

2　学力の３つの質的レベル（「知っている・できる」，「わかる」，「使える」）それぞれに対応する学習課題の例を挙げてみよう．
　　hint 表4-1に挙げた各レベルの認知的スキルの例を参考に考えてみよう．

3　本文において「昆虫」の例で示したような，認知的葛藤を生み出すドラマ的な授業展開，および，子どもたちの認識をゆさぶる発問を考えてみよう．
　　hint 子どものつまずきや知ってるつもりを考えてみるとよいでしょう．

4　活動主義に陥らず「深い学び」を実現する上でのポイントについて，自分の知っている実践の例を挙げながら説明しよう．
　　hint 子どもが教材と出会い，それに没入していくためにどのような手立てを講じているか考えてみよう．

第5章 小学校理科の基礎知識（エネルギー）と教材研究

第1節 エネルギーの内容の特色

　この節では，小学校理科の内容区分「A 物質・エネルギー」（以下，A区分）のカリキュラム構成を踏まえた上で，その1領域である「エネルギー」を中核にする内容の特色を解説する．

1．A区分「物質・エネルギー」のカリキュラム構成

　A区分は，主に物理学や化学の内容と関わりを持つ自然の事物や現象を取り扱っている．例えば，自然の事物には，児童の生活圏内に存在して彼らが身近に感じている空気・水・油・鉱物・天体・雲・日光・生物などの天然物，さらには人の手で精錬・精製した金属・試薬や，生産加工した日用品（道具や器械を含む）から精密機械まで様々な人工物が該当する．また，自然の現象には，自然の事物を介して人が五官で観察した，力や運動，光や色，音や振動，熱や温度，電磁気，質量や体積等が該当する．学習対象物としてこれら自然の事物・現象（以下，自然事象）を繰り返し取り上げ，その都度観点を変えては，影響を及ぼすと考えられる事物に何らかの働きかけを企てて操作し，そこで学習対象物に起こる変化について比較し関係付けるはたらきによって，児童は物と物，物と現象，現象と現象の関係に共通点や差違点を見いだす学びを積み重ねていく（図5-1）．

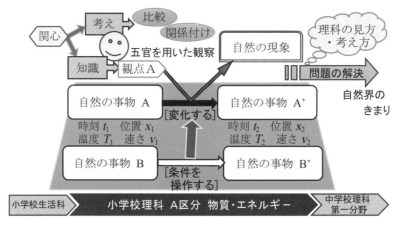

図5-1　自然事象への問題解決による児童のA区分での学び

　それらの学びを一定期間ごとに意図的に相互に結びつけ，学習内容の幾つかの軸へまとまりをつけることで理解が再構成されるように，スパイラル（らせん）型のカリキュラム編成が小学校理科に取り入れられている．このことは，児童が先行経験で得た知識の持ち込みを容易にして考えを作り出しやすくさせること，新たな問題解決へ理科の見方や考え方を持ち込みやすくさせることに効果が期待できる．このようにして，児童が自然界の様々なきまりを主体的かつ体験的・論理的に学んでいくような，問題解決学習ができる環境基盤を作り出している．

　また，小学校理科A区分の4年間の学習の前後には，低学年の「生活科」と，中学校理科の「第一分野」がある．「生活科」は身近な生活素材と自分の思いを踏まえた探検や遊び，創作な

どの体験型の学びを通じて，知的な気付きの獲得をねらっている（本書第16章を参照）．「第一分野」は，物理学や化学と関わりを持つ自然事象の変化の関係性の統合的理解を追究して，系統的な知識構成や探究過程での弁証性の構築をめざしている．両者への橋渡しを緩やかに，かつ着実に行うために，A区分は次の5つの方向性を持たせるように，カリキュラムの配列が配慮して構成されている．

```
＊ 基礎・基本の習得から活用（応用）へ     ＊ 主観的な経験から客観的な論理へ
＊ 具体事実・事例から抽象概念の理解へ     ＊ 意欲的な追求から計画的な検証へ
＊ 定性的な捉えから定量的な関係認識へ
```

2．理科の考え方と「エネルギー」領域での問題解決の指導

　見通しを持った観察，実験を進める際に，「理科の見方・考え方」を働かせることが求められると，平成29年改訂版学習指導要領の理科の目標で新たに示された．その解説では，「見方・考え方」とは教科学習で資質・能力を育成する過程において児童が働かせる「物事を捉える視点や考え方」であり，各教科等を学ぶ本質的な意義や中核をなすものと位置付けられている．

　このうち，「理科の考え方」については，これまでも学年目標で掲げて育成を重視してきた，児童が問題解決の過程の中で用いる4つの考え方をこれに当てはめて整理することができるとされた．さらに，これら4つの考え方は取扱学年の順に，問題解決の過程における場面進行と対応付けて示されている（図5-2）．「比較すること」（第3学年）は問題を見いだす際に，複数の自然事象を比較し，差異点や共通点を明らかにすることである．「関係付けること」（第4学年）は問題の予想や仮説を発想する際に，自然事象と既習内容や生活経験とを関係付けたり，自然事象の変化とそれに関わる要因を関係付けたりすることである．「条件を制御すること」（第5学年）は問題の解決方法を発想する際に，制御すべき要因と制御しない要因を区別して計画的に観察，実験を行うことである．「多面的に考えること」（第6学年）は問題解決で互いの予想や仮説を尊重しながら追究したり，観察，実験の結果から予想や仮説，観察，実験方法を振り返って再検討したり，複数の観察，実験で得た結果から考察をしたりすることである．「理科の考え方」を4年間で身に付け，自在に働かせて自然事象に関われるようになった児童は，問題解決の際に自覚的に問題を見いだし，予想や仮説を持って解決方法を考え，知識を関連付けてより深く理解する「深い学び」が実現できるとされる．

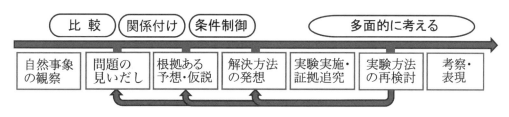

図5-2　問題解決の過程と理科の考え方

　「エネルギー」領域は自然事象からの条件の選定や予想の論理形成，実験計画での条件の取り扱いが比較的容易かつ客観的に考えられ，執り行えるからこそ，学習指導要領に示された児童の姿を実現させるために，児童の「考え方」が働いた問題解決過程の進行の様子を確認し，より科学的な運用を引き出すための評価言（良さを誉めたり，不注意を伝えること）

や具体的な方法改善の指導助言を行う必要がある.

　「エネルギー」領域での問題解決過程で「理科の考え方」の取り扱い方で重要な鍵となるのは，①児童の先行経験や既有知識の想起，②根拠となる事実の選択と論理への組み込み方，③集団での対話的な学びの成立である．児童は各自が異なる経験を経て，異なる知識や想いを持ち，様々な根源的な概念を独自に創造して，これらを結びつけて多様に判断する学習の主体者であることを忘れてはならない．児童の多様さは，必然的に集団による学習活動において「自他の情報比較」，「説明モデルの論理判断」，「作業の協働」，「結論の合意・納得」，「活動の貢献度の振り返り」の実行を求める．ことばや言い回し，描写方法が異なる表現が複数現れることから，統一的な表現法の必要感も芽生えて，児童に言語活動を伴う理科学習へ参加する必然性が生まれる.

3. 基本的な概念「エネルギー」とその形成に向けた内容構成

　A区分における科学の基本的な概念の1つである「エネルギー」は，主に物理学に関わる基礎知識の中核に位置付けられている．物体の運動や状態の変化や，物体間の相互作用の仕組みを説明する際に欠かすことのできない，極めて重要な概念となっている．エネルギーに関して「物体内に潜んだ，仕事をする能力」とする概念定義が確立されたのは，19世紀後半になってからであるが，これへ至るには時代背景として，それまで自然哲学で議論されてきた運動力学だけではなく，新たに熱力学や近代化学，電磁気学の成立に伴ってエネルギー変換に関心が向き，エネルギー保存則が成立したことがあげられる．ちなみに，「エネルギー(energy)」ということばは，19世紀初めにイギリスの物理学者トマス・ヤングによって導入されたが，この時は17世紀の自然哲学者ライプニッツによる「運動する物体が持つ生きたちから（活力：mv^2）」という異なる概念定義に対して与えられたものであった．科学史で見ても，仕事について取り扱う中で多様なエネルギー現象を科学界が議論で扱うようになり，変換や保存の関係性について知識が統合されていく中で，エネルギー概念の捉え方は定まっていき，その後の様々なエネルギー現象や原子核，宇宙の起源などに関する研究での飽くなき追究や，人類による生産・輸送・生活でのエネルギー消費の爆発的な拡大へ影響を与えていったと考えられる（図5-3）.

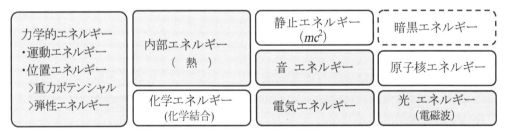

図5-3　エネルギーの種類（網掛けは「エネルギー」領域に関与する範囲）

　科学用語の「エネルギー」は中学校理科第一分野の第3学年ではじめて導入されるが，用語の導入がない小学校理科のA区分の学習でもエネルギーの状態やその変換や遷移をイメージして「代替することば」を児童なりに操りながら，この概念に関する基礎的な学習経験を他の概念の学習に添わせて重ねていく．児童が身近な自然事象を用いた遊びや工作，作業，観察，実験などを理科授業で行い，普段は意識を向けない自然の本来の姿を問題解決で見つめ直す中で，次の3つの内容軸（スコープ：範囲・視野）を設けるカリキュラムの内容構成

が展開される.

- エネルギーの捉え方：世の中にエネルギーは運動, 電気, 光, 音, 熱など様々な形態があって, それらはそのはたらき（仕事）をもたらす物体や物質に内在していることや, はたらきに変化を与える条件とエネルギーとの間には規則性があることを理解していく.
- エネルギーの変換と保存：物体や物質が持っているエネルギーは形態を変換しつつ, 周囲の物体や物質へ伝達される. その現象を引き起こす関係条件を明らかにして潜んだ規則性や保存性を追求して定めていく中で, 様々な能力を育んでいく.
- エネルギー資源の有効利用：児童自身や家族が生きるために暮らしの中で使用しているエネルギーの実態や, その供給に欠かせないエネルギー資源の利用を体感する活動を通じて, 有効な利用の仕方に目を向けていき, エネルギー損失を排する必要性について感じ取っていく.

　これらのスコープに沿わせるように物理学に関わる単元は系統立てて配列されることで, エネルギーに関わる現象を説明する概念間の関係性がより広がり, かつ深まるように構成される. これによって, 「エネルギー」領域のカリキュラム構成の特色で示した5つの方向性を感じ取ることのできるシークエンス（順序性）ができあがっている（図5-4）.

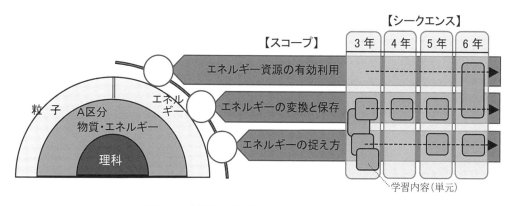

図5-4　小学校理科「エネルギー」の内容構成

4.「エネルギー」領域で考慮する理科の見方の取り扱い

　平成29年改訂版学習指導要領の解説によれば, 問題解決の過程で自然事象を捉える視点とされる「理科の見方」については, 理科を構成する領域ごとの特徴から整理が行われており, 「エネルギー」領域では主として量的・関係的な視点で捉えることであるとされた. 他の領域が主とする, 質的・実体的な視点, 多様性と共通性の視点, 時間的・空間的な視点についても強弱はあるもののエネルギーの領域でも用いられるとされている. さらに, 様々な場面で用いられる原因と結果の視点, 部分と全体の視点, 定性と定量の視点もあることに留意する必要があると, 指摘がなされている.

　ここでは, この領域で主要とされる量的・関係的な視点について考えてみる. 人々は観察, 実験だけでなく普段の生活においても, 測定・計測により自然事象の特徴を量的に読み取り, それを物事の妥当な判断や作業の適正な遂行に利用している. 目盛や分銅などの「何らかの基準」を設定し, その何倍にあたるかにより数量化して, 定量的な取り扱いが求められる思考・表現活動に利用している. 自ら読み取りを行うアナログ表示の測定器具だけでなく, 数値が液晶画面に直接表示されるデジタル表示の測定器具もあり, 器具の選択によって児童の値を

読み取る操作技能の取得（測定誤差の縮小）や，読み取り限界（測定精度）の理解に差違が生じることに留意が必要である．また，計測に慣れていたとしても，様々な基準量の単位の設定・選択や表現での取り扱い，さらには大小関係にある単位間の換算や単位系の統一に慣れているわけではない．さらに，自然事象の母集団（本来，測定が必要と考えられる全体の個数や回数）から測定対象を幾らか抽出して実施する標本調査の場合には，母集団が示す真の値を誤差含みで推定していく（統計誤差）ため，測定後に平均値算出などの誤差を低減させる処理作業が必要となる．これらの数や単位の適正な使用に関しては，算数学習との連携が求められる．

　観察，実験の結果について児童同士が情報交換をする際に，基準がなく曖昧で感覚的な「大きさ」表現によるやりとりや，大小関係にある異なる基準を用いていて精度（グラフならば目盛の取り方）の影響を考慮せずに大きさ比較の議論をしているやりとりに，出くわすことがある．また，2つの変数間で例えば「事象Aの 従属変数 の大きさは，事象Bの 独立変数 を大きくするにつれて，大きくなっていく」という定性的な関係の捉えのまとめが理科学習で行われることが多い．このまとめ文は「順対応の傾向を示す関係にある」ことを表現しているのみで，線形比例するとも，2乗に比例するとも何も指摘していない．人は概して線形比例で物事の対応関係を捉えがちであるため，互いの数値変動の対応を吟味して数量関係を捉えることは容易なことではない．順対応ではなく，逆対応の傾向を示す関係であれば尚更である．これらの状況の発生は，2つ以上の変数間の関係を正確に表現しようとする際に大きな障害となる．よって，「比較すること」や「関係付けること」の考え方を用いる際に適正な基準量と単位を使用する選択判断を促すとともに，独立変数（変える条件）と従属変数（影響を受けて変化する自然事象）の数値的変動の対応関係をきちんと単位付きで表現できるようにさせたい．その上で「条件を制御すること」の考え方が用いられる必要がある．

第2節　「エネルギー」領域の教材開発と指導の実際

　「エネルギー」領域に関する各単元で教材開発を行う場合，単元展開上の用いられる場面によって教材に課される役割には違いが生じることから，開発目的も異なってくる．このことを考慮するならば，次のような4タイプの開発アプローチが取られるものと考える．
Ⓐ 導入教材：学習導入部で用いると，児童の問いの想起や興味・関心の喚起が得られ，学習課題の提示に効果をもたらすことが目的となる教材開発．
Ⓑ 実験教材：児童が実験の計画・実施・改善に取り組み易く，操作や観察が簡便かつシンプルな構成とすることで，資質・能力の育成ができることが目的となる教材開発．
Ⓒ 説明教材：予想・考察の場面で，力や電流などの概念を可視化して取り扱う説明モデルを提供して，言語活動を通じて思考内容の表現を促し，論理説明を吟味することが目的となる教材開発．
Ⓓ 活用教材：単元で習得した知識・技能を活用した仮説検証型で新たな解決に取り組む機会を提供し，児童に学習の広がりや深まりが得られるよう，活用課題を設計することが目的となる教材開発．

　いずれの教材も，単に正解を示すような情報提供の道具として用いられているのではなく，児童の主体的な学習への関わりや，理解や考えの表現，他の児童との行動などのきっかけを与える道具であり，彼らの学習状況を評価する道具であり，更なる育成を図るための支援に用いる道具でもあるように，複数の機能を有している．よって，教師は授業場面ごとにそこ

で設定する学習目標の内容に応じて，適した教材を選択して児童に提示し，それをしっかりと利用した活動を展開すべきである．

　ここからは，「エネルギー」領域の３つのスコープごとに設定される単元を取り上げ，そこで教科書等で取り上げられる模範的教材を越えた工夫改善として取り組まれている教材開発の特色やそれを用いた指導事例について，上の㋐〜㋓の開発アプローチとの対応を織り交ぜながら紹介する．

１．「エネルギー」領域のカリキュラム構成

　物体に加わる力と物体の運動の関係について取り上げる第３学年の「風とゴムの働き」，第５学年の「振り子の運動」，第６学年の「てこの規則性」という単元の連なりが主軸をつくり出している．このほかに，光や音の現象を取り上げる第３学年の「光と音の性質」と，磁石の極の磁力による現象を取り上げる第３学年の「磁石の性質」の一部内容が加えられている．

風とゴムの力の働き（第３学年）

【求められる教材】 風の力やゴムの力を受けて仕事をする装置．動力源は風力切り替え付き送風機と，ゴムの伸び幅・ねじれ回数やゴムの本数や幅等で出力調整する装置である．仕事をする装置を共通化するか，装置での力の受け方の用意の仕方も課題となる．

㋐・㋑の開発アプローチ：プラスチック段ボールに車軸を通してタイヤを取り付けた台車．距離を競うゲームでは児童が興味や意欲を持ちやすい．帆や，発射台のゴムを引っかける金具を後付けして力受けにするシンプルな構造とする．台車の移動距離の測定結果を班やクラス全体でグラフ化すると，取り上げた変数の条件ごとに分布するデータを見比べることで対応関係の確認がしやすい．なお，台車は他の単元でも再利用が可能である．

㋑・㋓の開発アプローチ：回転軸にひもを巻き付けて，ぶら下げたおもりを持ち上げる風車．ゴムの力の場合は回転軸の端に線状ゴムを取り付けて風車の延長線上でゴムを張り，ねじった回数やゴムの本数を操作する．おもりの付いたひもを巻き上げる時間や高さを比べることで，力への意識が強まる．また，風車（回転軸）が回る様子も比較でき，児童から風とゴムの力をつなぐ表現の出現も期待できる．

光と音の性質　（第３学年）

【求められる教材】 光の性質で，日光，平面鏡，虫眼鏡，温度計を組合せて用いさせる学習課題の設定．また，音の性質では，音源の打楽器や音を伝える鉄棒・糸電話の震えやその大きさを観察するための道具．

㋑・㋒の開発アプローチ：音源や，音を伝える物質の震えの様子や，その大きさを可視化するために，ビーズや微小の発泡スチロール球を糸で吊り下げた物を「震えチェッカー」として，調べ活動に利用する．音源の各種振動体や，音を伝える線状や棒状の固体（糸や針金のほか，鉄棒など）にはチェッカーを直接取り付けて，音が伝わる時・伝わらない時，音が大きい時・小さい時で球が震える様子を観察する．空気の震えの場合は，四方を張った紙にチェッカーを取り付けて，空気の震えが紙へ，そしてチェッカーの球へと伝わっているか，その様子を確認する．

㋐・㋒・㋓の開発アプローチ：日陰となる教室内や校庭の壁などに日光を持ち込み，（照度計で計測して）ある一定程度の明るさをもたらすことを班に課題として導入したうえで，問題解決学習に入る．既に学習して得た光の直進性や反射，重ね合わせの性質を踏まえて，

設計プラン（実験計画）を各自に説明させ，検証に入る．そして，検証結果について紹介し合い，互いの班の工夫点と完成結果の良さに関して意見交換をする．

振り子の運動　（第5学年）

【求められる教材】 振り子の長さ，おもりの重さ，振れ幅（角度）を含めて，児童の想起する条件が彼らの手で操作できる，振り子の周期（1往復の所要時間）の統制実験の装置．振り子の長さの意味理解が深まる課題や，振り子の長さと周期との数量関係の追求が設定できる装置であれば，尚更良い．

Ⓑ・Ⓒ・Ⓓの開発アプローチ：振り子の長さは，支点からおもりの重心位置までとなるが，児童にとってはおもりに取り付けた糸の長さを考えに用いることが理にかなう．同じ糸の長さでも，例えば，おもりとして分銅を追加して縦に複数個連ねたり，ねんどを変形させて縦長に伸ばしたりして，おもりの重心位置が異なる物を取り付けた場合に周期に差違が出来ることを確認して問題追及し，おもりの質量や形・長さとの関わりで，振り子の長さということばの意味をクラス全体でつかませたい．

Ⓐ・Ⓒ・Ⓓの開発アプローチ：求めたい周期を1秒・1.5秒・2秒・・・と決めて，それに見合う振り子の作成を問題解決として進めさせる．予想を立てつつ試行錯誤をして，最適条件になるところに振り子の長さを調整して，振り子を仕上げるなかで，周期と振り子の長さとの数量関係についても比例ではないことに気付かせていく．

てこの規則性　（第6学年）

【求められる教材】 力点側と作用点側のモーメント（支点からの距離×加わる力の大きさ）の釣り合いの関係を見いだす装置．操作が簡易なてこ実験器もよいが，単位付きの数量関係を児童に捉えさせる方法も考えたい．また，道具を用いると手で加える必要のある力の大きさが変わると実感する際，筋肉感覚だけでなく数量化して力を示すと効果的である．さらに，てこを利用した道具の用途に応じた工夫点を意識させたい．

Ⓐ・Ⓑの開発アプローチ：実用てこの力点側に体重計をのせる固定台を用意し，体重計を乗せてその上から手で力を加える．または，鉄棒の近くで実用てこを準備し，鉄棒側で握力計を固定しておき，実用てこに力を加えたときにてこが握力計のレバーを引くようにセットする．力の大きさを数値化して示すことで，おもりを用いた実験器具による学習とのつなぎをよくする．

Ⓑ・Ⓒの開発アプローチ：天秤棒の両腕に取り付けた輪ゴムで支点からの位置を計測しながら変え，おもりをぶら下げることで，支点からの距離とおもりの重さに実験値を採用してモーメントの釣り合いの関係を求める．てこ実験器はおもりの吊り下げ位置が等間隔のためにおもりの重さ「釣り合い位置が得られない」が発生するが，天秤棒では位置調整が細かく出来るため必ず釣り合い位置が得られる．

Ⓓの開発アプローチ：普段使用しているてこを利用した道具について，班ごとに支点・力点・作用点の3点を見分けさせて，これらの位置関係から3種類に分けさせる．道具の使用場面や作用点にかかる力の大きさや動きなどを分析させて，3種類の道具の特徴をつかみ，わかりを表現させる．

2．エネルギーの変換と保存

電気回路を流れる電流とその働きの関係を取り扱う第3学年の「電気の通り道」，第4学年の「電流の働き」，第5学年の「電流がつくる磁力」，そして第6学年の「電気の利用」の

単元の連なりが，2次エネルギーである電気に依拠したエネルギー変換の主軸を作り出している．エネルギー保存に関して小学校理科での取り扱いはない．また，第3学年の「磁石の性質」はここでも取り扱われ，第3学年の電気を通す物や，第5学年の電磁石の性質とつながりが確保されている．

磁石の性質 （第3学年）

【求められる教材】 磁石の極の存在と磁力の性質を確認する実験装置．磁石周りの磁力の大きさの様子を捉えさせたい．また，日用品の付磁性について，パーツの素材単位で議論を行わせることを考えたい．

Ⓑ・Ⓒの開発アプローチ：磁石全体を小さな鉄釘やクリップの中に沈めて取り出すと，「端（極）にくっついた」という捉えではなく，「端が最も引く力が強く，中央付近では力は認められない」と表現できるように，周囲の磁力変化を児童に気付かせ表現させたい．鉄釘やクリップを磁力可視化の道具として，それらが連なりくっつく個数から数量化し，大きさの大小を比べさせて表現へ導くようにする．また，ひもの一端を机にテープで固定して，他端に鉄釘やクリップをくくり付けて，磁石を近付けてみる．鉄釘やクリップに動きが見られたり引き付けられたりする様子から，「引き付け先の磁石の部位」や「磁石から隔てられた距離と磁力の様子」を観察して，離れて働く磁力の大きさについての表現へ導くようにする．

Ⓒ・Ⓓの開発アプローチ：磁石につく物・つかない物を調べる際に，例えば，はさみや硬貨など同じ用途の日用品でも異なる素材やその組合せでできている物を意図的に取り入れる．その上で，素材の違いに意識を向けた結果表やまとめ文の構成ができるように，実験中の児童の気付きを拾いながら記録への注意を喚起し，実験後の班やクラスでの結果確認作業を丁寧に進めさせ，好ましい表現を他の児童にも伝えていくことで，表現の修正作業にも取り組ませる．

電気の通り道 （第3学年）

【求められる教材】 電気回路での「切れ目なく1つの輪になったもの」という意味を確認出来る実験装置．また，日用品の通電性の調べ活動では，材質を複雑に組み合わせた製品やコーティング材の存在により，付磁性の時との結果対比を期待する物を加えておき，製品加工の工夫についても意識化をさせていく．

Ⓑ・Ⓒ・Ⓓの開発アプローチ：回路要素が導線で接続されて1つの輪になったときに回路となることを学んだ後に，1つの輪のように接続されていても動作していない回路を提示した上で，その理由について問題解決を行わせる．豆電球ソケットの内部断線や豆電球のフィラメントの断線，豆電球とソケットの緩みなど，動作していない回路には複数の要因を組み入れた上で教師から提示をする．

Ⓑ・Ⓓの開発アプローチ：電気を通す物・通さない物を分類する実験向けに用意する日用品には，シンプルな材質でつくられた物や材質の組み合わせが明瞭な物のほかに，次の物を加えて活用課題に利用する．銀色・金色折り紙，一部がコーティングされた空き缶，硬貨，丸められた金属シート，酸化皮膜のある金属板，アルミ面とアルミではない面がある銀色のプラスチック包装シート，鉄とプラスチックのパーツが混ざった銀色コーティングされた製品．

【求められる教材】　乾電池の向きや，乾電池2個の直列・並列つなぎなどにより，動作の変化がわかりやすい装置．豆電球・モーター・発光ダイオードの使用が想定されている．

Ⓐ・Ⓑ・Ⓒの開発アプローチ：プラスチック段ボールを用いた台車に台座を取り付けてからプロペラ付きのモーターを固定し，乾電池を電源とするプロペラカーを製作する．乾電池の向きで進行方向が変わり，電流の強さに順対応して速さが増す．静止したままの時は開いた回路やショート回路を疑って，回路を確認させる．モーターの2本の導線は色を変えて区別出来るようにしておき，電源のつなぎ方ごとに走行の様子（進行の向き・速さ）を記録し，班やクラスで走行の様子ごとにつなぎ方の結果集約をして，回路の特徴を表現して共通点をまとめる．

Ⓒ・Ⓓの開発アプローチ：モーターカーの学習活動の後で，モーターの代わりに（発熱・発光の変化が大きい）豆電球や（電流を流す向きがある）発光ダイオードを用いて乾電池のつなぎ方を変えた時の動作を，モーターの時と比較しながら対応関係をまとめる．学習後のものづくりでは，これらの回路要素の特徴や回路（乾電池のつなぎ方）を工夫点に用いた作品製作を促し，完成後には回路の動作を確認しながら作品の動きを説明させる作品発表会を行わせる．

電流がつくる磁力　（第5学年）

【求められる教材】　磁力を変化させる要因を明確にして，それらを制御した実験ができる電磁石．また，電流を流れる導線周りに発生する磁力との出合いも大事にしたい．

Ⓐの開発アプローチ：導線の周りに砂鉄や方位磁針を置き，電流が流れる時に砂鉄や方位磁針に動きが見られ，電流の大きさにより動きが大きくなることを観察させ，磁力の存在を知る．

Ⓑ・Ⓒの開発アプローチ：電磁石の磁力を変える要因として，電流の強さ，コイルの巻き数，導線の長さ，鉄心の有無等がある．導線の長さについては児童の考えが向かいにくいため，かなり長い導線を用いる（抵抗が増す）時に「電流が弱まる」ことを知った上で，導線の長さの選択を先行させたい．巻き方は規則正しく一方向に巻くことができるように注意が必要である．

3．エネルギー資源の有効利用

　このスコープには第6学年「電気の利用」が対応している．発電・蓄電の仕組みのほか，電気の変換の様子，これらに関わる身の回りの道具を取り扱う．

電気の利用　（第6学年）

【求められる教材】　手回し発電器や蓄電用のコンデンサーを使用する際には，安定した電圧を提供することが重要になるが，児童には取り扱えない概念であるため工夫が必要である．

Ⓑの開発アプローチ：3Vの上限値が手回し発電器に用意されていない場合には，ハンドルの回転スピードで出力電圧を調整する必要がある．手回し発電器のハンドルを手で回すときは「運動」を与えて「電気」に変換していることを理解した上で，実験には安定した「運動」が必要であると伝え，一定の回転スピードによる発電を児童に意識をさせる．回転スピードを踏まえてから，実験に必要となる運動時間を考えさせる．なお，予備実験で程よい出力電圧の時の回転スピードを確認しておくこと．

参考文献

文部科学省（2018）：小学校学習指導要領（平成 29 年告示）解説　理科編，東洋館出版社.

蛯谷米司・武村重和編（1995）：小学校理科実践指導全集　第 1 巻－教科教育学と理科教育研究，日本教育図書センター.

平野俊英（2009）：エネルギー概念，森本信也・森藤義孝編著，「小学校理科の指導」，88-90，建帛社.

――――――――――――――――――　課　題　――――――――――――――――――

1　「エネルギー」領域における内容構成で，児童の資質・能力の育成に合わせて考慮がなされている事項について説明してみよう.

　　hint「エネルギー」領域でのスコープとシークエンスや，理科の見方・考え方との対応を確認して，特に問題解決の能力の育成の点から指導で関連付けている事項を考えてみよう.

2　「エネルギー」領域の単元で行われる教材開発で，あなたが大切にしたいと考えるアプローチとその事例について説明してみよう.

　　hint 教材を使用して児童に気付かせたい事項や能力を明確にして，使用する場面と組み合わせて，児童が問題解決活動を進めやすくなる支援のアプローチを選定しよう.

第5章

第 5 章　小学校理科の基礎知識（エネルギー）と教材研究

第6章　小学校理科の基礎知識（粒子）と教材研究

第1節　「粒子」領域の内容の特色

1．概念の柱「粒子」
1-1「粒子」を柱とした内容の構成

　新しい学習指導要領において，科学の基本的な概念等の柱の1つである「粒子」について考えてみる．

　「粒子」を柱とした内容の構成を，図6-1に示す．「粒子」領域では，学習指導要領で示されている科学の基本的な概念等の「粒子」において，「粒子の存在」，「粒子の結合」，「粒子の保存性」及び「粒子のもつエネルギー」の4つの概念等（以下，粒子における4つの概念等とする）に細分化されている．

学年	粒子			
	粒子の存在	粒子の結合	粒子の保存性	粒子のもつエネルギー
第3学年			物の重さ ・物の重さ ・体積と重さ	
第4学年	空気と水の性質 ・空気の圧縮 ・水の圧縮			金属，水，空気と温度 ・温度と体積の変化 ・温まり方の違い ・水の三態変化
第5学年			物の溶け方 ・重さの保存 ・物が水に溶ける量の限度 ・物が水に溶ける量の変化	
第6学年	燃焼の仕組み ・燃焼の仕組み		水溶液の性質 ・酸性，アルカリ性，中性 ・気体が溶けている水溶液 ・金属を変化させる水溶液	

図6-1　「粒子」を柱とした内容の構成
（出典：文部科学省，2018，p. 23 を基に筆者作成）

1-2　理科の見方・考え方

　理科の学習では，「理科の見方・考え方」を働かせながら，知識及び技能を習得したり，思考・判断・表現させたりしていくと同時に，学習を通じて「理科の見方・考え方」が豊かで確かなものとなっていく（文部科学省，2018：8）．

　「粒子」を柱とする領域では，問題解決の過程において，自然の事物・現象をどのような視点で捉えるかという「見方」については，自然の事物・現象を主として質的・実体的な視点で捉えることが特徴的な視点として整理することができるとされている．

質的な視点とは，物質の性質について学習することであり，物理変化と化学変化の現象から物質について学習する．物理変化は，物質の形や状態が変化する現象であり，小学校理科の「粒子」を柱とする領域では，第3学年の「物の重さ」，第4学年の「空気と水の性質」及び「金属，水，空気と温度」，第5学年の「物の溶け方」で主に取り扱われる．化学変化は，ある物質が別の物質に変化し，ある物質が持っていた性質が変化する現象であり，小学校理科の「粒子」を柱とする領域では，第6学年の「燃焼の仕組み」及び「水溶液の性質」で主に取り扱われる．

　「考え方」については，「粒子」を柱とする領域といった各領域でのみの見方ではなく，4つの領域のすべて，つまり理科全体における問題解決の過程において，どのような考え方で思考していくかという「考え方」であり，児童が問題解決の過程の中で用いる，「比較する」，「関係付ける」，「条件を制御する」，「多面的に考える」などといった考え方を「考え方」として整理することができる．「比較する」とは，複数の自然の事物・現象を対応させ比べることである．「関係付ける」とは，自然の事物・現象を様々な視点から結び付けることである．「条件を制御する」とは，自然の事物・現象に影響を与えると考えられる要因について，どの要因が影響を与えるかを調べる際に，変化させる要因と変化させない要因を区別するということである．「多面的に考える」とは，自然の事物・現象を複数の側面から考えることである．なお，「粒子」を柱とする領域における「考え方」については，第3節において，教材に関連付けて説明する．

第2節　「粒子」領域の教材開発

1. 教材開発の意義

　教科書は，学校で教科を教える中心的な教材であり，教科の主たる教材として位置付けられている．教科書は，学習指導要領で規定された内容について，児童が学習する際に想定される場面を考慮して，各教科書発行者が創意工夫して作成している．まず，教科書をよく見て，どのような内容が，どのような順序で配列されているか，また，どのような観察，実験が取り扱われているか，十分に分析し，授業をどのように展開していくか検討する必要がある．そして，授業を構想していくわけであるが，教師は児童が何をどのように学んでいくのかについて考える必要がある．このことは，教師の側から考えると，教師は児童に何をどのように教えるかについて明確にするということである．そのためには，教師は児童に授業で何を学ばせたいかを考え，そのための教材を選定し，教師が児童の実態を考慮して，適切な教材を開発する必要がある．そのもととなるのは，やはり教科書であるが，教師は創意工夫により児童にとって適切な教材となるように教材開発を行っていく必要がある．教材研究を行い，授業で展開する際の創意工夫こそが，教師としての仕事の面白さであると言える．

2. 教材開発の視点

　授業において，児童に学習させたいことを明確にし，そのためにどのような教材が適切か考える必要がある．そして，その教材は，児童の実態に対して適切であるか検討する必要がある．加えて，授業において，どのように教材を用いるか，つまりその教材を用いてどのように指導するかについても検討する必要がある．教材は，その教材を活用する指導方法と併

せて検討することで，教材開発が意味のあるものになる．

　授業の導入では，身の回りにあるものを児童に実際に見せたり，触らせたり，あるいはそのような体験をさせることが難しい場合は，動画や写真を見せたりすることで，本時の課題となる問題を見いださせる教材を用いることがある．それらの教材は，児童の日常生活や生活経験に関連したものを用いると，児童は興味・関心を持って学習に取り組むことができる．授業の展開では，授業において児童に学習させたい目標を達成させるために，最も適切な教材を用いる．用いる教材については，十分に教材研究を行い，観察，実験に用いるビーカー，試験管などのガラス器具の数や薬品の量に不足はないか確認し，しっかりと予備実験を行い，観察，実験のポイントや安全指導における注意事項についても検討しておく．このような事前の準備は，非常に大切である．特に，指導の経験が浅い若手教師は，指導に不安を感じる場合が多々あると考えられるが，不安なことがある場合は，必ず実験書で調べたり，ベテランの教師に相談したりするなどして不安を解消させるともに，観察，実験を行う必要があれば実際に観察，実験を行って確認するといったことが必要である．

第3節　「粒子」領域の教材の指導の実際

　小学校理科は，観察，実験を含む「問題解決の活動」として行われる．「問題解決の活動」では，図6-2で示される「資質・能力の育成のために重視すべき学習過程等」（中央教育審議会，2016）の各段階を通して行われる．この一連の学習過程では，「考察や結論の導出」では，「問題の見いだし」の段階で見いだした「問い」を，「予想・仮説の設定」，「検証計画の立案」，「観察，実験の実施」，「考察や結論の導出」の各段階で通して解決していくため，これらの活動は，「問題解決の活動」と称される．

　これらの学習過程に沿って，理科における教材の指導の実際について考えてみよう．なお，「考察や結論の導出」は，ここでは，「考察」と「結論の導出」は分けて考えることとする．益田（2014）は，理科授業における課題と考察は正対すると指摘し，考察は課題（問題）に正対した答えであるという授業のデザインを提示している．これは，図6-2の学習過程では，「問題の見いだし」の中で見いだされた「問い」と「考察や結論の導出」の中の「考察」が正対して設定されるということである．その際，「問い」は，疑問詞を用いると，「問い」の焦点化を図ることができる（内海，2018：13）．

　なお，「観察，実験の実施」は，授業における実際の児童の活動ため，ここでは省略する．また，「考察」では，観察，実験において児童に考察させることを示している．

自然事象に対する気付き → 問題の見いだし → 予想・仮説の設定 → 検証計画の立案

→ 観察，実験の実施 → 結果の整理 → 考察や結論の導出

図6-2　資質・能力の育成のために重視すべき学習過程等
(出典：中央教育審議会，2016)

さらに，児童が問題解決の過程の中で用いる「考え方」についても併せて考えてみよう．第3学年では「比較する」，第4学年では「関係付ける」，第5学年では「条件を制御する」，第6学年では「多面的に考える」などといった考え方を用いることが位置付けられている．これらの「考え方」は，上の学年に引き継がれていき，繰り返し使われる「考え方」である．

3.1 物の重さは，種類によって違うのか調べる（第3学年）

【指導のポイント】

物の重さを，物に対するイメージや手で持った感じで児童が捉えている．物の重さを量る際には，差異点や共通点を基に，「比較」の考え方を用いて，物の重さは，同じ体積のものを比較させる．

● 自然事象に対する気付き

・鉄の缶とアルミニウムの缶では，重さが手ごたえなどの体感を通して違うことに気付く．

● 問題の見いだし

・同じ体積の物の重さは，物の種類によって違うのか．

● 予想・仮説の設定

・同じ体積の物の重さは，物の種類によって違うだろう．

● 検証計画の立案

① 同じ体積のアルミニウム，鉄，プラスチック，木の重さを量る．

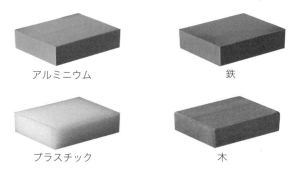

アルミニウム　　　　　　　　鉄

プラスチック　　　　　　　　木

● 結果の整理

・結果を表に整理しよう．

物	アルミニウム	鉄	プラスチック	木
重さ	g	g	g	g

● 考察

・実験結果から何がわかるか考えてみよう．

● 結論の導出

・同じ体積の物の重さは，物の種類によって違う．

【指導のポイント】

　風船を押すとへこんだり，風船がはね返ったりするのは，空気の性質に関係していることに気付かせる．とじ込めた空気や水が外から押されるとどうなるかについて，「関係付け」の考え方を用いて，生活経験を基に，空気の性質や水の性質と関係付けて考えさせる．

● 自然事象に対する気付き

　・風船をふくらませ，風船を押すと，どのような感じがするだろうか．風船を押すとへこんだり，風船がはね返ったりすることに気付く．

　・ポリエチレンの袋に水を入れて，袋を押しても形が変わっても，風船のようにはね返ったりしないことに気付く．

● 問題の見いだし

　・とじ込めた空気は，外から押されると，体積が小さくなるのではないか．

　・空気を水に変えると，どうなるだろうか．

● 予想・仮説の設定

　・とじ込めた空気は，外から押されると，体積が小さくなるだろう．

　・空気を水に変えても，体積は変わらないだろう．

● 検証計画の立案

　① 注射器に空気を入れて，ピストンを押すと，どのように体積は変わるだろうか．

　② 注射器に水を入れて，ピストンを押すと，どのように体積は変わるだろうか．

【安全指導】

　・注射器のピストンを押すときは，注射器を手で支えて，真上からまっすぐ押す．

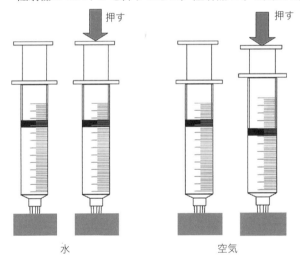

水　　　　　　　　　　空気

● 結果の整理

　・注射器の中の空気の体積の変化や手ごたえについてまとめてみよう．

　・注射器の中の水の体積の変化や手ごたえについてまとめてみよう．

● 考察

　・体積の変化と手ごたえは，空気と水では，どのような違いがあったか考えてみよう．

● 結論の導出

　・空気は，外から押すと，体積が小さくなる．体積が小さくなるほど，押し返す力は大きくなる．

　・水は，外から押しても，体積は変わらない．

3.3　水を熱したときに出てくるあわが何か調べる（第４学年）

【指導のポイント】

　水を沸騰させたときに，水の中から出てくる泡が空気であると考える児童がいる．この泡の正体について，身の回りに見られる結露，例えば，冬の朝の窓ガラスについた水滴や，冷蔵庫から出したペットボトルにできた水滴といった既習内容や生活経験とを，「関係付け」の考え方を用いて，水の中から出てくる泡の正体について考えさせる．

● 自然事象に対する気付き

　・冷蔵庫で冷やしたペットボトルに水滴がつくが，これは水蒸気が水になったものであることに気付く．

　・冬の朝，窓ガラスの内側が水滴でぬれていることがあったことを思い出させてもよい．

● 問題の見いだし

　・水を沸騰させると，水の中から泡が出てくるが，この泡の正体は何だろうか．

● 予想・仮説の設定

　・水の中から出てくるから，この泡は水蒸気だろう．

● 検証計画の立案

　① ろうとにポリエチレンの袋を取り付ける．

　② 水と沸騰石を入れてビーカーを熱する．

　③ ①の袋から空気を追い出し，ろうとを②の水の中に入れる．

　④ 発生した泡を，袋に集め，袋がふくらんだらすぐに火を消す．

【安全指導】

　・必ず沸騰石を入れて，実験を行う．

　・袋や器具は熱くなるので，火傷に注意し，冷めるまでは触らない．

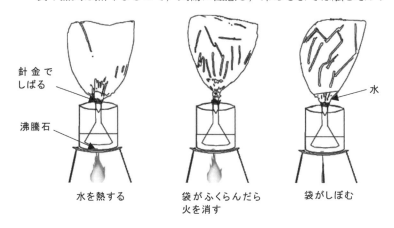

● 結果の整理

　・火を消すと袋がしぼみ，水が集まった．

● 考察

　・水を沸騰させると，水の中から泡が出てくる泡の正体は何か考えてみよう．

● 結論の導出

　・水の中から泡が出てくる泡の正体は，水蒸気である．

3.4 物が溶けてもなくならないことを調べる（第5学年）

【指導のポイント】

食塩が溶けたとき，透明な水溶液になることから，食塩がなくなったと考える児童がいる．溶かした食塩がなくなってないことを，「対照実験」の考え方を用いて，水に食塩を溶かす前と後の重さを比較することで確認させる．溶かす容器はふたつきのものを使い，食塩が溶けたとき，物の容器の外への出入りがないことと，実験に使った物のすべての重さを量るということに留意して実験を行わせる．なお，「対照実験」とは，調べたい条件以外の条件を同じにして行う実験である．ここでは，実験に用いるもののすべての重さを，水に食塩を溶かす前と後でそれぞれ量っている．

● 自然事象に対する気付き
　・食塩を水に溶かすと，食塩は見えなくなることに気付く．

● 問題の見いだし
　・水に溶かした食塩は，なくなったのだろうか．

● 予想・仮説の設定
　・水に溶かした食塩は，水溶液の中にあるだろう．

● 検証計画の立案
　① 水を入れたふたつきの容器と薬包紙の上に置いた食塩の重さを量る．
　② 食塩水を容器に入れ，ふたを閉めて溶かしたものと薬包紙の重さを量る．

【留意事項】

　・重さは，電子てんびん，または台ばかりを使って量る．

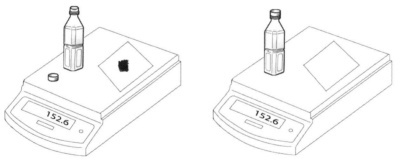

水に食塩を溶かす前　　　　　　　　　　　水に食塩を溶かした後

<結果の整理>
　・水に食塩を溶かす前と後の重さを表にまとめてみよう．

水に食塩を溶かす前と後の重さを調べる実験の結果

溶かす前の重さ	g	溶かした後の重さ	g

● 考察
　・水に食塩を溶かす前と後の重さの変化から，何がわかるか考えてみよう．

● 結論の導出
　・水に溶かした食塩は，水溶液の中にある．

3.5　物が水に溶ける量は何に関係しているか調べる（第5学年）

【指導のポイント】

　水にたくさん物を溶かすにはどうすればよいか考えさせる．物が水に溶ける量は，水の量や温度に関係している．そろえる条件（制御すべき要因）と調べる条件（制御しない要因）を区別する「条件制御」の考え方を用いて，物が水に溶ける量は何に関係しているか，実験結果から考えさせる．物が水に溶ける量が水の量と関係していることを調べるときは，温度を一定にして，水の量を変えて，水に溶ける量を調べさせる．また，物が水に溶ける量が温度と関係していることを調べるときは，水の量を一定にして，温度を変えて，水に溶ける量を調べさせる．

● 自然事象に対する気付き
・水の量を増やすと，物はたくさん溶けることに気付く．
・アイスコーヒーにはシロップを使うがコーヒーには砂糖を使うことから，温度を高くすると物はたくさん溶けることに気付く．

● 問題の見いだし
・物が水に溶ける量は何に関係しているだろうか．

● 予想・仮説の設定
・物が水に溶ける量は，水の量と温度に関係しているだろう．

● 検証計画の立案
① 同じ温度の水50mL，100mL，150mLに，食塩がそれぞれさじ何杯まで溶けるか調べる．
② 同じ温度の水50mL，100mL，150mLに，ミョウバンがそれぞれさじ何杯まで溶けるか調べる．
③ 20℃，40℃，60℃の水50mLに，食塩がそれぞれさじ何杯まで溶けるか調べる．
④ 20℃，40℃，60℃の水50mLに，ミョウバンがそれぞれさじ何杯まで溶けるか調べる．

【安全指導】

・湯でやけどをしないように注意する．
・温度計で，水をかき混ぜない．

● 結果の整理
・結果を表にまとめてみよう．

溶かす水の量と関係しているか調べる実験の結果

調べる条件：水の量［mL］		そろえる条件：水温（　　　）℃	
水の量［mL］	溶けた食塩の［杯］	溶けたミョウバン［杯］
50		
100		
150		

溶かす水の温度と関係しているか調べる実験の結果

調べる条件：水温［℃］		そろえる条件：水の量 50［mL］	
水温［℃］	溶けた食塩の［杯］	溶けたミョウバン［杯］
20		
40		
60		

● 考察
　　・水温が同じとき，水の量を増やすと，溶ける食塩とミョウバンの量は，どのようになるか考えてみよう.
　　・溶かす水の量が同じとき，水温を上げると，溶ける食塩とミョウバンの量は，どのようになるか考えてみよう.
　　・溶ける量は，食塩とミョウバンでは，違いがあるか考えてみよう.
● 結論の導出
　　・水の量を増やすと，溶ける物の量が増える.
　　・水の温度を上げると，溶けるミョウバンの量は増えるが，溶ける食塩の量はほとんど変わらない.
　　・物の水への溶け方は，溶かす物によって違う.

3.6 ろうそくが燃える前と燃えた後の気体を調べる（第6学年）

【指導のポイント】

　ろうそくが燃える前と燃えた後では，空気はどのように変わったかについて，物が燃えるときには酸素が必要であり，そして，物が燃えると二酸化炭素が発生することを基に，予想や仮説を立てたり，実験の結果を基に考察したりするといった「多面的に考える」という考え方を用いる. 実験では，気体検知管を用いて，ろうそくが燃える前と燃えた後では，空気はどのように変わったか調べる実験から，多面的に考えさせる.

● 自然事象に対する気付き
　　・ふたをした集気びんの中で，ろうそくを入れるとやがて火が消えることに気付く.
● 問題の見いだし
　　・ろうそくが燃える前と燃えた後では，空気はどのように変わっているのだろうか.
● 予想・仮説の設定
　　・ろうそくが燃えるためには，酸素が必要だったから，ろうそくの火が消えたということは，酸素が別なものになったのだろう.
● 検証計画の立案
　　① ろうそくが燃える前の，集気びんの中の酸素と二酸化炭素の体積の割合について，気体検知管を使って調べる.
　　② ふたをした集気びんの中でろうそくを燃やし，集気びんの中の酸素と二酸化炭素の体積の割合について，気体検知管を使って調べる.

【安全指導】
　　・気体検知管を使うときは，保護めがねを着用する.
　　・酸素検知管は熱くなるので，ゴムの部分を手で持って使う.

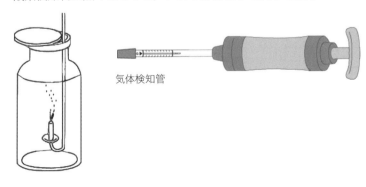

気体検知管

● 結果の整理

酸素の割合

二酸化炭素の割合

燃える前

燃えた後

・結果を表にまとめてみよう.

	燃える前	燃えた後
酸　　素　（％）		
二酸化炭素（％）		

● 考察
・ろうそくが燃える前と燃えた後では，集気びんの中の空気はどのように変化しているか考えてみよう.

● 結論の導出
・ろうそくが燃えた後では，ろうそくが燃える前よりも，酸素の割合は減り，二酸化炭素の割合は増える.

第6章

3.7 塩酸に溶けた金属がどうなったか調べる（第6学年）

【指導のポイント】

　塩酸に溶けた金属はどうなったかについて，第5学年の単元「物の溶け方」で学習した内容を参考に金属がなくなったわけではないことを基に，予想や仮説を立てたり，実験の結果を基に考察したりするといった「多面的に考える」という考え方を用いる．塩酸に溶けた金属がどうなったか調べる実験では，塩酸にアルミニウムや鉄を溶かす2つの実験から，多面的に考えさせる.

● 自然事象に対する気付き
・塩酸にアルミニウムや鉄を入れると溶けたことを振り返る.

● 問題の見いだし
・塩酸に溶けたアルミニウムや鉄は，どうなったのだろうか.

● 予想・仮説の設定
・塩酸に溶けたアルミニウムや鉄は，固体がなくなったから，別な物になったのだろう.

● 検証計画の立案
① アルミニウムを塩酸でとかし，その水溶液の少量を蒸発皿にとり，加熱して蒸発させる.
② 鉄を塩酸で溶かし，その水溶液の少量を蒸発皿にとり，加熱して蒸発させる.

【安全指導】
・保護めがねを着用する.
・水溶液を加熱するとき，窓を開けて換気を行う.
・やけどしないように，加熱した蒸発皿は冷めてから触る.

アルミニウムを
塩酸で溶かす

鉄を
塩酸で溶かす

加熱して蒸発させる

第6章　小学校理科の基礎知識（粒子）と教材研究

<結果の整理>

・水溶液を蒸発させて出てきた固体のようす（色やかがやきなど）ついてまとめてみよう.

塩酸にアルミニウムが溶けた
水溶液を蒸発させた物

塩酸に鉄が溶けた水溶液を
蒸発させた物

● 考察

・水溶液を蒸発させて出てきた固体は，溶かす前の金属と同じか考えてみよう.

● 結論の導出

・塩酸に金属を溶かすと，別な物に変化する.

第4節 「粒子」領域の観察，実験における安全指導

　教材研究を十分に行い，どんなによい授業の指導をしたとしても，授業中に児童が負傷をしたとしたら，それは最悪の授業であったということになる. そのために，観察，実験における安全指導は，最優先の指導内容であると考えなければならない.

　小学校理科において，児童に危険が及ぶと考えられるのは，やけどをする，薬品が皮膚や衣類につく，割れたガラス器具で負傷をするなどが考えられる. やけどは，第4学年の単元「金属，水，空気と温度」，第5学年の単元「物の溶け方」，第6学年の単元「燃焼の仕組み」及び単元「水溶液の性質」の観察，実験において，加熱したものが冷めていないのに触ることや熱い湯が皮膚にかかることで生じるため，そのような観察，実験を行う場合には，児童にやけどに十分に注意を促す. 薬品が皮膚や衣類につくことが考えられるのは，第6学年の単元「水溶液の性質」の観察，実験において，塩酸や水酸化ナトリウム水溶液を用いる場合である. それらの薬品を観察，実験で用いる際には，十分に注意を促すとともに，保護めがねを必ず着用させる. また，それらの薬品が皮膚や衣類についたときは，すぐに多量の水で洗う. 割れたガラス器具で負傷をすることが考えられるため，試験管やビーカーなどの割れたガラス器具に触れないように指導しておく必要がある.

　観察，実験を行う授業の前に，予備実験を十分な時間を取って必ず行う. 薬品の濃度や使用量について適切か確認する. 不安なことがある場合は，必ず実験書で調べたり，ベテランの教師に相談したりするなどして，不安を解消する. また，必要な器具や薬品に不足がないか確認する. このように，教師は，観察，実験を行う際，万全の準備をして，授業に臨まなければならない.

　授業では，児童に対して，観察，実験を実施する前に，注意事項について指導するが，それらについて，なぜ注意する必要があるのかについての理由についても併せて説明するとよい. 児童は，注意する理由がわかれば，別な実験においても同様に考えて観察，実験を行わなければならないと考えることにつながるからである. また，最も重要な事は，児童が行っている観察，実験の様子をよく見て，児童の危険な行動が見られたらすぐに指導を行うことである. 児童は，教師が予期できないことを行うことがあり，それを見つけて，すぐに指導することができれば，観察，実験における事故を未然に防ぐことができる.

参考・引用文献

中央教育審議会（2016）：幼稚園，小学校，中学校，高等学校及び特別支援学校の学習指導要領等
　　の改善及び必要な方策等について（答申）別添資料（2／3）．

益田裕充（2014）：考察とは何か，教科研究理科，学校図書，199，2-3．

文部科学省（2018）：小学校学習指導要領（平成29年告示）解説理科編，東洋館出版社．

霜田光一 他（2014a）：みんなと学ぶ 小学校理科 3年，学校図書．

霜田光一 他（2014b）：みんなと学ぶ 小学校理科 4年，学校図書．

霜田光一 他（2014c）：みんなと学ぶ 小学校理科 5年，学校図書．

霜田光一 他（2014d）：みんなと学ぶ 小学校理科 6年，学校図書．

内海志典（2018）：小学校第6学年の理科教科書に見られる「推論すること」に関する研究－単元「水
　　溶液の性質」を事例として－，初等教育カリキュラム研究，6，1-16．

内海志典（2019）：若手中学校理科教師の授業構想力育成の指導に関する事例的研究－学習指導案
　　の分析を通して－，科学教育研究，43，3，266-279．

推薦図書

文部科学省（2011）：小学校理科の観察，実験の手引き．（https://www.mext.go.jp/a_menu/shotou/
　　new-cs/senseiouen/1304651.htm）

———————————————————————— 課　題 ————————————————————————

1　「次のことを確かめるには，どのような観察，実験を行ったらよいか考えてみよう．

　(1) 水を熱したときに出てくる泡は，水蒸気である．（第4学年）
　　　hint 水を熱したときに出てくる泡は，どのように集めたらよいか考えてみよう．

　(2) 水を熱すると，水が上にあがる（対流）．（第4学年）
　　　hint 熱した水の動きを，どのように可視化したらよいか考えてみよう．

　(3) 水に食塩を溶かすと，食塩は見えなくなったが，食塩はなくなったわけではない．（第5学年）
　　　hint 水に食塩を溶かす前後で，水溶液の重さはどのようになるか考えてみよう．

　(4) ろうそくを燃やすと，酸素が使われ，二酸化炭素が生じる．（第6学年）
　　　hint ろうそくを燃やす前後で，酸素と二酸化炭素の体積はどのようになるか考えてみよう．

2　次の身の回りの現象がなぜ起こるか考えてみよう．

　(1) 空気てっぽうで玉が飛ぶ．（第4学年）
　　　hint つつに閉じこめられた空気の体積は，どのようになるか考えてみよう．

　(2) 電車のレールには，すき間がある．（第4学年）
　　　hint 熱を加えた金属の体積は，どのようになるか考えてみよう．

　(3) 水に食塩を溶かすと見えなくなる．（第5学年）
　　　hint 水に溶けた食塩の粒は，どうなるか考えてみよう．

　(4) アルミニウムは，塩酸に溶ける．（第6学年）
　　　hint 塩酸に溶けたアルミニウムのようすから，アルミニウムはどのようになるか考えてみよう．

3　次の単元で取り扱われる観察，実験において，どのような安全指導を行う必要があるか考えてみ
　よう．

　(1) 金属，水，空気と温度（第4学年）　　　　　(2) 物の溶け方（第5学年）

　(3) 燃焼の仕組み（第6学年）　　　　　　　　　(4) 水溶液の性質（第6学年）
　　　hint 観察，実験において，やけどや薬品の事故をどのように防いだらよいか考えてみよう．

第7章　小学校理科の基礎知識（生命）と教材研究

第1節　「生命」領域の内容の特色

1．小学校学習指導要領における生命の学習の内容構成

　小学校学習指導要領（平成29年告示）解説理科編（文部科学省，2018）において，主要な科学的概念である生命の領域では，サブ概念として「生物の構造と機能」「生命の連続性」「生物と環境の関わり」がある．このサブ概念は小学校だけにとどまらず，中学校および高等学校でも同様であり，初等から中等に及ぶ生命に関する学習がサブ概念に沿って行われるように単元が配置されている．このことから，小学校段階における生命に関する教育は，初等から中等へと続くサブ概念のいずれの源流にも位置しており，中学校および高等学校における生命に関する教育の基礎として重要視したい．

　これら3つのサブ概念は，それぞれが別個のものとして，生命の学習に関連する各単元を内包しているものではない．事実として，第3学年「身の回りの生物」は，「生物の構造と機能」「生命の連続性」「生物と環境の関わり」のいずれにも該当しているし，第4学年「季節と生物」は，「生命の連続性」「生物と環境の関わり」の両方に該当している．このように，複数のサブ概念にまたがっている単元がある他に，単数のサブ概念に内包される生命の学習の単元としては，「生物の構造と機能」のサブ概念に第4学年「人の体のつくりと運動」と第6学年「人の体のつくりと働き」「植物の養分と水の通り道」，「生命の連続性」のサブ概念に第5学年「植物の発芽，成長，結実」「動物の誕生」，「生物と環境の関わり」のサブ概念に第6学年「生物と環境」がある．

　これらの単元の学習においては，3つのサブ概念との関係性を考慮しながら授業を進めていくことが肝要と言えよう．例えば，第3学年および第4学年で行われる複数のサブ概念にまたがった単元では，題材である生物について児童のさまざまな考えを引き出し，それをもとにしながら，いずれかのサブ概念に偏ることなく授業を進めていくものになる．また，小学校の生命の学習に関する単元の中で，「生命の連続性」のサブ概念にのみ内包されるものは第5学年で学習される2つの単元しかない．このサブ概念について中学校の単元を見てみると，第2学年「生物と細胞」をふまえてはいるが，第3学年「生物の成長と殖え方」「遺伝の規則性と遺伝子」「生物の種類の多様性と進化」まで学習する機会が無い．このことは，小学校第5学年での「生命の連続性」の学習が，4年後の中学校第3学年の学習に大きく影響を与える可能性があることを意味する．もう1つ，「生物の構造と機能」のサブ概念を見てみよう．第6学年で2つの単元が学習されるが，これらは中学校第1学年「生物の観察と分類の仕方」「生物の体の共通点と相違点」，第2学年「生物と細胞」「植物の体のつくりと働き」「動物の体のつくりと働き」へと続く位置付けになっている．このような場合，中学校への学習の継続性・連続性を考慮した授業の進め方を考えなければならない．

2．「生命」領域の学習の各単元における学習概要

　小学校の各単元について，上記では3つのサブ概念との関係性を挙げてきた．ここでは学年ごとに各単元の概要をもとにして，その教材研究や授業づくりに関する留意点を挙げていく．

【第3学年　身の回りの生物】

　身の回りの生物について野外での観察を行い，生物の多様性を理解するとともに，ホウセンカやヒマワリなどの栽培を通した植物の観察や，チョウなどの飼育を通した昆虫の成長の観察により，育ち方の順序を理解する．また，いくつかの昆虫の比較観察を通して，昆虫の体のつくりには共通性があることを理解する．

　野外観察では，教科書に掲載されている生物の一覧表を用いることができる．やみくもに探索するだけでなく，児童に「どのくらいの種類を見つけられるか」「どのような場所で見つけられるか」を問い，一覧表を活用して授業を進める方法がある．逆に，多様性を重視するのであれば，児童に自由に探索させて，見つけたものの種類を増やす方法もある．その際には，第3学年の児童でもイメージがつきやすい，写真を掲載しており平易な解説が記載された図鑑（例えば並河・岩瀬・川名，1995）を準備しておく必要があるだろう．

　植物の栽培は，第1学年・第2学年の生活科でも行われる．児童はその延長として理科での植物栽培を捉えることもあるだろう．しかし，理科では植物の成長の過程を見届けるだけでなく，植物の構造（主に根，茎，葉）を理解した上で成長の過程の一定の順序に気付かせる．ここでは，種子で殖えること，1年間（実際には半年程度）で一生を終えるまで観察できること，発芽が目立ちやすく観察対象以外の植物と判別しやすいことを考慮して観察したい植物を選択する．具体的には，双子葉植物の中から選択して栽培することが肝要である．また，夏休み期間に開花・結実になる場合，児童にどのように観察させるかを考えたい．

　昆虫の飼育を通した観察では，モンシロチョウを題材とすることが多い．もし，幼虫の段階から捕獲して観察を行うなら，すでにアオムシコマユバチに寄生されていて成虫になれないことがある．このため，学校園や花壇，プランターなどで事前にキャベツなど幼虫の餌になる植物を栽培しておき，成虫が多く飛来する頃に卵を見つけることから観察を始めるのがよい．また，成虫や他のいくつかの昆虫を比較しながら，昆虫の基本形である体の分かれ方（あたま，むね，はら），あしの数（6本），あしがむねから出ていることに着目させる．この基本形と比較することで，昆虫ではない虫についても学習する．

【第4学年　人の体のつくりと運動】

　人や他の動物を例に，骨や筋肉を中心として，それらが運動に関わっていることを学習する．人を題材とすることで，児童は自分自身が行った運動（ボールを投げる，鉄棒で回転するなど）と関連付けて興味深く学習することができる．また，人のみでなく他の動物も題材とすることによって，骨や筋肉と運動との関係性を一般化できるようにする．

　ここでは，図や模型のような骨や筋肉，腱のモデルを利用した授業の進め方が考えられるが，人体の学習を自分のこととして捉えるためには，たとえ皮膚の上からでも，骨や筋肉が存在することを自分の体に触れて捉えさせるようにする．このように，自分自身も生物であることを意識することによって，円滑に学習を進めることができる．

　しかし，それだけに児童の捉え方には教師が想定していないものが見られる．例えば，教科書には「うでを曲げるとき－うでを伸ばすとき」の筋肉の状態を表した模式図がある．これを実際に体感させると，うでを曲げるときには力こぶができて皮膚が盛り上がる．この時，筋肉は実際には縮んでいるが，見た目上，筋肉がのびて量が多くなっていると捉える児童が出てくる．また，その反対側に付いている筋肉については，ゆるんだり縮んだりしている感触が少ないため，体感させるのが難しい．この場合，ゴムで筋肉を模した模型を使用すると，さらに混乱が生じることがある．模型のうでを曲げると，ゴムは伸びて曲がって

しまうのである．これらのことを防ぐためには，筋肉を体積や量として捉えさせるのではなく，長さに着目して捉えるようにする工夫が必要である．

　第6学年「人の体のつくりと働き」の単元も同様であるが，人体に関してさまざまな教材（模型や写真）が開発されている（森本・森藤，2018 など）．このようなモデルはかなり以前から工夫・改良が行われているが（例えば中川，1959），既存のモデルを使用する際，あるいは自作のモデルを使用する際，モデルのどこが人体の何を模しているのかを確認すること，そのモデルが本来の現象をどれだけ正確に表しているのかを掴むこと，児童が理解するために効果的であるか見定めることが重要である．

【第4学年　季節と生物】

　春夏秋冬の気候と生物の生命活動を関連付けて調べる学習が行われる．季節によって植物の成長や動物の活動にはどのような違いがあるのか，根拠のある仮説や予想をもとにして表現する．

　植物ではヘチマなどを栽培して，継続的に観察記録を付けながら学習が進められる．春には発芽や本葉の出現の観察，夏には茎の成長具合の測定や葉の数の計数と開花・結実の観察，秋には実の色の変化の観察と種子の収穫が主な学習になる．また，サクラなどの樹木を並行して観察させることにより，植物が冬越しをする姿を継続的な観察として行うことができる．

　ここで，あえて冬越しの姿に注目してみよう．例えばヘチマでは，秋から冬にかけて果実が枯死することで，種子が腐らずに冬を越せて翌年に芽吹くのである．また，サクラは既に晩夏の頃から芽吹いていて，翌年春の開花を待つ花芽が形成されている．児童には，冬には生命活動が何も行われていないように思えるだろうが，実際には生命を継続するための工夫がなされている．

　動物では春には卵および孵化の観察，夏には活発な活動の様子の観察，秋には活動の様子を夏と比較した観察，冬には冬越しの様子の観察が主な学習になる．身の回りで見られる昆虫やカエルなどの小動物を観察対象としている．

　このように身近な動物を観察対象としている場合，学校周辺で観察や採集を行う授業づくりになる．そのためには，教師は事前に学校周辺の自然環境の状況を把握していなければならない．春の時点で，動物が卵を産む様子や卵から孵化する様子を探索して観察するのは難しい．卵よりも発見するのが比較的簡単な，体の大きな成体を前年から見つけておき，産卵場所の見当をつけておくようにする．このように，通年して教師が学校周辺の自然環境の把握に努めることで，多様な動物を教材として準備することができる．もし，初任地あるいは転任先の学校の場合であっても，同僚教員の協力を得て様々な情報を取得する．

【第5学年　植物の発芽，成長，結実】

　植物の発芽と成長は，第3学年の植物探索や第4学年の自然環境との関係性とは異なり，植物は観察対象としてではなく実験材料としての取り扱いになる．ここでは，インゲンマメなどの種子を用いて，発芽条件（水，適当な温度，空気）と成長条件（肥料，日光）について，1つの条件のみを変更する条件制御を行った実験計画を，児童に立案させる授業の進め方となる．その過程で種子の構造やデンプンの所在について学ぶ．

　発芽条件について問うと，児童から「光がないこと」との声が上がることがある．それまでの栽培の経験の中で，種子を土中に埋めてきたからであろう．この場合，種子を土の表面に粗く蒔いて水を十分にやり，光があっても発芽が阻害されることはないことを，実

験を通して理解させることができる．実際には，光の有無が発芽に深く関係する植物もあるが，ここではそれに触れる必要はない．成長条件については，児童は成長という語感からか植物の背丈に着目することがある．しかし，実験で背丈のみの結果を得ても，そこから考察することは難しい．例えば日光と成長との関係では，暗所でも一筋の日光が当たっていれば，植物はそれを目指して成長し，細くはあるが背丈が大きくなることがある．ここでは，成長の基準を背丈のみにするのではなく，葉の数，葉の色合い，茎の太さなど多くの観点から観察し，それらを総合して考察するようにする．

　植物の結実は，ヘチマやアサガオなどを材料に生殖器官である花の構造を理解して，特にめしべとおしべの特徴から結実する条件を探る．めしべの先端に花粉を付けたものと付けていないもので，結実するかどうかを比較する．

　ここでは，前述の第3学年「身の回りの生物」と同じく，夏休み期間が開花（特に受粉の時期）や結実の時期にあたることがあるので，授業をどの時期に行うように設定するかを考えなければならない．

【第5学年　動物の誕生】

　メダカなどを飼育することを通して，受精や卵の成長，孵化について学習する．また，人の誕生について受精や母体内での成長を学習する．ここでは，卵の中や母体内でどのように養分を得ているかについて調べ，生命の連続性の観点から総合して学習する．上記の第5学年「植物の発芽，成長，結実」における，植物の生殖を通した生命の連続性についても並行してまとめることで，生物がどのような一生を過ごしているか，さまざまな生物の類似点や相違点を探る．

　魚類の飼育は，普通教室あるいは理科室の中で行うこととなる．相当数の野生のメダカを入手することが困難になってきた昨今では，ペットショップでの購入が可能なヒメダカなどの観賞用の魚類が教材としてよく利用されるようになってきた．このように教材として取り扱った魚類（その卵についても）を野外に放すと，自然環境に影響を及ぼすことになるので，単元の学習が終了した後でも留意する必要がある．これは，野生のメダカを採集して教材として利用したときも，同様に留意したい．

　人の誕生については，予想して調べる授業の進め方となる．もちろん実物を利用しての学習は難しいので，図鑑や模型，映像やインターネットを利用することになる．なお，第5学年という年齢や発達段階，心理状態および社会的な倫理観を考慮する必要がある．また，児童の家庭状況が複雑な場合もあるため，プライバシーに関する発問や課題設定は避ける．

【第6学年　人の体のつくりと働き】

　第4学年「人の体のつくりと運動」では，児童にとっては，皮膚の上からではあるが触れてイメージしやすい骨や筋肉などを中心として学習が進められた．しかし，第6学年のこの単元では，呼吸，消化・吸収，血液循環，主な臓器の存在とそれらの機能についての学習となる．第4学年と比べると児童が実感・体感することが難しい内容であるため，教師には教材提示を工夫したり，発問や課題提示を工夫したりする授業づくりの工夫が必要になってくる．

　呼吸では，体内と体外で酸素と二酸化炭素のガス交換が行われる外呼吸については，児童も既知のことであろう．実験を通してそれを視覚的に明確にして，呼吸に携わる肺を題材として内呼吸について取り扱う．その際，目に見えない物質である酸素，二酸化炭素，水蒸気，窒素を取り扱うため，実験や図表を用いてそれらの存在を意識づけたい．また，肺

の動く様子や，血液への気体の取り込みと放出は視覚化することが難しいため，モデルや動画を用いて印象づけたい．

消化・吸収は，まず，唾液によるデンプンの変化の実験で，食物の成分が体内で変化していくことを理解させる．その上で，食物が口から多様な臓器をめぐって肛門に行き着き，排出されるまでの消化管の一連の過程を追う．この時，口から肛門までの経路が1本の管になっていることを意識させると，多様である臓器も順序に従って位置していることを理解することができる．

血液循環は，心臓を中心とした血液の経路を模式的に表し，それをもとにして血液の流れを理解できるようにする．小学校の生命の学習では，心臓の構造に関する項目（左心房，左心室，右心房，右心室）や，血管の名称（大動脈，大静脈，肺動脈，肺静脈）は取り扱わない．しかし，授業を進める中で，心臓の左側から体全体への血液の循環が始まっていること，心臓の右側に体全体から血液が戻ってくること，体全体と肺とでは心臓を起点とした循環が異なることに気付かせると，血液循環への理解が深まる．また，このことにより，副次的にではあるが中学校での心臓の構造や血管の名称の学習につながる効果も得られる．

その他，主な臓器の存在と機能について，養分を貯蔵する役割をもつ肝臓や，不要物の排出に関わる腎臓などが取り扱われる．これらについて，人体模型を用いて位置関係を把握しながら，上記の消化管の一連の過程と結びつけて，機能について学習することで理解が深まる．

【第6学年　植物の養分と水の通り道】

第5学年「植物の発芽，成長，結実」で学習したことをもとにして授業が進められる．ここでは，植物を材料とした実験を主軸として，児童に実験計画を立案させながら実施し，理解を深めていく．このとき，結果を明確かつ直接的に比較するために，条件をどのように整えるかを意識して実験計画を立案するように意識付ける．学習内容としては，まず，葉にデンプンが含まれることについて理解し，根や茎が水の通り道になっていること，水が葉から蒸散することについて学習が進む．

葉にデンプンが含まれることについての実験では，エタノールによる葉の脱色をふまえてヨウ素液での染色が行われる．このとき，エタノールを使用するので火の取り扱いに留意する．エタノールは引火すると炎が青色で見にくいため，火傷などの負傷につながる恐れがある．アルコールランプからアルコールをこぼしたときの対処法のように，水で濡らした雑巾を準備しておくとよい．

根や茎が水の通り道になっていることを明らかにする実験では，色水をホウセンカなどの植物に吸わせて，茎の断面や葉脈を観察させる．ここでは，色水を吸わせる程度（時間：植物や気温などの環境条件で異なる）に留意して教材研究を行い，授業を行うときに最適な観察ができるように準備しておく必要がある．程度が低い（時間が短すぎる）場合は水の通り道がまだ不鮮明であり，程度が高い（時間が長すぎる）場合は色水が植物体内に充満してしまい，よい観察結果が得られない．

水が葉から蒸散することについての実験では，ポリエチレンの袋を草や枝にかぶせて，水滴が袋の内側に付くかどうかを観察する実験がよく行われる．ここでの発問は「植物体内の水が葉から出るかどうか」になり，液体としての水のイメージに引っ張られて，「水蒸気として空気中に出ていく」ということを思考することが児童には難しい．このため，日常で見かける植物の葉がいつも濡れているかどうかを考えさせたり，実験でポリエチレンの袋と植物とが触れている部分だけが濡れているのではなく，袋の中が全体的に濡れている

ことに着目させたりして，児童から水蒸気という言葉を導いて思考させたい．

【第6学年　生物と環境】

　ここでは，食物を通した「食べる」「食べられる」の関係（食物連鎖）で生物の世界が成り立っていること，生物と環境（水，空気）が深く関わっていることについて，調べ学習や実験を通して理解する．そして，人に焦点化して空気との関わり，水との関わり，植物との関わりなどについて学習し，それら人と環境との学習を総合する．

　食物を通した生物の関係では，児童の食生活の経験を想起させたり，第5学年で飼育経験のあるメダカに着目したりして授業を進めることで，児童のこれまでの日常経験や学習経験を活用した授業の進め方ができる．例えば水中の微小生物の観察をメダカの捕食と関連付けて理解させることができ，この学習の場面を利用して，小学校で顕微鏡観察に習熟する機会があまりないため，プレパラートを作成する技能，顕微鏡を操作する技能をしっかりと身に付けさせる．

　生物と水との関わりでは，水が生物の生命活動にとって必要不可欠であることを学習する．その際，人を含む動物の水の摂取や植物の吸水を取り扱うとともに，自然の中で水が循環していることを取り扱うことで，生物と環境との関わりを多様な観点から学習することができる．

　生物と空気の関わりでは，植物が酸素を出していることを学習する．これは，第6学年「植物の養分と水の通り道」で学習する葉でのデンプンの所在とともに，中学校で光合成を学習する際の基礎となるものである．このため，植物が人を含む生物にとって重要な酸素を出す機能があることを印象づけるだけでなく，既習事項と関係付けながら授業を進めることで，植物の多様な機能について理解を深めたい．

　人と環境（水，空気，植物など）の関わりでは，教科書で紹介されている事例以外にもさまざまな事例がある．それらを児童が調べて，話し合いなど児童どうしの交流をもとにしてまとめていく授業の進め方になる．その際，単に興味のある事例を調べるのではなく，児童に課題意識を持たせて調べさせると，課題解決に向けての思考や話し合いが活発になり，理解も深まる．また，情報があふれている現代社会の中で，情報を取捨選択するきっかけになるため，話し合いや調べ学習の報告会の場面で思考が散漫になるのを防ぐことができる．課題には，地域の問題を解決しようとするローカルなものから，地球規模で今現在起きている問題の解決を目指すグローバルなもの，比較的早く解決できるものから，なかなか解決に至らなくても自分の生活を見直すことができるものなど，多様なものがある．教師は，担当する学級の雰囲気や児童の特性に合わせて課題を選択し，児童に「自分たちが関わっていること」として提示する

第2節　「生命」領域の教材開発

1．教材開発の視点

　自然環境の中から選択した材料を授業に持ち込むことが多い「生命」領域の学習では，条件を統制して結果を導き出す実験よりも，観察を通して確認して結果を得る学習が行われることが多い．また，実験を行う場合でも，得られた結果を数値で比較するだけでなく，その結果をさらに観察することによって思考させ，考察を導く場合がほとんどである．そ

のような観察を通した学習には，児童が直接的（あるいは手を加えながら）材料を観察するものと，教師が準備した材料を児童に提示して観察するものがある．そのような生命領域の観察の教材開発について，いくつか事例を挙げながら記載する．ここでは，教科書における学習内容を事例とするが，それは新しく教材を開発する場合にも応用できる．

2．生命教材の開発と留意点

2-1．児童に観察させる生命教材とその開発

　児童が直接的に観察するためには，児童数に相当するだけの数の材料を確保しなければならない．班やペアでの活動を行わせることで材料の数を抑えることができるが，児童の協働による結果が得られる反面，個人でじっくりと考察するのは困難になる．では，どれくらいの数の材料を準備すればよいのだろうか．また，どのように準備すればよいのだろうか．

　例えば第5学年「植物の発芽，成長，結実」では，花を解剖して観察し，花の構造（めしべ，おしべ，花びら，がく）を観察する．解剖した花は元に戻せないので，解剖の途中で失敗するとよい結果が得られない．このため，教師がよい結果を例として提示するためのものも含めて，児童数の1割から2割程度多く数を揃えておく必要がある．倫理上，必要以上の生物を採取しないことになっているので，例えば理科室の近辺に生育した状態の材料を揃えておき，もしも作業に失敗したならば再度の採集に行かせるなどの配慮が必要である．

　第6学年の「人の体のつくりと働き」では血液循環についての学習の際に，人の代替としてメダカなどの小型魚類を用い，尾びれの血流の観察を行うことで血流の方向が決まっていることについての理解が深められる．このとき，魚類の生存には十分に留意し，魚類とともに，チャック付きの袋の中に泳ぎ回ることができないが生存できるぐらいの水を入れ，観察終了後にはすぐに水槽に戻すなど，観察を短時間で行わせるように工夫したい．

2-2．教師が児童に提示する生命教材とその開発

　児童に材料を行き渡らせることができず，教師が児童に対して材料を提示することがある．例えば時期や環境により近辺で生物が揃えられないもの（または入手できないもの），実験や観察結果を得るのに時間がかかり過ぎる現象が挙げられる．また，人の体の学習では倫理的に学校の授業で実物を扱うことができないものもある．

　このような時には，代替として画像や動画を用いることで授業を進めることができる．これらは，児童が実験した際や授業のまとめの段階でも，学習した内容の確認につながる．デジタル教科書やDVD，あるいはICTの活用の面からインターネット上にある有効な画像や動画を利用して，児童が実感を伴って理解できるようにしたい．

　その際に留意しておくべきことは，ノートやワークシートなどに，児童にどのように記録させるかである．画像は，児童がフリーハンドで記録すると，児童各自がそれに取りかかる時間の長短が甚だしくなり，授業の進度の調整が難しくなるばかりか，記録の善し悪しが激しく授業後に児童が振り返る際に個人差が大きくなる．そのため，画像の中でも重要な点を先に示してから記録させたり，画像をプリントアウトしたものを児童に配付して重要な点を文字で記入させたりする工夫が必要である．動画は，連続した現象を途切れさせずに閲覧することができるが，それを記録する際には断片的なものになることが多くなる．画像と同じく重要な点はどこなのかを明確に示し，プリントなどの記述欄を工夫して順序立ててまとめさせた上で，児童に記録させることが必要になる．

第3節 開発した「生命」領域の教材の指導の実際

1.「生命」領域の指導

　生命領域の指導にあたっては，材料の確保や季節性，当日の天気を考慮しなければならないことから，実際に模範的な授業を観察・分析して自身の授業の参考にすることが難しい場合がある．そのような場合，理科教育関係の雑誌やインターネットで情報を入手することができる．もちろん，それらの多くは成功例であるため，そのまま自身の授業に活用してみたいものではある．しかし，実際には教師も違えば児童も違うため，期待されたような効果が得られないことがある．

　ここでは，いくつかの事例を挙げて，留意すべき点も含めて記載していく．

2.「生命」領域の指導の実際

第3学年「身の回りの生物」

　昆虫の体のつくりを調べる授業では，飼育や採集で得たチョウやバッタ，トンボなどを観察して，体の構造について学習する．この時，観察の時間を短縮して効率的に授業を進める工夫として，また，材料の数を減らす工夫として，各班で担当する昆虫を決めて1種類だけ観察し，授業の後半で結果を発表させてまとめることがある．この場面で留意する点として，児童は共通性よりも多様性を優先することが挙げられる．噛み砕いて述べると，複数の種類のものを教材として用いた場合，児童はまず，その差異点に目が向きがちになり，共通点を挙げることについては後回しになる．この授業の進め方では，児童にもっとも理解させたい昆虫の体の共通性について，実は児童は直接的に触れられていないため，思考するのが難しい．児童が自身の観察をもとに帰納的に思考して共通点を見いだせるようにするためには，やはり複数の種類の昆虫を観察できるように準備したい．

　また，共通性をさらに強調するために，昆虫の種類を増やす場合がある．その際，胸が前後2つに分かれて見えるために胸と腹の境目がわかりにくいカブトムシやクワガタ，胸の前方が長く首のように見えるカマキリの取り扱いには注意したい．学級の雰囲気や授業の進度に依るところになるが，それらを含めた多種類を児童に観察させて共通点を見いだすこともできるし，昆虫の定義を理解させた上でそれらを取りあげ，「定義をもとにすると，どこがあたま，むね，はらだろうか」というような発問で学習することもできる．

第4学年「人の体のつくりと運動」

　骨，筋肉とその運動機能を学習する単元である．自分の体をもとにして学習が進められるため，児童は自然と学習に興味が湧くものである．ここでは，「ボールを投げる」などの大きな動きを伴う運動が例示されて授業が進められる．このため，児童は，スポーツなどの激しい運動を行うときにのみ骨や筋肉が使用されるような印象を受けやすい．実際は，日常生活の中の通常の動きにも，もちろんそれらは使用されている．

　そこで，筆者は，この単元の始まりの場面で，自分の体の細かい動きに着目させる授業の進め方を紹介している．具体的には，「人さし指と言われているけれど，人を指でさすのは礼儀上よくないことになっている．人さし指の違う名前を考えて改名しよう．」という課題を出す．ただし，「物さし指」「○○の隣」「数字」「母親に関するもの」は使用してはいけないこととする．グループで話し合わせると，「ほじり指」「ひっかけ指」「万能指」「スマホ指」などいくつも候補が出てくる．これらを列挙していくと，人さし指は多様に動くことができるため，人体の中でもさまざまな用途に使われているということを児童が理解

できる．このように自分自身の体への興味を向上させた後に，人さし指は何からできているか，その構造に着目させながら単元の学習に入っていく．このため，多くの児童が自分自身の日常のこととして，この単元についての学習に向かうようになる．

第6学年「生物と環境」

　上記の第4学年「人の体のつくりと運動」とは逆に，食物を通して生物どうしが関わっていることを学習する場面では，人の取り扱いをどのようにするかが鍵になる．この学習の動機づけとして児童自身が食べたものを想起させるのは，学習への興味の向上としてよい効果が期待できる．しかし，学習を進めていく上でそれをいつまでも引きずると，児童には生態系の頂点に人が位置してしまうイメージになり，自然界のできごとを客観視できなくなる．このため，人は自然界の生物を活用して生きてはいるが，教材として児童に示すものは人以外の生物で構成していく必要がある．

　また，この単元では，顕微鏡を児童が操作して池や川の中の小さな生物を観察する活動が行われる．児童が日常生活の中で目にしない多様な小さな生物が観察できるため，児童には楽しく興味深い観察の時間となる．しかし，児童にとっては顕微鏡の操作方法の習熟が必要となるところに難しさがあり，教師にとっても児童各自がどのようなものを観察しているのか，正しく観察できているのか，すべてを把握するのが難しい場面である．特に，児童にとっては，顕微鏡を通して観察しているために大きさの把握が困難であり，視野の中に観察対象があっても気付かないことがある．顕微鏡を用いた観察の場面では，○倍のときの視野およびその際に観察できる対象の大きさを模式的に板書したり，どのように見えるのかモニターやスクリーンを用いて周知したり，正しく観察できた児童の視野を共有させたりする工夫が必要である．

引用文献

文部科学省（2018）：小学校学習指導要領（平成29年告示）解説　理科編，東洋館出版社．
森本信也・森藤義孝編著（2018）：小学校理科教育法，建帛社．
中川逢吉（1959）：工夫考案の生物実験法，明治図書出版．
並河治・岩瀬徹・川名興（1995）：野外観察ハンドブック校庭の花，全国農村教育協会．

―――――――――――――――――――――― 課　題 ――――――――――――――――――

1　「生命」領域における観察や調査の対象として，教科書に記載されている植物や動物，あなたが授業を行うならば利用したい植物や動物について，インターネットや図鑑を通してその特徴（分布，生活様式，栽培・飼育方法，毒などの危険性の有無など）を調べてみよう．
　　hint 教科書に記載されている生物を1つ選択して，その単元が実施される時期や単元の流れを考慮しつつ，栽培・飼育の計画を立ててみよう．

2　あなたが今，この本を見ている周囲（キャンパスや自宅など）に，どのような生物が生息しているかを調べ，教材として利用できるかどうかを考えてみよう．
　　hint 通年して入手しやすい生物に焦点化するために，スーパーマーケットを利用することもできます．

第7章　小学校理科の基礎知識（生命）と教材研究

第8章 小学校理科の基礎知識（地球）と教材研究

第1節 「地球」領域で何を学ぶのか

　日本の理科教育は，伝統的に物理，化学，生物，地学と概ね4区分となっている．外国では，科学は，物理，化学，生物（例えば，イギリスやドイツ）や物理，化学，生物，地学（例えば，フランスや韓国），物理，化学，生物，地理（例えば，フィンランド）といった区分になっている．地学がない国ではそれを学ばない，という訳ではない．天文に関する内容は物理，地質に関する内容は化学，古生物に関する内容は生物において教えられている場合が多い．

　日本の場合，地学の内容は，小学校，中学校ではすべての児童・生徒が学ぶことになるけれども，高等学校では理科諸科目選択制のため，地学を学ぶ生徒は決して多くない．しかしながら，地学は，理科から物理，化学，生物を差し引いた残り物では決してない．地学には，それをひとまとまりとして学ぶ意義があり，学習範囲も明確にある．そして，他の3つの区分と同じように，小学校から高等学校まで，児童・生徒の発達の段階や興味・関心，適性などを考慮して学習内容が取捨選択され，配列されている．戦後の日本の理科カリキュラムは，小学校から高等学校までスパイラル・カリキュラムとして構造化されているため，小学校で学ぶ地学の内容は，その後の中学校や高等学校で学ぶ地学の内容の基礎となっている．

　ところで，『地学教育辞典』（藤本・鈴木編，1957）では，地学（教育）の定義が次のように示されている．

　　（地学科は）学問的にいうと天文学・地球物理学・気象学・海洋学・地質学・鉱物学
　の分野から教養に適する教材を一括したものである．（中略）地下資源の開発，農業の
　改良，治山治水，自然の災害防止問題など地学に関する国民の教養を高める．　　（p. 序）

　このように，地学には独自の基盤となる学問領域があり，地学は地球（内部や外部）に関する学問領域を雑多に寄せ集めた訳ではない．また，上述の定義で注目される点が2点ある．まず，教養という考え方である．次に，直接的には科学的概念に関わらないけれども，今日の社会では重視されている資源や防災も地学で扱う内容と定義されている点である．

　科学的な教養（scientific literacy）ある市民を育成することは，1980年代以降日本に限らず世界各国で科学（理科）教育の目標とされている．それが，すでに1950年代に主張されていることは，如何に当時の地学教育関係者が国民の共通する教養として地学教育の重要さを説いていたかの証左でもある．一方，磯﨑（2017）が指摘しているように，1960年代の欧米諸国の理科教育の現代化の影響を受けて改訂された中学校及び高等学校学習指導要領（理科編）では，主要な科学的概念と直接的には結び付かない治山治水や資源，防災といった学習内容が大幅に削減された．しかしながら，元来，地学ではこのような内容は明治期以降伝統的に学ばれてきた．今日，資源の枯渇化や代替エネルギー，大規模な自然災害が国際的にも社会問題化しているけれども，改めて当時の学習内容を，現代的な文脈で解釈し直して，教材研究をすることも教材開発の1つの視点になる．ただ，野添・磯﨑（2014）が指摘するように，中学校と高等学校の理科教育は，欧米諸国の現代化の影響を強く受けたけれども，小学校の理科教育はその影響をあまり受けていない．これは，戦前から小学校の先生方が熱心に初等理科教育を研究し実践し続け，その知見の蓄積があることとは無関係ではな

い．つまり，この歴史的事実は，初等理科教育には戦前から研究知見が多く蓄積されており，過去の教材を現代的な文脈で読み直すことが可能であることを意味している．

さて，小学校学習指導要領（理科編）では，理科で学ぶ学習内容が4つの主要な概念で示されている．このうち，「地球」領域が地学に最も関わりのある概念である．さらにこの領域（概念）は，3つの副（サブ）概念（領域）「地球の内部と地表面の変動」，「地球の大気と水の循環」，「地球と天体の運動」から構成されている．地球の内部，表面（大気圏），地球が位置付く宇宙について学ぶ．つまり，小学校理科では，わかりやすく言えば，大地の表面や地球内部のようす，天気のようす，天体としての地球と星のようす，と言えるであろう．これらの自然の事物・現象（以下では，断りのない限り，地学に特化していることを指して，端的に地学事象と呼ぶ）を，児童の発達の段階や興味・関心等に合わせて学習内容が構成されている．

地学事象は，身近で経験可能なものもあれば，鉱物を構成する元素から数十億年の岩石や数十億光年の星雲まで，空間的かつ歴史的に幅広いものまである．そのため，直接的に観察したり，実験が難しく，結果として児童の認識能力を遙かに超える面があることに十分留意する必要がある．しかしながら，重要なのは，地学事象を，自然科学の立場からだけではなく，人間生活の立場からも見ることである．そのことは，地学事象について資源や防災などをも学ぶことにつながる．理科の学習では，自然事象の背景にある原理を理解することだけが目的ではない．自然事象に対する科学的な理解を通して，将来の専門家になる準備をすることも重要であり，一方で地学事象に関する科学的リテラシーを有し，行動できる市民を育成することも重要である．すなわち，行為における科学的リテラシー（scientific literacy in-action）という考え方である．

ところで，ライエル（Sir C. Lyell）による「地質学原理」は，科学的な近代地質学の誕生とされてきた．その後，プレート・テクトニクスの登場は，静的地球観から動的地球観への転換をもたらした．1980年代になるとアメリカを中心に，システム科学の考え方を取り入れた地球システム科学が登場してきた．この地球システム科学こそ，人間生活と大気や地殻などと密接に相互に関係として捉えている．そして，この地球システム科学の考え方を取り入れた教育プロジェクト "Earth System Education" が開発された．磯﨑（2005）は，その特色を以下のように分析している．

①地球全体を1つのシステムと見なし，太陽系の1つのサブシステムであること．さらに，地球システムはサブシステムから構成されていること．
②このサブシステムや地球システムは，時間とともに非可逆的変化（別の表現をすれば進化）をしていくこと．
③地球システムの最終的な到達点は，人間—環境のトータルシステムの理解であること．
④キャリア教育の観点から科学者や技術者の仕事が，科学論の観点から彼・彼女たちの研究方法が取り扱われていること．
⑤人類の生活・活動の場である地球の学習を通して，感性を育成することが求められていること．
(p. 162)

とりわけ，上述の③から⑤は，人間生活という視点が強調されている．このことは，今後の小学校における教材開発にも参考になる視点である．

第2節　「地球」領域の学習内容の特色

　ここからは，小学校理科の領域「地球」領域の内容の構造について見てみよう.

【第3学年】
　太陽と地面の様子：・日陰の位置と太陽の変化　・地面の暖かさや湿り気の違い

　この学年の地球に関しては，日なたと日陰の様子に着目して，比較しながら調べ，太陽と地面の様子との関係を捉えることが目的とされている.

　この単元では2つの考え方に配慮する必要がある. まず，地球の動きに伴う太陽の見え方【比較】である. 次に，太陽が出ているとき,日光をもので遮る（雲の場合や建物など）ことと,日なたと日陰の区別【比較】をし,その明るさや温かさの違い【比較】を認識することである. 前者に関しては，方位の空間概念を認識させる導入と位置付けられる. 太陽の継続的観察（1日）を通して，方位磁針を手掛かりに，太陽の位置の変化に気付かせ，南北と直交する東西の方向を教えながら，東西南北の方位を中心とした空間概念を認識させる必要がある. この空間概念は，第4学年の星の動きで，北極星を中心として太陽，月，星が回って見えていることや1日経つとほぼ元の位置に戻ること，などに結び付き，第4学年での月の形と位置，第6学年で，太陽と月が同時に観察できる特定の日の昼間を選び，太陽と月の観測をすることで太陽の位置と月の位置とその形が認識できるようになる. 後者に関しては，太陽の動き（地球の自転）と地面の日なたと日陰の違いを五感による経験を通して理解し，加えて温度計を用いて地面の温度を継続的に測り，太陽の光が地面を暖めていることを認識させる. この学習では，晴れた日ばかりではなく雨の降る日の観察を通して，天気によって地面の様子に違いがあることを認識させることを通して，第4学年の雨水の行方と地面の様子，第5学年天気の変化への導入として位置付けることも可能である.

　いずれにしても，理科を学ぶ最初の学年であることに留意して，児童が五感による経験を通して理解することを心がけたい.

【第4学年】
　雨水の行方と地面の様子：・地面の傾きによる水の流れ　・土の粒の大きさと水の
　　　　　　　　　　　　　　　　　　　　しみ込み方
　天気の様子：・天気による1日の気温の変化　・水の自然蒸発と結露
　月と星：・月の形と位置の変化　・星の明るさ，色　・星の位置と変化

　この学年の学習内容は，既習の内容や生活経験などを基盤にしながら，科学的に根拠のある予想をしたり，あるいは仮説を設定し，問題解決をすることが意図されている.

　まず，「雨水の行方と地面の様子」では，それまでに児童は，校庭や砂場，花壇の砂や土に，水を加えたり，水の中に砂や土を入れたりする経験や雨の時に水が流れていく様子を見ている. このことから，雨水の流れ方や地面を構成する砂や土の違いから水がどのようにしみ込むかを調べる活動を，「ただ見ていた」ことから「（見通しをもって）観察」する視点に向けさせることが重要となる【根拠のある予想をする準備】.「天気の様子」では，天気と気温の変化に着目して，1日の気温の変化を調べることになる. ここで重要なのは，第3学年で学んだことを活用し，晴れた日の1日の観察・測定だけではなく，雨の降る日などに空や地面の様子を観察・測定し，天気によって気温や地面の様子が変わることを学ばせることである. また，家庭での洗濯物の乾きなども注意深く観察する機会，つまり日常生活における地学事象に目を向けさせることも重要である. 加えて，根拠のある予想をしたり仮説を設定するためや，結果から考察するためにも，グラフや表の作成の方法や記録の

仕方などを説明し，児童の記録やグラフを丁寧にチェックして解説する必要がある.「月と星」は，第3学年の太陽と関係付けて学ぶことが有効な方法の1つである. すなわち，太陽と月の見え方や位置の変化を継続的に観察（可能であれば1日2〜3時間，数日）すれば，月の位置の変化が，太陽と同じように，東の空から南の空を通って西の方角に入るように理解できる. また，長期間にわたり決まった時間に月を観察すれば，月の形が変わっていることも理解できる. この単元では，これまでの学習を生かし，太陽，月，星も，北極星のまわりを同じ方向に動き，1日経つとほぼ元の位置に見える，という統一的な捉え方をすることが重要である.

　いずれにしても，この学年ではより本格的に観察や実験，観測が増えてくるために，それらの方法，観察結果の記録の仕方，得られた結果をグラフや図表などで表現する方法など，繰り返し説明をするとともに，児童が作成した報告書（授業ノートでも良い）を丁寧に添削することを通して，児童のより深い理解を促すよう心がけたい. そのことが，後の学習の基礎となる.

【第5学年】

　　流れる水の働きと土地の変化：・流れる水の働き　・川の上流，下流と河原の石
　　　　　　　　　　　　　　　　・雨の降り方と増水
　　天気の変化：・雲と天気の変化　・天気の変化の予想
　この学年では，児童がある要因に着目し条件を制御しながら，科学的探究活動（日本の理科教育では問題解決がより一般的ではあるが）を通して理解を深化することが意図されている.

　「流れる水の働きと土地の変化」では，まず，それまでの学習を活用，つまり雨水が高いところから低いところに流れ，その過程で地面を削ったり，土を流したり，積もらせたりする場合があることを観察した結果や学習内容を活かしながら，川の水も土地を削ったり（浸食），土砂を流したり（運搬），土砂を積もらせたり（堆積）することを，モデル実験や各種資料を用いて水の速さや量【比較の条件】に着目して考えることが重要となる. これは，第6学年の「土地のつくりと変化」につながる基礎的学習に位置付けられる. 加えて，多様な資料の解釈を通して，長雨や集中豪雨による川の増水とそれによる自然災害についても学ぶことは，日常生活の文脈からしても重要なことである. 次に，「天気の変化」では，それまでの学習を活用，つまり雲の量や動き【比較の条件】が地上の明るさや，地面の暖かさ，降雨に関係していること，雲の様子が1日のうちでも，また日によっても変わること，という自分たちで観察した結果やそれまでに学習した内容を活かしながら，多様な気象情報に関する資料を用いて天気の変化の仕方や規則性について考えたり予想することが重要となる.

　いずれにしても，この学年の学習内容は両者とも自然からの恩恵と自然災害の両者に特に関わる内容であることを認識し，74頁で述べた Earth System Education の③と⑤を意識しながら教材研究をすることも必要となる.

【第6学年】

　　土地のつくりと変化：・土地の構成物と地層の広がり　・地層のでき方
　　　　　　　　　　　　・火山の噴火や地震による土地の変化
　　月と太陽：・月の位置や形と太陽の位置
　この単元は，地学事象の特定の要因やものに着目し，多面的な視点や方法で科学的探究

活動（問題解決）をすることが意図されている.

「土地のつくりと変化」では，まず土地のつくりに関しては，堆積岩を中心に地層の概念について学ぶ.その際，重要なのは，地層の定義であり，地層を構成する構成物の種類や粒子の大きさ，色など【多面的な視点】に着目させることである.地層の定義は，どのようにしてその層ができたのか（水成層や風成層）を考える上でも重要であり，地層を構成する粒子の種類や大きさ，色などは，他の地層と対比させる際に重要な指標となり，この対比は児童の空間概念の育成に寄与する.次に，土地の変化を考える要因として火山噴火と地震【多面的な視点】が取り上げられている.重要なのは，火山噴火や地震が土地の変化の要因であり，地球のダイナミックな動き（動的地球観）として捉えるとともに，それらの自然現象と人間生活との関係【多面的な視点】についても併せて学ぶ機会を提供すべきことも，地球システムの視点から重要である.「月と太陽」では，それまでの学年で学んできた太陽と月の動きに関する既習事項を確認して活用し，それらを同時に，かつ継続的に観察・観測するような機会【多面的な視点】を与えることがより深い理解につながる.

いずれにしても，この学年は小学校の3年生から学んできたことの知識やスキルを活用する総合的な内容であるとともに，中学校理科への導入にも当たることを認識して教材研究などをすることが大切である.

第3節 「地球」領域の教材開発

理科の場合，自然事象（人工物も含める）すべてが教材になる可能性を秘めた素材である.教材とは，その素材に教育学的意味を付与あるいは教育学的意義付けをしたものである.そして，教材研究とは，その素材の教育学的意義付け（素材の教材化）をした教材を開発あるいは過去に用いた教材を改良し，開発・改良した教材を学習者の発達の段階や興味・関心を考慮して，最も適切な方法で教材を提示し学習者の学習効果を最大限にする方法を検討することである.従って，地学事象もすべてが教材となる可能性を秘めている.教材研究においては，学習指導要領における目標等を理解した上で，児童の発達の段階や興味・関心を十分に考慮する必要がある.

次に自然事象を扱う場合には，物理や化学，生物と類似したり相違する点がある.自然事象あるいは地学事象は，歴史的事象であること，全地球的規模から地域特殊性であること，ミクロからマクロな視点であること，サブシステムが相互作用していること，などを考慮する必要がある.磯﨑（2005）は，この4点について以下のように指摘している.

①自然の事物現象の歴史性：地球システムは非可逆的変化をしている.そのため，自然の事物現象は，その意味において歴史的産物である.このことは，自然の事物現象が非再現的，非実験的特性を一面で持っていることを意味している.

②自然の事物現象のグローバル性とローカル性：自然の事物現象は，全地球規模で観測したり説明したりする一方で，極めて地域特殊性を有している場合がある.地学において地域特殊性を扱うことは，「身近な」自然を扱うことにも通じる.

③自然の事物現象のスケール性：自然の事物現象は，空間的にも時間的にも長大である.空間的には，原子のレベルから宇宙のレベルまでを扱い，時間的には宇宙の誕生から現在まであり，私たちの日常生活の時間的スケールでは捉えられないものまである.

④サブシステムの相互作用：地球システムのサブシステムは相互作用しているとともに，人間社会システムと地球システム・そのサブシステムともまた相互作用している．例えば，資源は人間社会システムへインプットされ，またそこからアウトプットされる．また，人間社会システムへの地球サブシステムとの相互作用として自然災害等もある．

(pp. 163-164)

　この他に2点，とりわけ小学校の理科学習においては教材開発の視点として必要である．すなわち，遊びの視点と日常生活の文脈の視点である．

　かつての小学校学習指導要領理科編では，「遊びを通して」という文言があった．また，それより前の大正期には玩具を用いた理科学習も提唱され，実践されていた．当時としては，目的達成のための手段として，遊びや玩具を学習に取り入れられていた．もちろん，この考え方には批判もあろう．しかしながら，messing about（自由試行）の考え方からすれば，理科学習に遊びの要素を取り入れながら，教材を与え，児童が主体的にその教材に働きかけることは，その後の科学的探究活動（問題解決）へとつながる効果的な1つの方法である．

　一方，欧米諸国やアジア諸国の科学教育では，1980年代以降，これまで主流であった内容に基盤をおくアプローチ（content-based approach）に加え，文脈に基盤をおくアプローチ（context-based approach）が取り入れられるようになっている．現在の日本の学習指導要領や教科書の単元は，基本的には自然科学の体系的あるいは系統的に配列されており，小学校から高等学校までスパイラル・カリキュラムとして構成されているため，内容に基盤をおくアプローチとして教えられることが主流となっている．しかしながら，児童は地学事象について，日常生活の場面やマスメディアを通して直接的に経験したり，知ったりする．このことを考慮して，単元の中では日常生活の文脈で学習内容を再構成することも可能である．これが，文脈に基盤をおくアプローチである（この場合は，日常生活の文脈と言える）．

第4節　開発した「地球」領域の教材の指導の実際

　地学の指導は，もちろん，他の概念領域と同じ方法もあれば，それらに比べて少し注意が必要なことがある．以下の点について検討してみよう．

1.　科学的探究活動（問題解決）

　科学的探究活動（問題解決）は，1960年代の教育の現代化を象徴する活動であった．同じ用語を用いても当時と違い，子どもの認識研究や学習論なども進展し，その方法においても違いが認められる．当時は，観察する，測定するといったプロセス・スキルが重視されていたけれども，今日の科学的探究活動（問題解決）は，課題の把握や仮説の設定，課題解決の過程（小学校では追究の方がより使われる），分析・考察・推論，表現・伝達などの活動が含まれる．特に，課題解決（追究）の過程では，「見通しをもって観察，実験を行う」と小学校学習指導要領理科編では示されている．この文言は，ここ2, 3回の学習指導要領の改訂に見られることである．この指導のポイントは，まず，観察や実験の前に，児童が既習事項や生活経験などで得た知識などを用いて，議論しながら，多様な考え方が競合する状況において，自分自身の考えを明確化あるいは修正し，グループや教室で共有化することを通して，観察や実験の見通しをもつ（仮説を設定する）ことである．このこと

は，議論や話し合いは，観察や実験結果について行うことも重要であるけれども，それ以上に観察や実験を行う前に，児童が自分の考えを明確化し，修正あるいは強化するためにも重要な機会になっていることを意味している．また，この科学的探究活動（問題解決）は，協働的に取り組み，その過程では学習者は，内化と外化の往還をし，メタ認知を促進することでより深い学びにつながる．以下の図8-1は，それを示している．

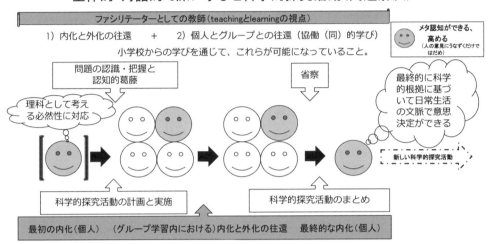

図8-1　科学的探究活動（問題解決）を基盤とした理科授業

2.　モデルとモデル実験

　地学の特性（時間的，空間的広がり）からして，1時間の授業時間内に観察や実験等を実施することは難しい場合が多い．その場合，モデルやモデル実験（コンピューターシミュレーションも含む）は，児童が地学事象や概念を理解しやすくするために工夫し表現された形で非常に有効な方法である．また，ある概念や地学事象をイメージ化するために図や言葉，式などを用いて表現する場合もある．

　磯﨑（2019）は，モデルやモデル実験の備えるべき条件について，2つ示している．まず，モデルやモデル実験は，学習の場で用いられる以上，学習者の発達の段階を考慮する必要があること，次に，科学的事実をうまく（学習者に理解しやすい）説明できるものであること，である．また，モデルやモデル実験には限界もある．自然科学の厳密さからすれば，学校におけるモデルやモデル実験は，正確ではない場合もある．モデルやモデル実験の目的は，学習者がその発達の段階に合わせて理解することである．それ故，自然科学者からは，厳密でないと批判を受けることもある．だからこそ，授業でモデルやモデル実験を用いる場合は，「教師はモデルやモデル実験の限界を理解した上で，提示し，学習者が，モデルやモデル実験と実際の自然の事物・現象を同一視しないように指導する」（磯﨑，2019：40）ことが重要となる．

　モデルやモデル実験を用いた教材開発で重要なのは，先の2つの条件を考慮して実施することである．例えば，第5学年で学習する流れる水の働きでは，多くの教科書で伝統的に校庭に砂山を築き，水を流すモデル実験が示されている．多くの教科書で長年使用されていることはそれなりの価値があることを意味している．しかしながら，教室ではできない実験であり，問題がないとも限らない（浅海，2019）．浅海（2019）は，砂山の実験か

ら始め，教室でも観察できるようにプランターに真砂土を入れたモデル実験を経て，強力粉を用いた実践を行っている（図8-2参照）．これは，強力粉は吸水性が低く，モデルの川が簡単に崩れないこと，砂や土が移動した場所が観察して分かりやすいこと（砂は上流や川の湾曲した両側に置いておく），などを考慮した教材研究の結果である．また，水の流れを最初から水道水を流すと急激な土石流となる可能性があるので，牛乳パックを用いて水量を調整する工夫もされている．もちろん，この教材が砂山より優れているとは必ずしも言えない．重要なのは，モデル実験のどこを見せ，モデル実験により何を理解させたいかである．

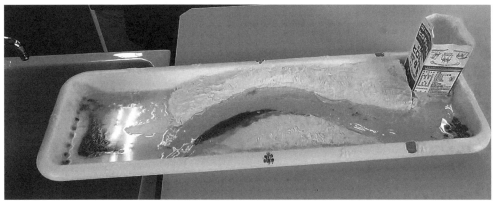

図8-2　強力粉を用いた流れる水の働きを理解するモデル実験

3.　継続的観察・観測

「地球」領域では，継続的あるいは定期的な観察や観測が必要である．特に，月や太陽，星に関する学習に際しては，継続的あるいは定期的な観察や観測をして，長期にわたる観察や観測結果から地学事象の周期性や恒常性に気付かせることが重要となる．このような継続的な観察や観測をすることは，児童が計画的に粘り強く観察する態度や習慣などを涵養することも可能となる．継続的あるいは定期的な観察や観測は，時間外の場合家庭で行うことになる場合も生じ，指導の在り方や児童の興味・関心，家庭の協力などの点を考慮する必要があり，教師は事前の準備や計画を綿密にする必要がある．

星を観察する場合は，コンピューターシミュレーションプログラムやプラネタリウムの活用も積極的に検討すべきである．もちろん，博物館を活用することも積極的に検討すべきである．欧米諸国の博物館に限らず，2000年以降特に日本の博物館もアウトリーチ活動の一環として，学校教育との連携を進めており，多様なプログラム（先生用や児童用）を提供している．この際重要となるのは，単に利用しようと思うのではなく，事前に博物館とコンタクトを取り，教師の考え方や希望を伝えておき，打ち合わせを行って，活用することである．

4.　野外観察・観測

理科室とは違う野外という空間において，児童が直接観察し，本物を見る機会を提供するためにも野外観察は重要な学習活動に位置付けられる．月や太陽，星の観察はもとより，天気の変化や地層の広がりといった地学事象の観察や観測は，可能な限り野外で実施することが，児童の興味・関心の喚起はもとより，その空間の一部で観察した結果から地学事象の全体像を想像したり把握する上でも，また理解する上でも重要な学習活動である．注

意をしなければならないのは，野外観察を実施することを目的とするのではなく，野外観察をその事前指導と事後指導を合わせて1つの単元として位置付けるようにすることであり，そうでなければ野外学習の学習効果は期待できない（磯﨑，2005）．もちろん，校庭であっても，安全に注意を払うことは論を俟たない．

5. その他

　キャリア教育の視点からすれば，将来の科学の職業への誘いとして，また，科学者の仕事を理解する上でも，天文に関する学習においては天文学者や宇宙航空研究開発機構（Japan Aerospace eXploration Agency）の仕事の内容を紹介したり，気象の学習では気象予報士の仕事を紹介したり，地層の学習では恐竜学者の化石発掘の方法を紹介したりすることや，天文学の歩みを簡潔に説明することは，児童の科学への興味・関心を喚起する上でも非常に重要である．

　また，日本列島は毎年多くの自然災害に見舞われている．自然事象，とりわけ地学事象を災害の側面からばかり説明するのではなく，地球システムの視点からすれば，私たちあるいは私たちの生活が自然から受けている恩恵の側面についても，同時に説明することも重要である．恩恵の側面として，資源や水供給，温泉などがすぐに例として挙げられるけれども，ある地域の文化や風習はその地域の地学事象と結び付いている場合もあり異文化理解の視点からしても，この側面を学ぶことは重要である．

【「地球」領域の内容構成と指導のポイント】

○「地球」領域を地球システムの視点から捉え，「地球の内部と地表面の変動」，「地球の大気と水の循環」，「地球と天体の運動」を地球システムのサブシステムとし，それぞれの相互関係を考慮して地球に関する統一的な概念を育成することを心がける（地球と人間社会の考慮）．

○第3学年の学習から次年度以降の学習を想定して学習を行うとともに，第4学年以降ではそれ以前の学習事項や学習経験を活用する．

○地学事象の特性を考慮して可能な限り直接体験（観察や観測，実験など）を通した理解を図る．モデル（図）の活用は，地学事象をより理解しやすくする有効な方法である．けれども，自然そのものではないことを児童ばかりではなく，教師自身が理解しておく必要がある．社会教育施設の有効活用も考慮する（積極的な活用を）．

引用文献

浅海詩織（2019）：見方・考え方を深めるための教材開発，学校教育，1222，30-37.

藤本治義・鈴木啓信編著(1957)：地学教育辞典，朝倉書店.

磯﨑哲夫(2005)：地学の教材開発と指導法，野上智行編著「理科教育学概論－理科教師をめざす人のために」，161-166，大学教育出版.

磯﨑哲夫(2017)：地学を学ぶ意義についての論考，科学教育研究，41，2，246-257.

磯﨑哲夫(2019)：理科学習におけるモデルやモデル実験の意味 －「流れる水の働き」の授業分析－，学校教育，1222，38-43.

野添生・磯﨑哲夫（2014）：小学校・中学校の理科学習指導要領における成立背景に関する研究－昭和40年代の「問題解決」と「探究」を中心にして－，日本教科教育学会誌，37, 1, 95-108.

1 野外観察や観測の際の注意点について，「小学校学習指導要領解説理科編」を参考に考えてみよう．

　　hint 1に示した第4章2（4）を参照しながら，「小学校学習指導要領（平成29年公示）解説　理科編」
　　には第4章「指導計画の作成と内容の取扱い」，2「内容の取扱いについての配慮事項」が掲載さ
　　れているので，その（3）体験的な学習活動の充実や，3「事故防止，薬品などの管理」を参考に
　　してみよう．

2 日常生活の観点から，「地球」領域の学習内容における自然災害を取り出し，どのように指導する
　ことができるかを考えてみよう．

　　hint 1に示した第4章2（4）を参照しながら，特に第5学年と第6学年の学習内容の解説を見てみよう．

3 社会教育施設を活用した学習の事例をインターネットや近隣の博物館等で調べてみよう．

　　hint 1に示した第4章2（6）や国立科学博物館のホームページを参照してみよう．また，地域の博物
　　館のホームページを参照してみよう．

4 なぜ，新しい学習において既習事項を活用することが重要なのか，その理由を説明してみよう．

　　hint 日本の理科教育課程（カリキュラム）の特色は，スパイラルカリキュラムです。このスパイラルカ
　　リキュラムの意味を理解し，1に示した第4章2（4）の25から26頁を見て考えてみよう．

第9章　子どもの発達の段階と学習指導の在り方

第1節　子どもの理科学習と発達の段階

1．学習と発達

　学習（learning）とは，知識や技能の獲得を意味する（多鹿，2007）．言い換えれば，学習とは知らないこと，分からないことへの挑戦である．したがって，子どもが未知への挑戦としての「学習」に臨むとき，大きな不安を抱くことは当然であろう．教師とは，そうした子どもの不安な気持ちに寄り添いながら，学習を支援する立場といえる．

　理科授業では，子どもは自然の事物・現象に潜む規則性や法則性を「問題解決」の活動を通じて見いだしていく．その際，学習の初期段階では，当然ながら子どもは自然の事物・現象を追究するための具体的なアプローチの方法や知識などを十分に持ち合わせていない．教師が子どもに寄り添いながら，一緒になって自然の事物・現象を追究する中で，子どもは問題を科学的に解決するために必要な資質・能力を習得していくことが可能となるのである．

　そうした理科学習を通じて，子どもは新たな自然の事物・現象に対して，学習した知識や技能を駆使して，意欲的に解決を試みようとする姿を見せる．これが子どもの発達（development）の姿である．development とは，「包みをほどく」ことを原義としており（下宮他，1998），巻物を紐解くと新たな発見があるように，「可能性を開く」といった意味を有する．未知への挑戦を通じた「学習」を通じて，子どもは新たな可能性を紐解かれ，能動的な問題解決に臨む「発達」した姿を見せることになる．

2．理科学習と子どもの思考の発達

　理科では，図9-1に示すような過程を通じた問題解決の活動を展開する．この過程は，得られる結論の客観性を確保するために，科学界が見いだした仕組みである．見いだした規則や法則が，実証性や再現性を含む客観性に乏しければ，人類が共有し，活用できる科学知識とはならない．子どもが，この問題解決の過程１つひとつを実感しながら，自然の事物・現象を追究していくことによって，子どもの思考は，より科学的な思考へと発達していく．

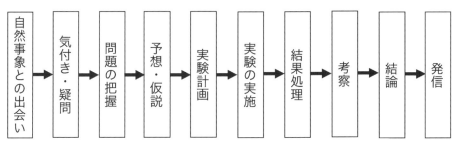

図9-1　理科における問題解決の過程

　ここで，まず思考（thinking）という言葉の意味を明確にしておこう．波多野（2013）によれば，思考とは「心的表象の変換を含む，目標志向的活動」を意味する．心的表象（しんてきひょうしょう）とは，食塩が水に溶ける様子を粒子で視覚的にイメージしたり，記

号を操作したりといった，脳内における表現活動を意味する．そのような意味で，脳内での内的な表現活動である心的表象と，それを外部へと表出させる外的表象とは区別されている．単に前者を表象，後者を表現と表記することが多い．すなわち思考とは，図9-2に示すように，人が五感を総動員して自然の事物・現象にアクセスし，そこから情報を抽出し，それと自己の既有知識や生活経験とを目標志向的に関連付ける際の心的な表現活動と捉えることができる．例えば，炭酸水から出てくる泡について調べることを目標に，炭酸水から出てくる泡を取り出して石灰水に通す実験を行い，白く濁ったことを知覚したとする．その際，この情報と「石灰水は，二酸化炭素と反応して白く濁る」といった既有知識とを関連付けることによって，「炭酸水には，二酸化炭素が含まれる」といった思考が展開されることになる．

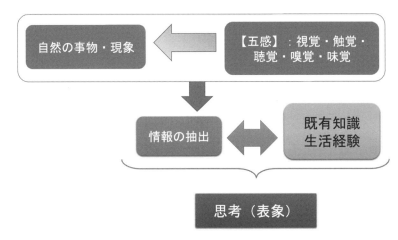

図9-2　思考の実態

こうした思考の実態としての表象について，教育心理学者のブルーナー（1977）は，表象が構造的に異なる3つの段階からなる段階的な質的過程として捉え，詳細な説明を行っている．具体的には，表象は　A) 活動的表象（enactive representation），　B) 映像的表象（iconic representation），　C) 記号的表象（symbolic representation）の段階からなることを指摘した．これらについて，順に説明しよう．

A）活動的表象は，観察，実験などの具体的な活動を通じて，知覚に基づきながら臭いや色，感触などの情報から事象を捉える段階で機能する思考である．例えば，図9-3（霜田他，2019b：31）のように，筒に閉じ込めた空気をおしたときのフワフワとした独特の感触は，それを知覚した経験がなければ表象することはできない．また，方位磁針を使ったことがない子どもに，あれこれ言語指示しても活動には結び付かない．つまり，活動的表象の段階では言語による指示を受容する心的な素地は未完である．このため，理科学習において観察，実験は，知覚情報に基づく活動的表象としての思考を生み出すという意味でも，極めて重要な学習活動なのである．

図9-3　活動的表象

B）映像的表象は，視覚的なイメージのように，映像レベルで事象を捉える段階で機能する思考である．例えば，図9-4（霜田他，2019b：32）のように，筒に閉じ込めた空気の様子を視覚的にイメージしながら事象を捉える際に機能する思考である．知覚情報に基づき活動的表象が展開され，それらの情報が洗練されて映像レベルへと抽象化していく際に不可欠な思考段階といえる．こうした思考は，目に見えない微視的な世界や，月と太陽の位置関係のように空間的な世界などの事象把握には不可欠となる．

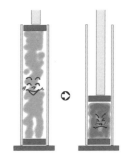

図9- 4　映像的表象

　C）記号的表象は，「閉じ込めた空気をおすと，中の空気の体積が小さくなり，ちぢむ」といったように，言葉や記号によって事象を把握する段階で機能する思考である．自然の事物・現象から知覚した具体的な情報に対して分析と統合がなされ，情報が簡素化し，記号化されているという点で，記号的表象は極めて抽象的な思考である．一方で，記号的表象の段階では，言語，記号のもつ体系や仕組みの上で，自由自在に変形して言い換えができたり，新たな命題を生み出したりできる．つまり，記号的表象による思考が機能することで，科学知識の生成と発展が促されるのである．

　以上の活動・映像・記号の3種類の表象段階は，具体から抽象へと向かう思考のプロセスを的確に示しているともいえる．理科学習では，自然の事物・現象から観察，実験を通じて非常に豊富な量の情報を知覚して取得する．それが，問題解決の活動を通じて取捨選択され，洗練されて徐々に抽象化することによって，脳にとって最も負担の軽い記号操作による思考に到達する．自然に潜む規則性や法則性が数式や記号でまとめられる過程は，こうした表象の移行を通じた具体から抽象の過程によって成り立つのである．

3．理科の見方・考え方と科学的思考の促進

　Dunbar（1999）は，科学的思考とは「科学の分野に関わる思考過程と，推論スキルや問題解決の方法の適用による科学概念への変容過程」と指摘している．この指摘を前述した理科学習における表象形式との関連から捉え直してみよう．理科における問題解決の過程では，活動・映像・記号の各表象段階を通じた思考が生まれる（和田・森本，2010）．また，図9-5に示すように小学校の各学年において理科の見方・考え方を働かせる（推論スキル

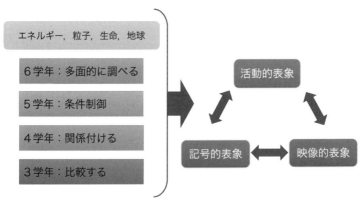

図9-5　理科の見方・考え方と表象の変換

や問題解決の方法の適用）中で，これらの表象の変換が繰り返されることによって，科学概念の変容が生じる．つまり，科学的思考とは，問題解決の過程において理科の見方・考え方を働かせながら，活動・映像・記号の各表象のレベル移行を複雑に繰り返すことによって，科学概念が構築される思考過程と捉えることができる．こうした科学的思考の促進について，小学校第3学年から第6学年の発達の段階に応じて順に説明してみたい．

（1）小学校第3学年（例：「物と重さ」）

　「物と重さ」の学習では，物によって重さがそれぞれ異なることを，手で持って比べた物の重さについて，はかりを使って確かめる学習を展開する．具体的には，図9-6（霜田他，2019a：158）のように，乾電池と発泡スチロールを手で持ち比べ，触覚情報に基づきながら直接比較によって重さの違いを捉える．これは，知覚に基づく学習という点で，活動的表象による思考を展開している状態であると捉えられる．このとき，触覚情報では重さの違いを捉えきれないと判断された場合には，台ばかりを用いて針の示す目盛りを読み取り，数値データによる視覚情報に基づく間接比較によって重さの違いを捉えていく．

　こうした「比較」といった，小学校第3学年で重視する理科の考え方を働かせながら，子どもは活動的表象に基づく学習活動を展開する．そうした過程において，例えば「粘土の置き方や形を変えたり，細かく分けたりすると，粘土の重さはどうなるか」といった疑問が生まれ，これを問題として追究していくことが考えられる．その中で，粘土を細かく分けて重さをはかることによって，子どもは理科の見方として「質的・実体的な視点」を働かせながら，物の重さについての理解を深めていくことになる．そこでは，粘土をより細かく分けて，小さな粒子となった際のイメージなどもしながら映像的表象による思考を展開することになるであろう．

　理科の見方・考え方を働かせる中で，活動的表象から映像的表象への表象の移行を進行させ，科学概念を構築していくことになる．こうして，実証性を伴いながら，子どもの思考は科学的な思考へと発達を遂げていくのである．

図9-6　重さの直接比較

（2）小学校第4学年（例：「天気の様子」）

　「天気の様子」の学習では，まず雨が降ってきた地面が乾くなどの水の行方に着目する．そこでは，子どもは水たまりが晴れるとしだいに小さくなり，なくなっていくことを知覚する．さらに，図9-7（霜田他，2019b：112）のように「日かげの地面は湿っていたが，日なたは乾いていた」といったように乾き方は温度で変わることなども見いだしていく．すなわち子どもは，こうした観察を通じて，知覚情報に基づき活動的表象による思考によって事象を捉え，様々な気付きを生起していくのである．

　その上で，水の行方について予想し，自分の考えを確かめる方法を計画する．この際，「水の行方と気温とを関係付ける」といった，小学校第4学年で重視する理科の考え方を働かせ，自然界の水の様子を調べる．具体的には，氷水などを入れ冷えたビーカー等を常温の空気

中に置くと，その表面に水滴が付く現象などから，空気中には蒸発した水が水蒸気として存在していることを見いだしていく．また，冷やすと結露して再び水になって現れることがあることを捉える．図9-8は，結果の考察において，空間を動いている水蒸気が氷水の入ったコップの表面に水滴として付く様子について，子どもがイメージ図によって表現したものである（遠藤，2018）．ここでは，子どもは理科の見方として「時間的・空間的な視点」や「質的・実体的な視点」を働かせ，映像的表象を機能させながら，目に見えない水蒸気が気温より低いコップの表面に集まる様子を描いている．さらに，「水じょうきは気温よりつめたいところがすきだと思う」といった，イメージに関する言葉の説明も加えている．すなわち，記号的表象による思考が関連付いて機能している状態である．

　子どもは，理科の見方・考え方を働かせる中で，活動的表象から映像的表象への表象の移行を進行させ，水蒸気や蒸発などの科学概念を構築しているのである．

図9-7　日なたと日かげの比較

図9-8　水蒸気が水滴になるイメージ

（3）小学校第5学年（例：「種子の発芽」）

　「種子の発芽」の学習では，はじめに生活科などの学習経験をもとにして，種子はどのような条件がそろったとき発芽するかを予想する．その際，例えば子どもは「種子の発芽には，人間と同じように水が必要」といったイメージを伴う予想を述べる．すなわち，「多様性や共通性の視点」といった理科の見方を働かせながら，映像的表象や記号的表象による思考を展開する．その上で，種子が発芽する条件について，調べる条件とそろえる条件を明確にして，具体的な検証方法について計画する．この際，子どもは1つの条件について調べるときには，調べる条件を1つだけを変えて，それ以外の条件は，全て同じにそろえるといった，小学校第5学年で重視する理科の考え方として，「条件制御」の考え方を働かせながら，検証方法を計画することになる．ここでは，検証計画を言葉で説明する記号的表象のみならず，図9-9（霜田他，2019c：21）のように水をあたえる場合とあたえない場合を比較するイメージを映像レベルで表象できることが具体的な活動を引き起こす上で重要である．ここでも，記号・映像を中心とした思考が繰り返し展開されることになる．

　図9-10は，結果の考察における子どものノート記述の一部である（遠藤，

図9-9　種子の発芽の実験条件

2019). ここでは,実験結果を表に整理し,データに基づく考察が表現されている. 例えば,空気をあたえた種子10個のうち7個が発芽し,空気をあたえない種子7個では1個も発芽をしなかったことを捉え,種子の発芽への空気の影響を考察している.

このように,子どもは理科の見方・考え方を働かせる中で,活動・映像・記号の各表象レベルを移行させ,データ(事実)に基づく実証性を伴った科学的思考を可能にしたといえる.

(4) 小学校第6学年「てこの規則性」

「てこの規則性」の学習では,はじめに1本の棒を使うと,重いものでも楽に持ち上げられることを体感する学習活動を行う. そうした活動的表象を通じた思考を展開する中で,「どのようにすると,楽に持ち上げることができるのか,調べてみたい」といった問題意識が生じてくる. その上で図9-11(霜田他,2019d:86)のように,支点から力点までの距離を長くすると手ごたえが小さくなること,支点から作用点までの距離を短くすると手ごたえが小さくなることなどを,小学校第6学年で重視する理科の考え方である「多面的に調べる」といった考え方を働かせながら見いだしていく. こうして,力点に加わる力と作用点に働く力の関係をイメージすることも可能となる. すなわち,活動的表象と映像的表象の関連付いた思考の成立である.

次に,実験用てこを使用して,「てこが水平につり合うとき,どのようなきまりがあるのだろうか」といった問題を追究していく. ここでは,てこが水平につり合うときのきまりを調べる方法を既習である「条件制御」の理科の考え方を働かせながら計画する. その上で,図9-12(霜田他,2019d:90)のように結果を表にまとめ,理科の見方として「量的・関係的な視点」を働かせながら,結果の分析・解釈を進めていく. それに

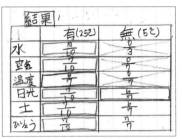

図9-10 種子の発芽の条件に関する考察

図9-11 てこのはたらきについて多面的に調べる

図9-12 てこのつり合う条件

よって，表から規則性を見いだしたり，その規則性を図と対応付けたりするといった，活動的・映像的・記号的表象の相互の関連付けによる思考を展開することによって，てこを傾ける働きは，「おもりの重さ×支点からの距離」で表せることを見いだしていくのである．このように，理科の見方・考え方を働かせる中で，活動・映像・記号の各表象を相互に関連付け，データに基づく実証性と再現性を伴った帰納的な推論によって，科学的思考の促進が実現されるのである．

第2節　子どもの発達を促す学習指導の在り方

　子どもは，各学年の発達の段階に応じた理科の見方・考え方を働かせ，表象の移行と相互の関連付けを深める中で科学的思考を促進していく．それでは，子どもが科学的思考を機能させ，能動的に問題解決に挑む発達の姿はどのようにしたら生み出せるのであろうか．そのための学習指導の在り方について説明する．

1．発達の最近接領域

　かつて，心理学者のヴィゴツキーは，子どもの発達の状態を捉える際には，「独力でできること」といった成熟した機能に着目するのではなく，今まさに成熟しつつある機能を見極めなければならないことを指摘した（ヴィゴツキー，2003）．これは，「発達の最近接領域（Zone of Proximal Development:ZPD）」と呼ばれ，子どもの精神発達と教授・学習の関係を捉えるために提唱された心理学概念である．

　このZPDの概念を模式化したものが，図9-13である．子どもの発達水準には，独力で解決が可能な「現下の発達水準」と，他者の支援があれば解決可能な「明日の発達水準」の2種類があると考える．この水準の差異がZPDである．すなわち，ZPDにおいて見いだされる発達の可能性は，他者との協働の中で生み出されることを意味する．ここで留意すべき点は，ZPDは例えば「石灰水」という言葉を知っているか，あるいは「顕微鏡の使い方」を身に付けているかといった，知識・技能の学習状況を捉える概念ではない．子どもが他者との協働を通じて，問題に対して自分なりに思考し，解決を試みる過程で出現し，拡張する発達の可能性の姿なのである．

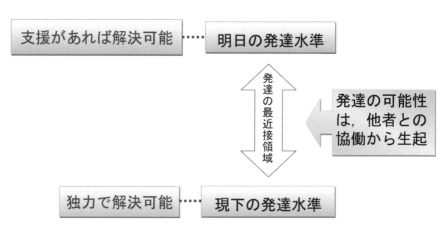

図9-13　発達の最近接領域（ZPD）の概念

2. 理科の学習指導の在り方

　前述したヴィゴツキーは，子どもの思考が言語・記号のような心理的道具を媒介してなされていると主張し，これは図9-14に示すように子どもと対象（自然の事物・現象），媒介される道具の3項関係で示される．理科における心理的道具には，これまで述べてきた表象の内実を踏まえれば，言語，数式や記号，イメージ，モデルなどの様々な道具が含まれると捉えれば理解しやすいであろう．

図9-14　子どもと対象を媒介する道具

　これに関わりコール（2002）は，こうした心理的道具は文化的媒体であると述べている．つまり，人間の精神活動が文脈に依存し，文化によって規定されてくることを主張した．この意味を理科授業で捉えなおせば，こうである．理科授業では自然の事物・現象に対して能動的に関わる子どもと教師，あるいは子ども同士の協働による相互作用の過程を通じて，見いだされた問題の解決を試みる．そこで形作られる学習の文脈，つまりその教室固有の文化に根差した思考の媒介となる心理的道具が創出されていくことになる．こうした点を踏まえ，理科の学習指導の在り方，教師の役割について説明する．

　理科授業において，教師が「今日は，教科書○ページの問題を考えよう」と，一方向的に問題を与えても，子どもはその問題を解決していく必然を感じず，見通しをもった学習が成り立つはずもない．だからこそ，理科の学習において，子どもが問題を解決するために媒介となる思考の道具は，学習の文脈に依存し，文化に規定されたものとなるのである．本章の冒頭でも述べた，理科の問題解決の過程は，その教室に集う教師と子どもによって形作られる文化活動を表したものであるともいえる．その過程において，学習の文脈に基づく思考の媒介としての道具が創出される．子どもの発達の最近接領域（ZPD）の萌芽と拡張は，協働を通じた文化の醸成と連動して生じるのである．

　理科授業を例に，さらに詳しく説明しよう．例えば，小学校第4学年の「空気の性質」の学習では，空気を閉じ込めた袋をおしたりする活動を通じて，中の空気はどうなっているのかを考えていく．学習の文脈の始まりである．そして，具体的に筒に閉じ込めた空気をおす実験を行い，おし縮められた空気は体積が小さくなるほど，元に戻ろうとする力が大きくなることを捉える．この際，子どもは対象である「棒をおしたときの手ごたえと，筒の中の空気がおし返す力の関係」について，これを捉えるためのイメージを変容させながら事象の解釈を深めていく．例えば，図9-15に示す事例では，空気の粒がスポンジのように縮むという説や，粒子

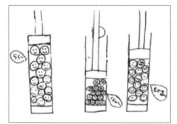
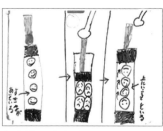

図9-15　閉じこめた空気のイメージ

間のすき間が減るという説など，この子どもが属する教室文化の中で固有の思考の道具としてのイメージが創出されていることがわかる（長沼, 2015）．このように，協働を通じて様々な思考の道具が教室を飛び交い，子どもがそれを自分のものとしていく（内化）ことによって，問題解決において自分なりの思考の展開を可能とする（図9-16）．これこそがZPDの拡充された子どもの姿なのである．理科の学習指導において，教師は問題解決の過程における教授・学習を通じて，子どもと教室文化を形作り，子どもの発達を促すファシリテーターとして機能することが重要となる．目指して欲しい小学校の理科教師の姿である．

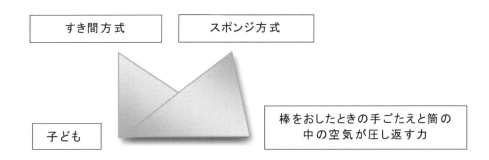

図9-16　理科学習における道具の変容

引用文献

ブルーナー著，田浦 武雄・水越敏行訳（1977）：改訳版教授理論の建設，黎明書房．

コール著，天野清訳（2002）：文化心理学　発達・認知・活動への文化－歴史的アプローチ，新曜社

Dunbar, K. (1999) Cognitive development and scientific thinking. In R. A. Wilson & F. Keil (Eds.), *The MIT encyclopedia of the cognitive sciences*. Cambridge, MA: MIT Press, 730-733.

遠藤寛（2018）：神奈川県横浜市立一本松小学校での実践．

遠藤寛（2019）：神奈川県横浜市立三ッ沢小学校での実践．

波多野誼余夫（2013）：思考のメカニズム，乾敏郎・吉川佐紀子・川口潤編，「よくわかる認知科学」，160-165，ミネルヴァ書房．

長沼武志（2015）：神奈川県三浦市立剣崎小学校での実践．

下宮忠雄・金子貞雄・家村睦夫編（1998）：スタンダード英語語源辞典，138，大修館出版．

霜田光一他（2019a）：みんなで学ぶ小学校理科3年，学校図書．

霜田光一他（2019b）：みんなで学ぶ小学校理科4年，学校図書．

霜田光一他（2019c）：みんなで学ぶ小学校理科5年，学校図書．

霜田光一他（2019d）：みんなで学ぶ小学校理科6年，学校図書．

多鹿秀継（2007）：学習，認知科学学会編「認知科学辞典」，123，共立出版．

ヴィゴツキー（2003）土井捷三・神谷栄司訳：「発達の最近接領域」の理論―教授・学習過程における子どもの発達」，三学出版．

和田一郎・森本信也（2010）：子どもの科学概念構築における表象の変換過程の分析とその教授論的展開に関する研究－高等学校　化学『化学反応と熱』の単元を事例に－，理科教育学研究，51，

117-127.

推薦図書

森本信也・黒田篤志・和田一郎他（2017）：アクティブに学ぶ子どもを育む理科授業（レベルアップ授業力 小学校理科），学校図書.

森本信也編著（2017）：理科授業をデザインする理論とその展開 ―自律的に学ぶ子どもを育てる―，東洋館出版社.

──────────────── 課　題 ────────────────

1　学習と発達の違いを述べてみよう.
　　hint 「未知なる経験」と「能動的な問題解決」というキーワードの意味を捉えながら説明してみよう.

2　思考の意味を表象形式の移行と関連付けて説明してみよう.
　　hint 知覚した情報と既有の知識や生活経験との関連を捉えながら説明してみよう.

3　科学的思考の意味を説明してみよう.
　　hint 思考の意味を踏まえた上で，「科学的」の意味を捉え関連付けてみよう.

4　理科の見方・考え方と科学的思考の関係について説明してみよう.
　　hint 理科の見方・考え方の意味を捉えた上で，科学的思考の意味と対応付けてみよう.

5　理科の学習指導における教師の役割を述べてみよう.
　　hint 発達の最近接領域の意味を捉えながら説明してみよう.

第10章　小学校理科学習の評価と授業改善

第1節　わたしたちの内にある「評価」に対する考え方を問い直す

1．学習評価を追体験してみよう

　これまでにあなたが経験した「評価」をめぐるできごとを具体的に思い起こしてみてほしい．例えば，学生が行う学期末の授業評価や，演習等で互いのプレゼンテーションを相互評価・自己評価したこともあるだろう．しかし，自分が評価「される」側にいた時間のほうが圧倒的に長く，したがって，自分が授業を行い，子どもの学習を評価するとなれば，「学習を評価する」とはいったい何をどうすることなのか，どのようにして行うのか，そしてそもそも何のために行うのか…と疑問は尽きないのではないだろうか．

　こうした疑問について，ともに探究していくことが本章に課せられている課題である．その第一歩としてこの問いについて考えてみたい．下記に示した，単元「てこと輪軸」を学習した2人の学習作文（今泉，2002）を読んで，彼らに評価コメントを返すとすれば，今のあなたなら，どのようにこれらを読み，評価するだろうか．

【Oさん】（前略）てこを利用したものなんてあるのかなぁと思っていたけど，家に帰って探してみたら赤ちゃんのおもちゃまで，てこを利用したものがあった．てこという科学で，人類を幸せにできていいと思った．もしこの技術がなかったら何をやるにも力を入れないとできなくて，この世の中はとても力の強い力士ぐらいしか住めないと思った．（後略）．

【Yくん】（前略）てこを発見した人はとてもすごい人だと思います．てこを発見した人は，どんな人かなぁと思います．やっぱり昔から理科やいろいろな勉強に，熱心で大好きだったのでしょうか．それとも昔は頭があまりよくなく，大人になってから理科や科学に目覚めたのでしょうか．それがとても気になるので，調べてみたいです．その人がいなけりゃ，日常生活がとても不便になり，なんでも力がなければできなくなってしまうので，できること，できないことがかたよってしまいます．しかし，まだてこが発見される前に，ふつうに暮らしていた人たちは，どんなに力もちだったのでしょうか．てこはいつごろ発見されたのか知りたいです．どうやって発見したのでしょう．どうやって発見するきっかけができたのでしょう．このてこというものを考えてみると，いくらでも疑問や不思議が浮かんできます．この疑問や不思議を全部解決するには，ずいぶん時間がかかると思いますが，これを全部解決してみたいです．そうしたら，てこのことが完全に知れると思います．

　この学習作文をどのように読むか，そしてどのような評価コメントを返していくかは，単に評価の方法論の問題だけでなく，学習評価をどのようなものとして考えるか，何のために学習評価をするかという価値にもかかわる重要な問題を含み込んでいる．現役の小学校教諭にとってもこれは悩ましい問いである．今泉（2002）による本実践を読んだ小学校教諭Tが2人の学習作文をどのように読んだかを知ることを通して，現在のあなたの視点と比較し，学習評価について探究する方向性を見いだしてみよう．

2. 学習評価が目指すもの

　まずOさんの作文でT教諭の目を引いたのは，授業で学んだことが自分の身近な暮らしの中にも本当に使われているのかという疑問を持てていることである．そしてその疑問によって「家に帰って探す」という次なる行動が呼び起こされている．予想もしなかった場所で「てこ」が使われている事実に強く心を動かされた結果，「てこ」を窓口にしつつもそこだけにとどまらず，技術や科学の原理を自分の暮らしや人類の幸せとの関係において意味づけしている姿を積極的に価値付けたいという．

　一方，Yくんの作文では，「てこ」を発端に次々と湧き上がってくる疑問と，それらを自分自身の手で解き明かしたいという探究意欲の高まりにT教諭は注目した．しかも日常的に使う道具として「てこ」をみる見方から大きく飛び越えて，発見した人物や科学史にまで関心の対象が広がっている．なかでもT教諭は「ずいぶん時間がかかると思いますが」という言葉が印象的だと語る．おそらくYくん自身が「てこ」について現在の認識に至るのが容易ではなく，いわゆる素朴概念との間で揺れ動きながら，原理を理解することに苦労したことを実感として持っているからこそ，こうした言葉が生まれたのではないかとT教諭は類推した．つまり，Yくんは自分の学習のプロセス自体を評価できているがゆえに，自分がこの先に求める学習への期待を語り得ていると解釈したという．

　T教諭による評価の結果をみると，3つの特徴を指摘できるだろう．第1に，学習過程において子どもがどのような思考を働かせ，事象を認識しようとしているかを教師が具体的に類推しているため，子どもをそのように突き動かしている背景や要因が教師には「みえている」ことである．第2に，子どもの学習が「みえる」ようになるには，教師が，理科学習を通して育みたい資質・能力，いわば目標を念頭に置いて子どもの姿を意味づけることが欠かせないということである．目標とする姿と照らし合わせて，子どものいまの姿を意味づけることができるのは，その先に続く学習指導をどのように改善していく必要があるかを常に教師が自身に問うているからである．実際，2人の学習作文を読んだT教諭は，これまでの自身の理科授業実践が抱える課題を分析し直し，学び続ける素地を育む授業づくりの実践的研究に現在も継続して取り組んでいる．そして第3に，Yくんの作文からT教諭が見いだしたように，評価は教師によってなされるだけでなく，学習者自身が自分の学習過程をふり返って改善していくために実施すべきとする評価観があることである．

　このように，学習評価をするということは，大きく分けて子どもと教師の2方向に還元されるべきものであることがわかる．1つは，学習主体である子どもが自分で問いを立て，学習を通して学んだことを自分なりに意味づけ，自分の言葉で語れるようになる，すなわち自分の学習過程を，自覚的にふり返って，その先の学習を自分で調整していく力を育んでいくという側面である．もう1つは，子どもの学習の実態を教師自身も細やかに把握することを通して，子どもの理解状況に即した授業改善の糸口を見いだしていく側面である．この2つの方向に還元されるべき役割が学習評価には期待されているのである．

第2節　学習と評価の関係を問い直す

　本項では，まず「学習」と「評価」の関係を明確にしていくことを通して，学習評価の1つ目の側面である，子ども自身の自己評価やメタ認知を育むというところから考えていこう．

1．評価の3機能

　評価をされる側からはその違いが見えにくいが，する側になってみると，授業を行うにあたって教師はさまざまな種類の評価を，その目的や時期，方法などを意識的に使い分けて実践する必要性に気付かされる．さまざまな評価のうち，その評価がいつ，どのタイミングで実施されるかによって，それぞれに期待される役割も変わってくる．ブルームら（1973）によって整理された「教育評価法ハンドブック」の普及とともに広く知られることとなった3つの評価—診断的評価・形成的評価・総括的評価—を，機能と実施時期に即して簡潔にまとめると，以下の表 10-1 のようになる．

表 10 -1　教育評価における3つの評価の機能

名称	機能	実施時期
診断的評価 diagnostic evaluation	・学習の出発点での学習適性やレディネスの把握，学習上の難点の原因の分析・発見	学年や学期当初など学習開始前
形成的評価 formative evaluation	・子どもの学習，教師の指導方法，カリキュラムなど，教育過程におけるあらゆる活動の改善	学習の途上，授業の過程
総括的評価 summative evaluation	・教育活動の効果や有効性の測定，成績付け，認定，進歩の評価	単元終了時，学期末や学年末

　表 10-1 の各評価を機能させるためにさまざまな評価方法が採用・開発されてきた．なかでも，評価「される」側の経験が多かった私たちにとって記憶にも強く残っているテストに代表される「総括的評価」をみてみよう．単元終了時に行うテスト1つとっても，そのテストを通して学習者の「何」を評価しようとするのかが変われば，当然ながら評価の形式も異なってくる．例えば，次の6つの設問はいったいどのような学力を評価しようとしているのだろうか（大貫，2019：69；石井，2015：37）．

【設問①】次の（　）に適切な語句を補いなさい．
　　　「ものが燃えるためには，（　　　　　　）が（　　　　　　）することが必要である」

【設問②】空気に含まれる気体のうち，物を燃やす働きがあるのは何か．
　　　　　　　　　　　　　　　　　　　（　　　　　　　　　　　）

【設問③（実技テスト）】気体検知管を使って，ろうそくを燃やす前と燃やした後のビーカー内の空気の割合と変化を調べなさい．

【設問④】燃えているろうそくを集気びんの中に入れると，炎がどうなるかを予想し，そこで起こっている変化を絵で説明しなさい．

【設問⑤】クラスでバーベキューをするのに一斗缶をコンロにして火を起こそうとしました．着火はしましたが，うまく燃え続けてくれません．その理由を考え，燃え続けさせるためにどうすればよいか，提案してください．

【設問⑥】あなたはベテランの消防士です．ある日，火事の現場に駆けつけたところ，建物の中は炎が上がっていない状態でした．そこで，新人の消防士が扉を開けて中に入ろうとしました．あなたは「バックドラフト現象」を思い出し，とっさに「開けるな！」と叫び，彼を止め，時間が経った後に適切に消火活動を行いました．後日，その消防士に止めた理由を説明しようと思いま

した. 論理的に説明するために, 「バックドラフト現象」と「燃える」ということをレポートにまとめ, それを使って説明しようと思います. どのようにまとめることができるでしょうか.

　6つの設問は, この設問によって評価しようとする対象も異なるがゆえに, 評価の仕方も多様である. 例えば設問①②③は, いわば知識や技能を「知っている」かどうかという次元で学習者の実態を明らかにしようとする問題である. 一方, 設問④は「ものの燃え方」の単元において学習した燃焼の意味を理解しているかどうか, つまり「わかる」レベルの問題になっている. これらと比べて, 設問⑤⑥は, 一般的に「パフォーマンス課題」(松下, 2007) と呼ばれ, ものが燃えるために必要な条件を理解した上で, 現実世界の文脈において知識や技能を総合的に活用することができるかどうか, いわば学習者が学んだことを「使える」レベルにまで洗練させているかを確かめる問題になっている. このように, 評価しようとする学力の内実を意識しながら評価の方法も検討していく必要がある.

2. 「学習としての評価」を育む「学習のための評価」
　表10-1のように, 学習を通して子どもがどのように変容するかを把握するには, 実施時期と目的をそれぞれ理解した上で評価実践に取り組む必要がある. ただし, 実際に評価活動を実践するにあたっては次のような課題の指摘も見られる (中教審・教育課程部会, 2019).

・学期末や学年末などの事後での評価 (引用者注：総括的評価) に終始してしまうことが多く, 評価 (引用者注：形成的評価) の結果が児童生徒の具体的な学習改善につながっていない
・現行の「関心・意欲・態度」の観点について挙手の回数や毎時間ノートを取っているかなど, 性格や行動面の傾向が一時的に表出された場面を捉える評価であるような誤解が払拭しきれていない

　二宮 (2015) の分析によると, こうした課題は, 形成的評価と総括的評価の概念区分が明確になされていないがゆえに, 両者の本来的な意味を喪失させているという. そうしたなか, 1990年以降になると, 形成的評価と総括的評価の機能を問い直す議論が欧米において盛んに行われるようになり, なかでも, イギリスのブラック&ウィリアムらを中心としたARG (Assessment Reform Group) に牽引される形で新たな形成的評価研究が展開している. ここで注目されている評価の3つのアプローチが「学習のための評価」と「学習の評価」, そして「学習としての評価」である.
　「学習のための評価」としての機能を担うのが形成的評価であり, 「学習の評価」として位置付けられるべきなのが総括的評価である. そして形成的評価と総括的評価がこうした役割を着実に発揮していくことで, 子どもが自分の学習をふり返って学習を改善したり, 次の学習に向かったりすることができるようになる, つまり「学習としての評価」の可能性がひらかれていくのである. この3つのアプローチについて, 石井 (2015) による整理を参考にしながら, 誰が主たる評価者か, 各アプローチが何を目指しているか, 何に準拠して評価するかの3点に注目してまとめたものが表10-2である.
　下線部に代表されるように, 3つのアプローチは学習と評価の関係が少しずつ異なる. なかでも, 学習評価に期待される第1の側面である「学習としての評価」を, 学習者が実践

表 10 -2　学習評価の 3 つのアプローチ

アプローチ	評価の主体	目的	準拠するもの
イ）学習のための評価 assessment for learning	教師	教師の教育活動に関する意思決定のための情報収集，それに基づく指導改善	学校・教師が設定した目標
ロ）学習としての評価 assessment as learning	学習者	学習者による自己の学習のモニター，及び自己修正・自己調整（メタ認知）	学習者個々人が設定した目標や，学校・教師が設定した目標
ハ）学習の評価 assessment of learning	教師	成績認定，卒業，進学などに関する判定（評定）	他の学習者や，学校・教師が設定した目標

できるようにするには，教師が行う形成的評価が，「学習のための評価」としての役割を発揮することが求められる.

　例えば，子どもが理科学習で記録する動植物の観察カードを想起してみよう．日々の観察カードに教師がどのようなコメントを書くことが，「学習としての評価」を励まし支えるフィードバックとなり得るだろうか．「A」「C」といった記号や「78 点／ 100 点」といった点数，あるいは「みました」や「よくできました」というコメントやこれらを複数組み合わせたところで，当然ながら求められている機能を果たすものにはならない．「学習としての評価」が機能するようなフィードバックの在り方として重視されていることは，「学習者にとってそのフィードバックが，自分の学習のつまずきや改善点に気付くものとなり，次なる学習へと向かわせるものとして利用しやすいものになっているか」である（二宮，2015：69）．「○月▲日の理科ノートを見て，植物の根に吸い上げられた水が，どこを通っているのか，それが何であるのかを探してごらん．気になっていた水のゆくえがこの実験でわかるかもしれませんね．」や「毎日続けて観察記録を書いてみて，いろいろな昆虫に興味がわいてきたんだね．昨日と今日の観察カードを見比べてみて，昆虫の足はどこから出ているか，昆虫によって違いはあるか，調べてみよう．」など，子どもが次に観察や実験をする上で何に意識して探究していくのかが理解できる必要がある．つまり，子どもがたどり着いた現在の場所が，目標となる場所とどのくらいの距離や位置にあるのかをまずは教師が捉え，フィードバックすることにより，子どもが目標に近付くために自分の学習をコントロールすることができるように，子どもと教師の間で双方向のやりとりを重ねることが求められている.

3．メタ認知能力を基盤にした「学習としての評価」

　また，「学習のための評価」である形成的評価を足場にしながら，子どもが自分の学習をふり返って改善し，新たな問いを立てて自分なりに探究を深めていくには，子どものメタ認知能力の育成が決定的に重要である．ただし，多くの先行研究が指摘するように，メタ認知能力を育むことは容易なことではない．メタ認知の育成につながっていない自己評価の実態として，堀（2003）が指摘する問題点を以下の 3 点に集約することができよう.

① 【目標と切り離された評価】自己評価でありながら，学習者自身に，学習の目標が明確に意識・理解されないまま感覚的に行われ，自己評価そのものが形骸化している.

② 【評価対象の曖昧さ・認知的側面の変容の不透明さ】どの活動の，何をふり返っている自己評価であるのかが学習者において明確には理解されておらず，記号や数値で漠然とふり返るにとどまっている．しかも，学習が「おもしろかった」「たのしかった」「つまらなかった」などの情意面が優先され，認知的側面における変容が対象化されて

いない.

③【学習改善との未接続】自己評価が単なる記録に終始しており，学習を通して，何がどうわ
かるようになったのかという変容が学習者自身に自覚的，また可視的に捉えづらい.
それゆえ，学習の現状を把握することが困難であり，結果として次の学習の改善に
生かしていけない.

　こうした問題点を踏まえ，例えば，自分の学習過程における気付きや変容を1枚のポートフ
ォリオに可視化していく（堀，2003）評価活動に子ども自身が参加し，自分の学びをメタ的
に捉えることを通して，学ぶことの意味を感じられるように励まし支えていく必要がある.
　ともすると，形成的評価と言えば，授業内で行う小テストや机間指導によって，子どもが「で
きているか／いないか」をチェックすることと捉えられがちである. また授業内の発問1つを
とっても，教師が答えさせたいことを子どもに言わせる方法としてではなく，子どもの理解状
況を確かめながら，子ども自身の問う力を育む方法として見方を変えると，本来的な発問の機
能を発揮させて，教師による形成的評価の内容も仕方も変えていくことができる. 学習評価の
機会を，子どもによる評価活動の質的拡充に結び付けていこうとする教師の考え方の転換が今
こそ求められているのである.

第3節　授業改善に向けたサイクルを問い直す

　本項では，学習評価のもう1つの側面である，教師自身による授業改善に目を向けてみよう.
教育実習で経験した授業づくりは，大学で行う模擬授業とさまざまな点において異なり，実際
に授業を行い，子どもの様子やノートを見返してみると，学習指導案のような筋書き通りには
いかない難しさを感じた人も多いことだろう. 子どもの学習を評価するということは，教師が
自分の課題や改善点を明確にする省察（reflection）の質を左右する非常に重要な側面である.
では，学習評価を通して授業改善のサイクルをどのように創り出していくことができるのだろ
うか.

1．授業改善に向けたサイクル

　教師が授業を改善しようとするとき，教材や学習活動の選択，授業内での働きかけが子ども
の学習状況にどのような変化をもたらしたかを正しく把握することはもちろん，そうした子ど
もの学習状況を，自分の授業を見つめ直すフィードバック情報として機能させていくには，授
業改善のサイクルを知っておく必要があるだろう. その一つのアプローチとして，オランダ
のコルトハーヘン（2010）が提起する「ALACTモデル」（図10-1）がある.「行為（Action）」
―「行為のふり返り（Looking back on the action）」―「本質的な諸相への気付き（Awareness
of essential aspect）」―「行為の選択肢の拡大（Creating alternative methods of action）」―「試
み（Trial）」の頭文字をとった5つの局面で構成されるこのサイクルは，模擬授業でも実際の
授業でも当該の実践からより具体的によりメタ的により深く学んで，よりよい授業改善に結び
付けていく上で示唆的である.

　このモデルサイクルのポイントの1つとして，渡辺（2019）は「本質的な諸相への気付き」
の局面を指摘する. 授業の出来事を具体的に出し合った後，すぐに「では次はどうすればよい
か」と改善案の提案へと進みがちである. たしかに授業改善に向けては，うまくいかない状況

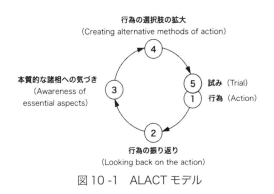

行為の選択肢の拡大
(Creating alternative methods of action)

本質的な諸相への気づき
(Awareness of essential aspects)

4

3

5　試み (Trial)
1　行為 (Action)

2

行為の振り返り
(Looking back on the action)

図 10 -1　ALACT モデル

を生み出している要因を子どもの姿から明らかにし, その要因となるものを見極めながら授業の改善を図っていくことが欠かせない. しかし, その出来事がどのような問題の現れとして捉えられるのかをめぐる検討や議論を欠いた状態で改善策をいくら出し合ったとしても, その改善策は特定の教材や場面でしか通用しない付焼刃的なものにしかならず, 授業者自身も腑に落ちるものにならないという.

換言すれば, 「行為の選択肢の拡大」に至る手前で, 自分の行った授業の問題とすべきことは何であるのかを, 具体的な子どもの姿や授業の出来事の意味を問う省察が求められる.

2. 授業の省察の質を左右する「問い」

　では, 授業の出来事を省察するとはどういうことか. 教職3年目の小学校教諭Kが第4年理科・単元「物の体積と温度」の実践を行った際に綴った記録には次のように記されている. 少し長いが, 学習評価と授業改善の関係を考える上で非常に示唆的であるため, K教諭の省察過程を想像しながら読んでみてほしい.

　本実践で見えたことは, 子どもが自ら問いをもって授業に臨むことは, 追究意欲が授業の最後まで保たれ, 知識の定着につながるという意味でとても大切なことである. ただし, 子どもは「いつ」どのようにして問いを持つのだろうか. 一斉授業の形式上, 「問題」として黒板に貼り出される言葉があたかも子どもの「問い」に見えてしまうことがある. しかし, それは教師が授業を効率的に進めるための「課題」であって, 決して子どもの真の問いではないであろう. ただし, そうはいっても「課題」が子どもの「問い」となるように教師は努力しなければならない.

　実践の中で見られた子どもの「問い」が生まれる場面をいくつか具体的にあげてみたい. 1つは事象提示である. 空気鉄砲を飛ばすにはどうするか, なぜ試験管の水の膜は膨らむのかなど, 目の前で起きる事象に対する疑問が「問い」となる. （後略）第2に課題提示である. 前時の学習をふり返った後, 前時の学習を生かして本時の課題を出す時である. 教師から「課」されるもの（課題）が「問い」となる. 既習内容とのずれを感じることで「問い」となってくる. 逆説的に考えれば, 前時までの学習が入っていないと, 課題提示のときに「問い」は生まれない. 第3に予想をたてるとき, 理由をつけて自分の考えを語るが, その時説明できない自分との出会いから「問い」が生まれる. 説明できないことで, 課題の結果とその理由が知りたくなる. 第4に, 予想の理由を交流する場面で考えが最も揺さぶられることがわかった. 思考の揺さぶりから子どもは「問い」を持ち始める. （中略）

　こうしてみていくと, 知的好奇心, 追求意欲が「問い」と関わりが大きいことがわかる. （中略）いずれの「とき」にしても子どもの「問い」が追求への原動力と考えると, できるだけ早く持たせ, 授業に臨みたい. ただし, それは教師の驕りであるのだ

　ろう．どんな場面でどう「問い」を持たせようかしっかりとした授業構想を持ちなが
　らも，真の「問い」は子どもからしか生まれないので，その「とき」を待つ覚悟もす
　べきように思える．

　K教諭は単元を通して子ども一人ひとりの学習の履歴を丹念にたどり，毎時間の授業のふり返りをするなかで，空気や水，金属の温まり方と体積の関係をめぐる子どもの素朴概念の強固さを痛感したという．だからこそ，概念変化をもたらす理科学習に向けて，「行為のふり返り」を重ねていった．

　単元全体をふり返って綴られたこの省察記録には，次の2点の特徴が見いだせる．1つには，子どもが学習過程で見せた動きや表情，言葉の持つ意味を，教師自身が問いを立てて類推していることである．子どもの姿をみようとするとき，この問いの立て方自体が省察の質を大きく左右する．K教諭が抱いた問いは，子どもが自ら問いを持って学ぶためには「どうすればよいか」というhowの問いも含まれてはいるが，それ以上に，子どもはどのようなときに問いを持つのか，より現実に即して言えば，A児は，B児は，C児は…と，固有名を持つ子どもの具体の姿のなかに，子どもが自ら問いたくなっていく状況を生み出す要因—なぜA児はあの実験で自分の考えの理由を語り出すことができたのだろうか／B児があの日初めて実験カードに「体積は変わりました．"ほんとうに変わるの？！"って思いました」と驚きの声で締めくくっているのはどうしてなのか，など—，いわばwhyを問う問いをもって評価している．

　理科学習における概念変化の難しさを，実践を通して強く認識していたK教諭は，概念変化をもたらす学習に必要な条件として，子どもが「問い」を持って事物・現象に向き合うことに価値を見いだしている．したがって，自分が行った授業では，そうした子どもの学習の深さを左右する「問い」に焦点化して省察したとき，問題とすべき点，つまりwhyを問わなければならない必然性が見えてきたのだろう．

　省察的実践家としての教師像を探究し，省察概念を提唱したショーン（1983）によれば，「問題」はそれ自体が独自で不安定なものとして現れるため，「問題の設定（problem solving）」つまり，「注意を向けることがらに名前をつけ，注意を払おうとする状況に枠組みを与える」ことが重要となる．いわば，問題は所与のものとしてあるのではなく，何が問題の本質であるのか，何をこそ問題とみなして，どのような問いとして定義してその事態に向き合おうとするのか，そのこと自体に，教師の専門性が発揮される．【図 10-1】ALACT モデルでも触れたように，「どうすれば」という改善案が付け焼刃的なものにとどまらず，自身の授業改善に結び付く省察を志向しようとすれば，howの問いだけに頼らず，方法を問う問いを下支えする実践的な省察が必要となる．

　もう1つには，学習のための評価を積み重ねていくなかで授業改善の方向性を見極めていくには，45分の授業記録はもとより，一定期間の中・長期スパンで子どもの変容を可視化し対象化できるだけの授業の記録をとり，ふり返ることが前提となると示唆している点である．上記の省察は，「物の体積と温度」の全7時間分の授業記録がもとになっている．K教諭は教職に就いてからの3年間の授業を見つめ直したときに，改めて「教師が進める授業のラクさと子どもがつくる授業の難しさ」を痛感したという．そして授業を大きく改善していく原動力となったことは，中・長期的に子どもの変容を追っていくなかで子どもたちが目に見えて

変化していく様子を目の当たりにしたことだという．そうした目に見える変化を手応えとして感じられたことが，さらなる授業改善のサイクルを継続させていくことに結び付いている．

「教えるという仕事は，投げた手に必ず舞い戻ってくるブーメランである」と語ったウォーラー（1932）の言葉を引用して，佐藤（1994）は教師の仕事の再帰性を指摘した．教師の働きかけの結果はまず子どもの変化として現れる．しかし，教師の仕事は「ここまでできれば，もう終わり」という明確なゴールを設けて成果を評価することが困難な性格を有している．だからこそ，日常的に行う形成的評価としての「学習のための評価」を積み重ねていくことがまさに，教師にとっての「学習としての評価」―授業のなかの子どもの姿を鏡として，教師が自分の学びをメタ的にふり返り，自己調整する，いわば，自分の実践をもう一人の自分が評価していくこと―を実践していくことにつながっていくのではないだろうか．

第4節　子どもと教師がともに育ちあう評価と授業改善に向けて

新しい学習指導要領では，「主体的・対話的で深い学び」を授業改善の視点としていくことが強調され，これらを視点とした授業改善によって各教科等における資質・能力をたしかに，そして豊かに育んでいくために，本章でみてきたような学習評価の改革が今まさに始まっている．わたしたちが「評価」という言葉の響きとともに想起するイメージは，ともすれば，テストや通知表，点数や順位づけといったもののみに傾斜しがちである．しかし，評価というものが本来の意味で理解され，子どもの学習と教師の授業／学習の深化に結び付く形でその役割を発揮させることができるか否かは，教師自身の評価に対する考え方の転換と，評価の持つ本来的な機能を実現させていく教師の省察にかかっていると言えよう．

本章でたびたび「問い直す」という言葉を用いたのも，「どのように評価すればよいのか」という手段の追求だけにとらわれず，決して容易ではない評価観の転換へと勇気ある第一歩を踏み出すことにつながることを願ってのことである．改革は始まったばかりである．子どもと教師がともに育つ評価と授業改善に向けて，わたしたち一人ひとりの挑戦と試行錯誤を始めていこう．

引用文献

ブルーム，B.S. 著，梶田叡一・藤田恵璽（1973）：教育評価法ハンドブック―教科学習の形成的評価と総括的評価―，第一法規．
中央教育審議会初等中等教育分科会教育課程部会(2019)：児童生徒の学習評価の在り方について(報告)．
コルトハーヘン，F. 編著，武田信子監訳（2010）：教師教育学―理論と実践をつなぐリアリスティック・アプローチ―，学文社．
堀哲夫（2003）：学びの意味を育てる理科の教育評価―指導と評価を一体化した具体的方法とその実践―，東洋館出版社．
石井英真（2015）：今求められる学力と学びとは―コンピテンシー・ベースのカリキュラムの光と影―，日本標準ブックレット．
今泉博（2002）：集中が生まれる授業，学陽書房．
松下佳代（2007）：パフォーマンス評価―子どもの思考と表現を評価する―，日本標準ブックレット．
松下佳代（2017）：科学教育におけるディープ・アクティブラーニング―概念変化の実践と研究に焦点をあてて―，「科学教育研究」，41，2，77-84．

二宮衆一（2015）：教育評価の機能，西岡加名恵・石井英真・田中耕治編著「新しい教育評価入門―人を育てる評価のために―」，51-75，有斐閣．

大貫守（2019）：理科―資質・能力を育むカリキュラムと授業の改善に向けた評価の在り方―，石井英真・西岡加名恵・田中耕治編著「小学校新指導要録改訂のポイント―新3観点による資質・能力の評価がわかる―」，68-73，日本標準．

佐藤学（1994）：教師文化の構造―教育実践研究の立場から―，稲垣忠彦・久冨善之編「日本の教師文化」21-41，東京大学出版会．

ショーン，D. 著，柳澤昌一・三輪建二監訳（1983）：省察的実践とは何か―プロフェッショナルの行為と思考―，鳳書房．

白井孝拓（2014）：学び続ける素地をはぐくむ授業づくり―「科学する共同体」への参加を通して―，福島大学大学院人間発達文化研究科修士論文（平成26年度）．

吉永紀子（2017）：授業研究と教師としての学び―観を編み直す学びに向けて―，田中耕治編著「戦後日本教育方法論史（上）カリキュラムと授業をめぐる理論的系譜」，247-266，ミネルヴァ書房．

渡辺貴裕（2019）：授業づくりの考え方―小学校の模擬授業とリフレクションで学ぶ―，くろしお出版．

ウォーラー，W.（1932）：*The sociology of teaching.* New York, USA: John Wiley and Sons.

推薦図書

グループ・ディダクティカ編（2012）：教師になること，教師であり続けること―困難の中の希望―，勁草書房．

堀哲夫（2003）：学びの意味を育てる理科の教育評価―指導と評価を一体化した具体的方法とその実践―，東洋館出版社．

西岡加名恵・石井英真・田中耕治編著（2015）：新しい教育評価入門―人を育てる評価のために―，有斐閣．

―――――――――――――――― 課　題 ――――――――――――――――

1　形成的評価が担う機能として近年注目される「学習のための評価」を行うときに留意すべき点を3つ挙げ，そのように考える理由とあわせて説明してみよう．

> hint　形成的評価は，主として授業の中で行われるため，教師が授業内に行う発問や指示，説明といった指導言とも関連付けて実践に臨む，ということを考えてみよう．

2　理科の学習過程において自分の知識や理解のありようがどのように変容したかを可視化するのに適した自己評価の方法にはどのようなものがあるのか，とりわけ，理科学習ならではの子どもの既有知識や素朴概念の特性に応じた自己評価について調べてみよう．

> hint　例えば子どものワークシートに「温められた水がビーカーの中で動く」と一言で書かれていても，そのイメージは多様です．実験や考察，話し合いなどを経て，水の温まり方をどのようにイメージし，そのイメージを変えていくのかを，子どもが自分でも知ることが重要です．このことで，単元を通した学びの深まりを実感できるということから考えてみよう．

3　自身の授業を改善していくために，教師が日常的に行うことと，一定期間をかけて長期的スパンで取り組むことの2つに分けて，あなたが挑戦しようと思うことをまとめてみよう．また，そのことについて他の人の考えも聴きながら，それをすることが授業改善にどうつながるのかについて議論してみよう．

> hint　学級担任をしていると，日々の時間は限られますが，その日にこそしておくことで見えてくることもあれば，子どもと自分との関わりを対象化するために，必要な時間や他者の存在をあいだに置くことで気付かされることもあります．このことを手掛かりに考えてみよう．

第 1 節　単元全体の構想

1．小学校理科の基本的な学習の進め方

　小学校理科では，問題解決の過程に基づいて，学習が進められる．そのため，単元を計画する際には，問題解決の過程が実現されるように計画することが必要である．小学校理科における問題解決の過程とは，自然事象に親しむ中で興味・関心をもち，そこから問題を見いだし，予想や仮説を基に観察，実験などを行い，結果を整理し，その結果を基に結論を導きだすという過程である（文部科学省，2018a）．

　小学校理科の学習において，基本的な学習の進め方は，問題解決の過程が連続していることである．図 11-1 に示すような学習の進め方である．

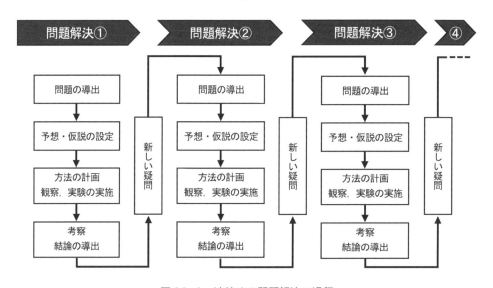

図 11 -1　連続する問題解決の過程

　連続する問題解決について，小学校第 6 学年「水溶液の性質」を例にして説明をする（霜田他，2019）．

　問題解決①として，問題の導出では，子どもが飲み物や洗剤，薬品等，身の回りには多様な水溶液があることに気付くことで，「水溶液には何が溶けているのか」という疑問をもち，それを学習問題として設定する．ここでは，透明で見た目では区別ができない液体である食塩水やうすい塩酸，うすいアンモニア水，炭酸水の 4 つを用いて実験することが考えられる．

　予想・仮説の設定では，4 つの水溶液にはそれぞれ何が溶けているのかを表現する．小学校第 5 学年の「物の溶け方」の学習内容を根拠にして，「食塩水には食塩が溶けている」や，日常生活での経験を根拠にして，「炭酸水には気体が溶けている」等の予想をすることが考えられる．

　方法の計画では，「物の溶け方」の単元で行った実験である，水を蒸発させる方法が計画される．その他の方法として，見た目を調べる方法やにおいを調べる方法も出されると考えられる．その後，計画した実験を実際に行い，結果を得る．

考察と結論の導出では，結果を基にして「食塩水は，食塩（固体）が溶けているが，その他の水溶液は，水を蒸発させても何も残らないため，何が溶けているのか分からない．」ということがまとめられるであろう．

新しい疑問として，「水を蒸発させても何も残らない水溶液には，気体が溶けているのかな」という疑問が生まれ，問題解決②の問題の導出につながっていく．例えば，問題解決②では「炭酸水から出てくる泡は何だろうか」という問題が設定される．

ここまで説明したように，結論を基にして，まだ明らかになっていないことを振り返ることで，次の問題解決につながっていき，連続する問題解決が実現される．そうすることで，子どもの思考の流れを途切れさせることなく，学習を進めることができる．

注意点としては，学年や学習内容の違いによって，図11-1のように学習が進まないこともある．教科として理科が開始されたばかりの第3学年と第6学年では，問題解決の過程の進め方が多少異なるところがある．第3学年は，生活科の学習との関連を考慮し，体験的な活動を多く取り入れながら，理科の学習の仕方を身に付けることが目指されているが，第6学年では，問題解決の過程を通して，より妥当な考えをつくりだすことが目指されている．また，理科を構成する領域の異なりもある．「粒子」領域の内容は，理科室で観察，実験を実施することができるが，「生命」領域の内容は，理科室では観察，実験ができないものもあり，インターネットを活用して資料を調べることもある．しかし，図11-1の問題解決の連続を基本形として，各学年，各単元の学習を進めていくことが必要である．

単元の学習内容によって，問題解決の数は変わる．1つの問題解決で，子どもが理解を深めることもあれば，複数の問題解決が必要になる場合もある．いくつかの問題解決のまとまりを一つの学習活動として捉えたものを「次（つぐ）」と呼ぶ．図11-2のように説明できる．

図11-2　単元構成における「次」

「次」は，問題解決のまとまりであるため，子どもの論理のまとまりである．「次」も，連続することで，子どもの思考が途切れることなく，深い学びにつながっていく．

ここまで例として説明してきた第6学年「水溶液の性質」では，第1次は「水溶液に溶けているもの」，第2次は「水溶液のなかま分け」，第3次は「水溶液と金属」というように，3つの次によって構成されることが考えられる．第1次では，水を蒸発させることで水溶液に溶けているものを調べ，水溶液を区別していく．第2次では，蒸発以外の方法である液性の違いから水溶液を区別し調べていく．第3次では，第1次と第2次の内容を基に，水溶液と金属の関係について調べていく．「次」の連続によって，子どもは水溶液の性質の理解を深めていく．

小学校理科の教科書では，問題解決の過程に基づいて，学習内容が書かれている．使用する教科書に

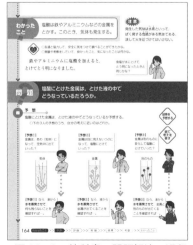

図11-3　教科書の問題解決の過程

よって言葉は異なるが，図11-3に示すように，「わかったこと」（結論の導出）→「問題」（問題の導出）→「予想」（予想・仮説の設定）→…と問題解決が連続するように学習内容が構成されている（霜田他，2019）．同様に，図11-4に示すように，「次」と「次」が連続するように構成されている（霜田他，2019）．

教科書に書かれている学習の流れを参考にし，単元全体をイメージすることは，単元を構成する際には良い方法の1つである．しかし，子どもの実態や学校・地域の状況によっては，教科書通りに授業を進められない場合がある．理科室の設備の状況（実験器具の設備，ICT機器の設備等）であったり，学校・地域の環境の状況（川や海が近くにある・ない，地層を観察できる場所が近くにある・ない等），子どもの実態（子どもの既有の知識，学級文化・学級の雰囲気等）を考慮した，すなわち，目の前の子どもに合った単元の構成と単元を構成する1つひとつの授業の計画が大切である．

図11-4　教科書の「次」

2. 単元の位置付けの確認

単元を計画していく際に，まず必要になることは，1年間の理科の学習の流れをイメージすることである．どの単元からスタートし，単元をどの順番で行うのかを確認することである．

第1ステップとして，担当する学年の理科について，小学校学習指導要領解説理科編で学習内容の構成を確認することや，教科書で単元は何があるのかを確認し，1年間の理科の学習をイメージする．確認してイメージした内容は，年間指導計画案としてまとめられる．どの学校の，どの学年，どの教科においても，1年間の大まかな年間指導計画案があり，それに従って，授業が進められている．また，年間指導計画は，教師用指導書や教科書会社のウェブサイトにも，表11-1に示すように年間単元配列表として載せられているので，それを参考にして作成することができる．

注意点としては，子どもの実態や学校・地域の状況によって，単元の入れ替えの必要がある．例えば，温暖な地域と寒冷な地域では，教材として使用する植物の育つ時期に差があるため，地域の気温を考慮して適切に単元を入れ替える必要がある．また，メダカの飼育や植物の栽培については，長期休暇である夏休みや冬休みの時期を考慮する必要がある．動物や植物の成長を観察する必要のある時期と長期休業期間が重なった場合，もう一度，飼育・栽培し直すことは不可能である．

さらには，子どもに育成したい資質・能力によっても単元を入れ替えることが必要である．例えば，第5学年で主に育成を目指す問題解決の力は，「（条件を制御しながら調べる活動を通して）自然の事物・現象について追究する中で，

表11-1　年間単元配列表

	単元名	配当時間	3学期	2学期
1	ものの燃え方と空気	12 (11)	1学期	前期
2	人や動物の体	9		
3	植物の養分と水	8		
4	生物のくらしと環境	8 (7)		
●	わたしの自由研究	1		
5	てこのしくみとはたらき	9	2学期	
6	月の形と太陽	9 (8)		
7	大地のつくりと変化	8		後期
●	火山の噴火と地震	4		
8	水溶液の性質	10		
	科学者の伝記を読もう	1		
9	電気と私たちの生活	16 (14)	3学期	
10	人と環境	10 (8)		
	総授業時数（精選時数）	105 (98)		

予想や仮説を基に，解決の方法を発想し，表現すること」である．「条件を制御する」という理科の考え方を働かせて，実験の方法を発想する力を育成するために，まずは「振り子の運動」の単元から開始することが考えられる．振り子の1往復する時間を調べるために，おもりの重さや振り子の長さ等の条件を制御しながら，実験の方法を発想する学習を経験して，問題解決の力の育成がなされていく．また，他の単元と比較し，順番を検討することが必要である．例えば，「振り子の運動」と「植物の発芽，成長，結実」の単元を比較する．「植物の発芽，成長，結実」の単元では，教材として植物を使用する．気候条件や種子の個体差の影響で，発芽や成長についての実験の結果に差が出ることがある．そのため，まずは，明確に実験の結果が出やすい振り子の単元から，第5学年の理科をスタートさせて，子どもの資質・能力の育成をスタートすると判断することが考えられる．教師のねらいに応じて，教科書通りの順番で単元を進めるかどうかを検討する必要がある．

　ここまで説明したように，単元を入れ替えること自体には何も問題はない．しかし，注意すべきことは，子どもの思考の流れに無理がないかを検討することである．子どもは，どの単元においても既習の内容を基にして学習を進めるため，単元の順番は十分検討されるべきものである．単元を行う順番が決定されることで，これから授業をする単元が1年間の理科の中でどのような位置付けにあるのかが明確になる．

　その後，第2ステップとして，授業を行う単元の配当時間を確認することである．どのくらいの時間が配当されているのかを知ることで，単元全体をイメージすることにつながる．学習指導要領解説理科編と教科書，教師用指導書等に書かれている単元の具体的な学習内容と照らし合わせながら，どのような時間の配分で，単元を進めるのかを検討することが必要である．

第2節　単元の計画とカリキュラム・マネジメント

1．単元を計画する観点

　単元全体をイメージしていき，教材や実験等の具体的な学習活動を計画していく際に，考えなければならない観点について説明をする．それは「教材の魅力・効果（単元観（教材観））」「子どもの思い・願い（児童観）」「教師の思い・願い（指導観）」の3つの観点である．

① 教材の魅力・効果（単元観（教材観））

　学習指導案では，「単元観（教材観）」として書かれる内容である．

　「教材の魅力・効果」の観点とは，教師が単元で取り扱う教材や自然事象について，その教育的な魅力や使用した場合の効果についての分析である．自然科学や理科教育学の立場から，教材や自然事象にどのような意義や役割があるのか，それを使用する・取り上げることによって，子どもの問題解決に対してどのように有効なのかを考えることである．また，学習指導要領に記載されている目標や内容，指導上の留意点なども把握する必要がある．

・問題解決に関連する教材化

　教材とは，子どもの問題解決を動機付けたり，発展させたりする素材である．子どもの問題解決に関わるものでなければ，教材ではない．素材を教材化しなければならない．

　例えば，小学校第3学年「光と音の性質」において，音の性質の学習で糸電話を使用する．

子どもが糸電話をつくり，仲間と会話をするだけでは教材として機能しない．子どもが，糸電話で仲間の声が伝わるときと伝わらないときの違いに問題意識をもって，音の伝わり方を調べ始めたときに，初めて糸電話が教材として成立する．第5学年「振り子の運動」では，子どもが糸と重りで振り子をつくって，周期を測定するだけでは教材として機能しない．他の班との周期の違いに気付き，周期が違う要因に着目して，問題意識をもったときに，教材として成立する．

　教師は，素材に向き合い，何度も予備実験を行うことで，素材の教材性を分析することが必要である．子どもが素材をどのような視点で見るのか，子どもの問題解決にどのように関わるのか，この素材よりも良いものはないのかということを，教師は教材研究を通して，明確にする必要がある．

②子どもの思い・願い（児童観）

　学習指導案では，「児童観」として書かれる内容である．この内容を，教師が把握していなければ，授業自体が成立しない．

　「子どもの思い・願い」の観点とは，目の前の子どもが単元で取り扱う学習内容や教材にどのように向かっていくのか，子どもの実態を分析することである．その想定のために，単元に関わる子どもの既有の知識や素朴な概念，技能について，今までの学習経験や生活経験を基にする．また，子どもの興味・関心についても分析する．

・既有の知識の分析

　これまでの学習内容を把握することである．小学校学習指導要領解説には，小学校・中学校理科の「エネルギー」「粒子」「生命」「地球」を柱とした内容の構成が示されている．内容の構成を基にして，子どもの既有の知識を分析する．内容の系統性を分析することである．

　例えば，第6学年「植物の養分と水の通り道」では，生活科「動植物の飼育・栽培」での経験と，第3学年「身の周りの生物」の学習を踏まえる必要がある．第3学年では，身の回りにある複数の種類の植物を観察して，植物の体のつくりを比較しながら調べている．この活動を通して，差異点や共通点を基にして，植物の体は根，茎及び葉からできていることを捉える．また，根は地中にあり，茎は葉や花をつけること等の体のつくりの特徴を捉える．このような第3学年の学習で習得した知識を子どもが適切に用いて，第6学年の学習である根，茎及び葉の機能（日光が当たるとでんぷんができること，根から吸い上げられた水は主に葉から蒸散により排出されること）の学習に取り組んでいく．

　理科だけではなく，他教科の学習も考慮する必要がある．例えば，第5学年の家庭科の学習では，ジャガイモには主にでんぷんが含まれていることを学習している．教師が他教科での既習の学習を考慮することで，子どもが他教科と理科をつなげて考える授業につながる．なお，他教科との関連は「カリキュラム・マネジメント」の1つの側面である（文部科学省，2018b）．

・素朴概念の分析

　子どもの生活経験やもともと保持している考えを把握することである．「素朴概念（naive conception）」とは，子どもが理科の学習を始める以前からもっている自然事象についての知識や考えである．子どもなりの知識や考えであり，科学的には正しくない内容が含まれている．容易には変化しにくいので，子どもが理科の学習後にも変わらずにもっていることもある．素朴概念については，これまで数多くの研究や報告があるので，それを参考にできる（例えば，オズボーン・フライバーグ，1988；ドライバー・ゲスン・ティベルギェ，1993）．

　例えば，第3学年「電気の通り道」では，「電池の＋極と－極から電流が出て，豆電球で

ぶつかって光る」「回路の中を流れる電流は，電池の＋極から出て，豆電球を光らせて電気が使われるので，－極へ戻る電流は無い（少ない）」という考えである．同学年「物と重さ」では，「紙は，丸めると重さが増える」「粘土は，ばらばらにすると軽くなる」「体重計に片足で乗ると軽くなる」等である．第5学年「物の溶け方」では，「水溶液に食塩を溶かすと，上よりも下の方が濃い」「食塩は水に溶けると軽くなる」等である．第6学年「植物の養分と水の通り道」では，「植物は，根を使って栄養の大部分を土から得る」等である．

・興味・関心の分析

　子どもが自然事象や教材に出合った際に，何に興味・関心をもつのか，どのような思いや願いをもつのかを想定することである．思いや願いを基にして，それが達成される過程で，単元の学習が位置付けられれば，子どもは主体的に自然事象や教材に関わっていく．

　例えば，第3学年「風とゴムの力の働き」では，風やゴムの力で動く車を「できるだけ遠くまで動かしたい！」という思いや願いをもって学習に取り組む．第5学年「電流がつくる磁力」では，「電磁石を強くしたい！」という思いや願いをもつ．第5学年「振り子の運動」では，「1往復する時間を自在に調整できるようになりたい！」という思いや願いをもつ．

③教師の思い・願い（指導観）

　学習指導案では，「指導観」として書かれる内容である．この内容は，児童観と単元観（教材観）を踏まえて，教師が想定する内容である．

　「教師の思い・願い」の観点とは，子どもの実態を踏まえ，どのような教材で，どのように学習を展開させれば，教師のねらいに迫れるのかを分析することである．言い換えれば，教師の目標をどのように達成するのかである．教師の目標であるので，学習指導要領の目標を踏まえた目標等が考えられる．「こういう資質・能力を育成したい・こう育ってほしい」であったり，「この現象を説明できるようになってもらいたい」というような思いや願いである．問題解決の過程に沿って，教材の提示方法であったり，子ども同士の話し合い活動の指導上の工夫であったり，子どもに見方・考え方を働かせるように促す等の支援について考えることである．

・資質・能力の育成，働かせる見方・考え方の想定

　育成したい資質・能力を明確にすることである．資質・能力の3つの柱である「知識及び技能」「思考力，判断力，表現力等」「学びに向かう力，人間性等」を基にして，子どもにどのような力を育てたいのかを考え，そのための指導や支援について想定する．

　例えば，目の前の子どもの実態から，教師が「既習の内容や生活経験を基に，根拠のある予想や仮説を発想するといった問題解決の力」を育成したいと目標を立てた場合，ノートやワークシートに自分の考えを書く欄と根拠を書く欄を設けて，子どもの表現活動を促す指導を計画する．同様に，子どもが根拠を発表した際には，それを価値付け，自分の考えの根拠を表現することの価値を子どもに伝える指導を計画する．

　または，教師が「より妥当な考えをつくりだすといった問題解決の力」を育成したいと目標を立てた場合，理科の考え方である「多面的に考える」指導を充実させる計画を立てる．子ども同士の予想・仮説を交流させる機会を設定したり，複数の観察，実験を基にして考察させるように支援する指導を計画する．ここで計画する指導は，子どもの実態に合わせて無理のないものである必要がある．また，教材の魅力を引き出すような教材の提示方法を計画することが大切である．指導の計画を見直すときは，児童観と単元観（教材観）を一緒に見直し，それぞれを踏まえているか判断する必要がある．

④３つの観点の関連

　３つの観点を，図 11-5 のようにバランスよく関連させることが大切である．関連させることで初めて，目の前の子どもに合った授業ができるようになる．「教材の魅力・効果」が関連していない授業では，子どもと教師の対話は成立しているが，自然事象に子どもの目が向かず，理科の内容の話し合いが成立していない授業になる．「子どもの思い・願い」が関連していない授業では，教師から子どもへの一方通行の授業になってしまう．「教師の思い・願い」が関連していない授業では，子どもが自身の興味・関心だけで学習を進めてしまい，活動はしているが学びの少ない授業になる．単元の計画には，３つの観点のバランスの良い関連が重要である．

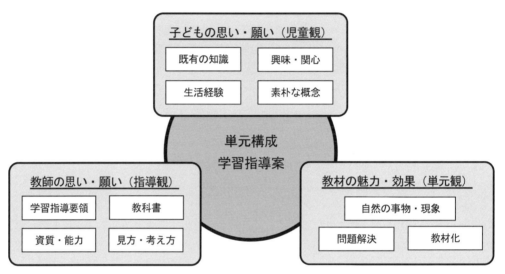

図 11- 5　単元計画の基本的な観点と関連

2.　カリキュラム・マネジメント

　計画した単元は実施したら終わりではない．実施をして，修正をするというサイクルを経ることによって，子どもの学習に合った単元構成や授業がつくられていく．

　学習指導要領や教科書のように，学習の目標や内容を示したものを「カリキュラム（curriculum）」という．それを基に教師が作成した単元構成や学習指導案は「顕在的カリキュラム（manifest curriculum）」と呼ばれる．一方，授業で子どもの固有の視点から生成される学習内容は「潜在的カリキュラム（hidden/latent curriculum）」と呼ばれる．顕在的カリキュラムは「目に見える」ものであり，潜在的カリキュラムは「目に見えにくい」ものである．

　潜在的カリキュラムは，教師が明示的に伝達していないことでも，子どもに暗黙のうちに伝達されている知識や行動様式，態度等である．つまり，顕在的カリキュラムの内容には入っていないものであるが，子どもが教師や学級の仲間から学ぶものである．授業で，実質的に機能しているのは，潜在的カリキュラムである．

　２つのカリキュラムについて考えれば，教師が綿密に単元構成や学習指導案を作成したとしても，潜在的カリキュラムを想定できなければ，子どもの実態に合った授業を実践することはできない．計画段階で，時間をかけて綿密な単元構成や学習指導案を作成することも大切であるが，授業を繰り返し実践し，その中で修正をしていくことがより大切である．図

11-6（森本，1999 を参考に作成）に示すように，顕在的カリキュラムと潜在的カリキュラムの相互作用によって，子どもの視点に合ったカリキュラムを生成することができる．

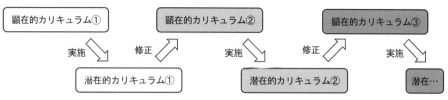

図 11-6　顕在的カリキュラムと潜在的カリキュラムの相互作用

　教師が計画した顕在的カリキュラム①を実施し，子どもの学習の様子から潜在的カリキュラム①を捉える．その２つにずれがあれば，教師はカリキュラムを修正し，顕在的カリキュラム②を計画する．この相互作用の連続によって，子どもの視点に合ったカリキュラムが生成される．潜在的カリキュラムを捉えるために，難しい方法は必要ない．実践している授業で，子どもの発言やノートの記述，つぶやき，ワークシートの記録等の表現活動から捉えるのである．次の授業を構想する貴重な材料が，子どもの表現に見ることができる．

　ここまで説明したことは，「カリキュラム・マネジメント」の１つの側面である（文部科学省，2018b）．カリキュラムを，「指導計画等の作成（Plan）」→「指導計画を踏まえた教育の実施（Do）」→「児童の学習状況，指導計画等の評価（Check）」→「授業や指導計画等の改善（Act）」の PDCA サイクルによって，カリキュラムの発展を図るものである．

第 3 節　学習指導案の作成

　学習指導案には，定型の形式はない．それぞれの学校が進めている研究テーマに合わせて，指導案の形式が決定されているからである．一般的にどの学校でも共通して，学習指導案に記載する事項は，以下の (1) から (9) である．(1) から (9) は他教科でも大きな違いはない．理科においては，それぞれの事項をどのように書くのかを説明する．

> (1) 日時，(2) 対象，(3) 単元，(4) 単元について，(5) 単元の目標，(6) 単元の評価規準，
> (7) 指導と評価の計画，(8) 本時，(9) 板書計画

(1) 　日時は，授業を実施する日付，曜日，授業時限を記載する．
(2) 　対象は，学年とクラス，人数（男女別人数）を記載する．
(3) 　単元は，学習指導要領の内容名を記載することが一般的である．または，学習内容や計画した学習活動に応じて，独自の単元名を付ける．
(4) 　単元については，単元観（教材観），児童観，指導観の３つの観点から順に記載する．それぞれの具体的な内容は，本章２．「1. 単元を計画する観点」で説明をした内容である．
(5) 　単元の目標は，学習指導要領の単元目標を基本として，(4) 単元についての内容を加味し，学校の状況や子どもの実態に合った目標を記載する．この単元の目標は，(6) 単元の評価規準の３つの観点の上位目標であるので，そのバランスを考慮した目標である必要がある．

(6)　単元の評価規準は，「知識・技能」「思考・判断・表現」「主体的に学習に取り組む態度」の３つの観点で記載する．この３つは，学習指導要領で育成を目指す資質・能力と関連している．指導のねらい，教材，学習活動に合った評価規準を記載する．国立教育政策研究所が作成した評価規準に関する参考資料や教師用指導書に記載されている評価規準も参考になる．

(7)　指導と評価の計画は，学習指導案の中核である．単元の配当時間のすべての時間の学習活動とねらいを記載する．その際，(6) 単元の評価規準を指導計画に位置付ける必要がある．どこで，何を，どのように評価するのかを示すために，評価の観点と評価方法を学習活動と関連させて明記する．単元全体を通して，評価規準の３つの観点をバランスよく評価する必要がある．

(8)　本時は，最初に，本時の目標を記載する．本時の学習活動を通して，目の前の子どもになってほしい具体的な姿や，できるようになってほしい行為・行動を書く．「…を通して，〜できる．」というように記載する．次に，本時の評価を記載する．評価規準の３つの観点について，具体的な子どもの姿で明記する．１時間の授業で評価規準の３つの観点をすべて評価することには無理があるため，単元全体のバランスを考慮し，評価できる数の観点の評価規準を設定する．最後に，本時の展開を記載する．学習活動・予想される児童の反応，指導上の留意点・評価に分けて記載する．導入，展開，まとめの段階に分けて，それぞれ具体的に記載する．

(9)　板書計画は，本時でどのような板書をするのか，具体的に図で示す．板書計画のポイントは，学習目標はあるか，学習目標に整合したまとめがあるか，問題解決の各過程が位置付いているのか，子どもから出される考えをどこに書くのか，子どもの思考の流れに沿った構造になっているのか等である．

　どんなベテランの教師でも，学習指導案通りに授業が進むことは，稀である．しかし，ベテランの教師は，臨機応変に指導案の内容を修正しながら，授業中に自身の指導を修正している．このような柔軟な対応ができるように，学習指導案の作成の段階で，子どもの多様な様子を想定しておき，多様な指導を想定しておく必要がある．学習指導案の作成は，「カリキュラム・マネジメント」の第１歩目であると言える．なお，本書第12章から第15章までに，小学校第３学年から第６学年までの学習指導案の具体例が示されているので，参照すること．第16章には，小学校第１学年の学習指導案も掲載されている．

引用文献

ドライバー, R., ゲスン, E., & ティベルギェ, A. 編, 内田正男監訳(1993)：子ども達の自然理解と理科授業, 東洋館出版社.

文部科学省（2018a）：小学校学習指導要領（平成29年告示）解説　理科編, 東洋館出版社.

文部科学省（2018b）：小学校学習指導要領（平成29年告示）解説　総則編, 東洋館出版社.

森本信也（1999）：理科授業のデザイン, 東洋館出版社.

オズボーン, R. & フライバーグ, P, 森本信也・堀哲夫訳（1988）：子ども達はいかに科学理論を構成するか―理科の学習論―, 東洋館出版社.

霜田光一 他（2019）：みんなと学ぶ小学校理科６年, 学校図書.

推薦図書

平野朝久（2017）：はじめに子どもありき，東洋館出版社．

森本信也・八嶋真理子編著（2009）：子どもが意欲的に考察する理科授業，東洋館出版社．

──────────────── 課　題 ────────────────

1　小学校理科での基本的な理科の学習の進め方について説明してみよう．

　　hint 連続する問題解決の過程について振り返ることで，小学校理科の基本的な学習の進め方を具体的に
　　考えて説明しよう．

2　年間指導計画（単元の順番）を決定する際の注意点について考えて説明してみよう．

　　hint 子どもの実態や学校・地域の状況によって，適切に年間指導計画（単元の順番）を決定する必要が
　　あります．単元の順番を決定する・入れ替える際の注意点を説明しよう．

3　「単元観（教材観）」「児童観」「指導観」に記載する内容を具体的に説明してみよう．

　　hint 単元を計画する際には，単元観（教材観），児童観，指導観の3つの観点について考える必要があ
　　ります．単元観（教材観）と児童観の2つを踏まえて，指導観を構想する．「単元観（教材観）」「児
　　童観」「指導観」に記載する内容を考えて説明しよう．

4　「顕在的カリキュラム」「潜在的カリキュラム」について説明し，「カリキュラム・マネジメント」
　　について説明してみよう．

　　hint PDCAサイクルによるカリキュラム・マネジメントの目的は，子どもの視点に合ったカリキュラ
　　ムを生成することです．「顕在的カリキュラム」と「潜在的カリキュラム」について説明することで，
　　「カリキュラム・マネジメント」について説明しよう．

5　学習指導案に記載する項目と内容について説明してみよう．

　　hint 学習指導案には，定型の形式は無いが，一般的に共通して記載する項目と内容があります．学習指
　　導案に記載する項目と内容を説明しよう．また、具体的な学習指導案が本書第12章から第15章
　　までに示されているので、それらを参考にしよう．

第1節　第3学年の授業のポイント

　学級の中に，豆電球と乾電池を導線でつなぐと明かりが点くことを知識として知っている子がいる．その子たちに実際にやらせてみると，豆電球が光るのを見て，目を輝かせていた．部屋を真っ暗にすれば，より一層大喜びである．理科の授業で大切なのはこれだ，と思う．実際に自分でやってみること，自分の目で見ること，教師の一工夫により，そこでのわくわく感や「ふしぎ」感をもたせることである．感じた「ふしぎ」が問いになり，問題解決の入り口に立つことになる．理科を始める第3学年の子どもたちが，目の前の当たり前，知識として知っている当たり前を改めて問い直そうとする姿になることを目指して，授業を構想していきたい．第3学年で育成する問題解決の力として「自然の事物・現象の差異点や共通点を基に，問題を見いだす」が学習指導要領解説（平成29年告示）に示された．差異点や共通点に気付かせ，子どもが問題を見いだし解決したくなるような工夫が教師に求められている．情報に溢れた現代で，「知っていること」の多い子どもたちであるが，知識はあってもつながって汎用的な知識として身に付けていることは多くはない．だからこそ理科の見方・考え方を子どもたちが働かせることを意識して授業を組み立てたい．

第2節　理科の見方・考え方を働かせることでの，資質・能力の育成

　第3学年学習指導案①は問題を見いだし，解決していく1時間である．「植物の成長と体のつくり」は，「生命」領域であり「共通性・多様性」の見方を働かせることが求められる．まず学級全員が育てたホウセンカで体のつくりを観察し，「根，茎，葉から出来ている」ことを確認する．ホウセンカは数多ある植物の中のたった1種類である．では，「学校にある他の植物はどうだろう」「全ての植物に根，茎，葉があるのだろうか」ということに目が向き，問題が出来ていく．問題を解決するために，一人ひとりが採ってきた植物で調べる．子どもたちは，根に当たる部分，茎に当たる部分，葉に当たる部分はどれかという視点で観察する．前時に観察したホウセンカを置いておけば，自分のとってきた植物とホウセンカを並べて比べる子も出てくるだろう．全く違う植物として見ていたものを，差異点だけでなく共通点を見付けさせ，「比較」することで，形や大きさなどは違っていても，どの植物も「根，茎，葉から出来ている」ことを理解していく．植物の体のつくりを「共通性・多様性」の見方を働かせて捉えた子どもたちは，昆虫の体のつくりでも同じ見方をさせていくことが期待出来る．「考え方」も同様である．この「見方・考え方」は学年の枠を越え，繰り返し学習するたびに，働かせていく．子どもが「見方・考え方」を働かせることが出来るように，教材研究し，教師が意図的に発問や板書等を工夫することは欠かせない．理科では様々な教材がある．その単元での目標やねらいを理解し，その単元でどのような「理科の見方・考え方」を働かせるとよいのか，3つの観点の評価規準としてどのような力を付けさせたいのかをまず考える．同じ教材を扱うにしても，ねらいを見据えて扱い方を変えるだけで子どもたちの思考は変わる．ただし，学習指導要領に

示されている各領域の「見方」は，領域固有のものではないことに気を付けたい．

第3節　第3学年の実態と，活用場面の具体

　第3学年学習指導案②「ゴムの力の働き」では，ゴムの力で走る車を使い，「ゴムを強く引くほど，元に戻ろうとする力が大きくなる」ことを学んでいく．この後で「ぴったり選手権」として，学んだことを活用する場を設定した．ゴムの力は調整出来ることを理解させることもねらいである．一人3回しか出来ない，というルールをはっきりとさせたことで，運に任せずに学んだことを使おうとする姿を目指す．また，個人では考えが及ばない児童がいることも想定してチーム戦にし，仲間と話し合って実験出来るようにした．授業では，第3学年の発達の段階や学級の実態を把握して場を設定することも大切である．そのために，子どもたちが今何を考え，何で困っているか見取りながら，子どもの学びをより確かなものにしていきたい．

小学校理科　第3学年　学習指導案①

1. **日時**　20○○年○月○日　（○曜日）　第○限

2. **対象**　第3学年○組　○名

3. **単元**　植物の成長と体のつくり

4. **単元について**
(1) 単元観（教材観）
　本内容は，生活科「(7) 動植物の飼育・栽培」の学習を踏まえて，「生命」についての基本的な概念等を柱とした内容のうちの「生物の構造と機能」，「生命の連続性」，「生物と環境の関わり」に関わるものであり，第4学年「B (1) 人の体のつくりと運動」，「B (2) 季節と生物」，第6学年「B (2) 植物の養分と水の通り道」，中学校第2分野「(1) いろいろな生物とその共通点」の学習につながるものである．

　ここでは，児童が，身の回りの生物について，探したり育てたりする中で，これらの様子や周辺の環境，成長の過程や体のつくりに着目して，それらを比較しながら，生物と環境との関わり，植物の成長のきまりや体のつくりを調べる活動を通して，それらについての理解を図り，観察，実験などに関する技能を身に付けるとともに，主に差異点や共通点を基に，問題を見いだす力や生物を愛護する態度，主体的に問題解決しようとする態度を育成することがねらいである．

(2) 児童観
　本学級の児童は，第1学年ではアサガオ，第2学年ではミニトマトを栽培してきた．アサガオでは花が咲いた後に種をとること，ミニトマトでは獲れたトマトを食べること等を学級全員が経験している．植物は種子から発芽し子葉が出て，葉がしげり，花が咲き，果実がなって種子が出来た後に個体は枯死することを経験としては知っている．

　第3学年になり，身近な植物や昆虫の観察をしている．春の校庭で見られる植物は，図鑑

を使いながら名前を調べ，観察している．昆虫についてはアリやダンゴムシをはじめ，モンシロチョウやカイコの飼育をしながら観察している．観察では虫眼鏡を使って細かいところまでよく見て，色，形，大きさを中心に詳しく記録出来る児童が多い．

　植物が根，茎，葉から出来ていることや，その特徴を詳しく観察することを大切にしたい．また，さまざまな植物の観察から多くの植物が「根，茎，葉から出来ていること」をつかませたい．

（3）指導観

　ホウセンカは一人1鉢栽培させることで，自分のホウセンカとして継続的に観察したり，友だちのホウセンカと比べたり出来るようにする．ヒマワリは学級で育てながら観察をすることで，一人ひとりが見るホウセンカと，みんなで見るヒマワリを教材として選んでいる．

　植物の体のつくりを観察させる際には，はじめにホウセンカのつくりを観察し，根，茎，葉から出来ていることを確認する．その後，他の植物ではどうか，一人ずつ採取させたものを観察する．このような学習展開にすることで，「自分のとってきた植物にも根，茎，葉があるか」という視点で他の植物を観察し，葉はあっても形が違うことや，茎でも太さや長さが違っている等といった生物の「共通性・多様性」の見方を働かせたい．

5．単元の目標

　身近な植物について育てたり調べたりする中で，成長の過程や体のつくりに着目して，それらを比較しながら調べる活動を通して，植物の育ち方には一定の順序があることや，その体は根，茎及び葉から出来ていることを理解するとともに，観察の技能を身に付ける．また，共通点や差異点をもとに問題を見いだし，表現する．

6．単元の評価規準

知識・技能	思考力・判断力・表現力	主体的に学習に取り組む態度
① 植物の育ち方には一定の順序があり，その体は根，茎及び葉から出来ていることを理解している． ② 植物の栽培をしながら，虫眼鏡などの器具を適切に使って，その活動や成長を観察している． ③ 植物の体のつくりや育ち方を観察し，その過程や結果を記録している．	① 植物同士を比較して，差異点や共通点を見いだし，表現することが出来る．	① 身近な植物に興味・関心をもち，進んでそれらの成長のきまりや体のつくりを調べようとしている． ② 身近な植物に愛情をもって，探したり育てたりしようとしている．

7．指導と評価の計画（全10時間）　本時は，第2次　3時間　（10/10）

　　第1次　7時間　　ホウセンカやヒマワリは，どのように育っていくのだろうか．
　　第2次　3時間　　植物の体は，どんな部分から出来ているのだろうか．

次	時間目	学習活動	評価の観点 知	評価の観点 思	評価の観点 態	評価規準	評価方法
1	1	ホウセンカとヒマワリの種は，どこが似ていてどこが違うだろう．	○			虫眼鏡を適切に使って2種類の種を観察し，記録することが出来る．	記録分析
	2	種の植え方はどんな違いがあるだろう．			◎	ホウセンカやヒマワリの植え方の違いを調べ，愛情をもって植えようとしている．	行動観察
	3	出てきた芽の似ているところと違うところは，どこだろう．			○	双葉の様子について共通点や差異点を見付け，進んで調べることが出来る．	記録分析
	4	双葉の時と比べて，どれくらい育っただろう．		○		2つの植物の様子について，共通点や差異点を見付け，表現することが出来る．	記録分析
	5	花は，どのように咲いているだろう．		◎		2つの植物の様子について，共通点や差異点を基に，問題を見いだし表現することが出来る	記録分析
	6	花を咲かせた後のホウセンカやヒマワリは，どのような様子になっているだろう．		○		枯死した後の植物を観察し，花が咲いていた時の様子と比べながら表現することが出来る．	記録分析
	7	ホウセンカやヒマワリの成長を振り返り，まとめよう．	◎			ホウセンカとヒマワリの成長を振り返り，学んだことを生かしてノートにまとめることが出来る．	記述分析
2	8	ホウセンカの体はどのような部分から出来ているだろう．	○			ホウセンカの体は根，茎及び葉から出来ていることと，それぞれの特徴を見付けることが出来る．	記録分析
	9	ホウセンカの葉は，どのようについているだろう．	○			ホウセンカを上や，横など向きを変えて観察することで，葉の付き方等の特徴をつかむことが出来る．	記録分析
	10	身近な他の植物も，根，茎及び葉から出来ているだろうか．（本時）	◎	◎		様々な植物の体のつくりを観察し，共通点や差異点を基に，問題を見いだし表現することが出来る	記録分析

◎：指導に生かすとともに記録して総括に用いる評価，　○：主に指導に生かす評価

8. 本時

（1）本時の目標

　身近にある様々な植物を観察することを通して，植物の体は根，茎及び葉から出来ていることを捉えることができる．

（2）本時の評価

　様々な植物の体のつくりを観察し，共通点や差異点を基に問題を見いだし表現することが出来る．また，植物の特徴を捉えている．【知識・理解，思考力・判断力・表現力／記録分析】

（3）本時の展開

	学習活動・予想される児童の反応	○指導上の留意点	評価
導入（5分）	ホウセンカの観察を振り返る ・根，茎，葉の3つの部分から出来ていたよ． ・上から見ると葉が交互に付いていた．	○本時の観察の視点を与えるために，ホウセンカが根，茎及び葉から出来ていたこと以外に葉の付き方など振り返り，板書する．	
展開（30分）	どの植物も，根，茎，葉から出来ているのだろうか． 自分のとってきた植物を観察しノートにかく． ・根も茎も，葉もあるよ． ・あれ，葉がない植物だ． ・葉はあるけどホウセンカと形が違うね． 観察したことを伝え合う． ・私が見付けたのはハルジオンで，根，茎，葉はありました．だけどホウセンカとは大きさも色も，形も違っていました． ・僕がとった植物は葉がなかったです．元からないのか，途中でとれたのかを調べたいです．	○観察時間を確保するため，植物は予め準備させておく． ○詳しく観察出来るように，一人1つずつ植物を用意させる． ○植物によって違いがあることに気付かせるため，根，茎及び葉を見付けた後はその特徴も書くように声をかける． ○早くかけた子から黒板に書かせる． ○自分自身の観察の仕方を振り返り修正させるため，一度自分の植物を観察した後で伝え合いをさせる． ○児童がとってきた植物は多様であるため，一見根，茎及び葉がわかりにくいものもあると考えられる．ない場合はなぜなのか，踏み込んで考えられるように話題に出す．	共通点や差異点を基に問題を見いだし表現することが出来る．【記録分析】
まとめ（10分）	友達がとってきた他の植物も観察する． ・自分がとってきた植物とはまた葉の形が違うね． ・大きさも違っている． ホウセンカ以外の植物も，ほとんど根，茎，葉から出来ている．しかし，それぞれの色，形，大きさなどは違う．	○自分以外の子のとってきた植物へ関心を持たせるために，伝え合いの後で更に観察をさせる． ○出来るだけたくさんの植物が見られるように，時間を確保する．	植物の特徴を捉えている．【記録分析】

9. 板書計画

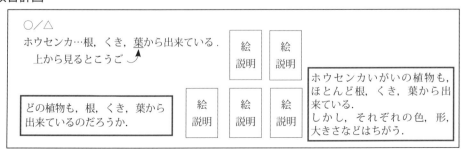

小学校理科　第3学年　学習指導案②

1. 日時　20○○年○月○日　（○曜日）　第○限

2. 対象　第3学年○組　○名

3. 単元　ゴムの力の働き

4. 単元について

(1) 単元観（教材観）

　本内容は，「エネルギー」についての基本的な概念等を柱とした内容のうちの「エネルギーの捉え方」に関わるものであり，第5学年「A (2) 振り子の運動」の学習につながるものである.

　ここでは，児童が，ゴムの力と物の動く様子に着目して，それらを比較しながら，ゴムの力の働きを調べる活動を通して，それらについての理解を図り，観察，実験などに関する技能を身に付けるとともに，主に差異点や共通点を基に，問題を見いだす力や主体的に問題解決しようとする態度を育成することがねらいである.

(2) 児童観

　本学級の児童は第2学年でおもちゃ作りをしている. この時に，風やゴムを利用したおもちゃを作った児童もいるが，全員が作る経験はしていない. また，風やゴムを利用したおもちゃ作りをしている児童の中にも，風やゴムの力で「物が動く」ということを言語化した上で理解出来ている児童は少ない.「風の力の働き」では，プロペラが回ることで物を持ち上げることが出来ること，風が強いほど重いものが持ち上げられたことを学習している. 風の力はそのままでは見えないが，プロペラが回転して物を持ち上げる，というように定量的に学習した. よって，「ゴムの力の働き」の学習でも，同じように定量的に調べさせたい. 第1時でゴムの力に着目させ，ゴムが元に戻ろうとする力を利用して走る車の仕組みを考えさせる. 走る距離を定量的に調べながら，「エネルギー」について捉えさせていきたい.

(3) 指導観

　ゴムの力で走る車の仕組みを考えることから学習を始める. ゴムはのばすと元に戻ろうとする力が働く. この力を利用して車を走らせ，ゴムを強く引くほど長い距離を走る，といった物が動く様子の変化を捉えさせる.

　決まった距離だけ走るように調節したり，おもちゃ作りをしたりすることで，学んだことを活用する場面を多く取り入れた. 知識，技能の定着を図るだけでなく，おもちゃ作りをすることで身の回りで利用されている風やゴムの力について考えさせたい.

5. 単元の目標

　ゴムの力の働きについて，力と物の動く様子に着目して，それらを比較しながら調べる活動を通して，ゴムの力は物を動かすことが出来ること，ゴムの力の大きさを変えると物が動く様子も変わることを理解するとともに，観察，実験などに関する技能を身に付ける. また，ゴムの力で物が動く様子について追究する中で，差異点や共通点を基に，ゴムの力の働きについての問題を見いだし，表現する.

6. 単元の評価規準

知識・技能	思考力，判断力，表現力	主体的に学習に取り組む態度
① ゴムの力は，物を動かすことが出来ることを理解している． ② ゴムを適切に使って，安全に実験やものづくりをしている． ③ ゴムの力を働かせたときの現象の違いについて，手ごたえなどの体感を基にしながら調べ，その過程や結果を記録している．	① ゴムの種類や数，引っ張る長さと，車の走る距離を比べ，問題を見いだすことが出来る． ② ゴムで走る車を決まった距離だけ走らせる方法を考えることが出来る．	① ゴムの力を働かせたときの現象に興味・関心をもち，進んでゴムの力の働きを調べようとしている． ② ゴムの働きを活用して ものづくりをしたり，その働きを利用した物を見付けたりしようとしている．

7. 指導と評価の計画（全6時間）　本時は，第1次 4時間　（4/6）

第1次　4時間　　ゴムの引っ張る長さを変えると，物の動き方はどのように変わるのだろうか．

第2次　2時間　　風やゴムの力をどのように利用すれば，動くおもちゃが作れるだろうか．

次	時間目	学習活動	評価の観点 知	思	態	評価規準	評価方法
1	1	ゴムの力で走る車を作って走らせよう．		○		ゴムの引っ張り方と車の走る距離を比べ，問題を見いだすことが出来る．	記述分析
	2	ゴムをさらに伸ばすと，車の走る距離はどうなるだろう．	○			調べたことの過程や結果を記録している． ゴムの力は物を動かすことが出来ることを理解している．	記録分析
	3	ゴムの種類や数を変えると，車の走る距離はどうなるだろう．	◎			調べたことの過程や結果を記録している．	記述分析
	4	決まった距離だけ車を走らせよう． （本時）		◎		これまで行った実験結果を参考にして，ゴムで走る車を決まった距離だけ走らせる方法を考えることが出来る．	行動観察 記録分析
2	5	風やゴムの力で動くおもちゃを考えよう．			◎	風やゴムを利用したものを見付け，ものづくりに生かそうとしている．	記述分析
	6	おもちゃを作って，動かそう．	◎			安全にものづくりすることが出来る．	作品

◎：指導に生かすとともに記録して総括に用いる評価，○：主に指導に生かす評価

8. 本時

（1）本時の目標

車を決まった距離だけ走らせるためにゴムを引っ張る長さをどうすべきか考えることができる．

(2) 本時の評価

　これまで行った実験結果を参考にして，ゴムで走る車を決まった距離だけ走らせるための方法を考えることが出来る．　【思考力・判断力・表現力／行動観察，記録分析】

(3) 本時の展開

	学習活動・予想される児童の反応	○指導上の留意点	評価
導入（5分）	今までゴムで走る車で実験してきたことを振り返る． ・引くのが5cmと10cmにしたのでは，10cmの方が，車が長い距離を走ったよ． ・もっと引っ張ると，もっと走った． ・ゴムの太さも変えて実験したね．	○本時の授業で考える際の材料になるように，大切な言葉は板書する．	
展開（35分）	┌─────────────────────────┐ │ぴったり選手権！ 　決まった位置に止めるためには，ゴムをどのようにしたらよいだろう．│ └─────────────────────────┘ ルールを確認する． ・3回しか挑戦出来ないんだ． ・1回目でぴったりにしたいな． ・チームでぴったりを10回出したいな． チームで決まった位置に止めるための方法を考える ・今までの実験結果を見るといいね． ・だけどぴったりその距離まで走ってないよ．それより長い距離か短い距離だ． ・ということは，間をとればいいのかな． 選手権をする． ・あれれ，手前で止まっちゃった． ・今度は走り過ぎた…． ・友達のアドバイスでぴったりになったよ．	○挑戦出来る回数を絞ることで，今までの結果を活用する動機付けをする． ○一人ではなかなか方法が考えられない児童もいるため，チーム戦にする． ○選手権後に作戦を交流するため，作戦メモを書かせておく． ○一人ひとりが責任感をもって出来るように，チーム毎に代表を交替し，全員が3回走らせるようにする． ○振り返りに生かすため，結果がわかるように板書する．	これまでの実験結果を参考にして，ゴムで走る車を決まった距離だけ走らせるための方法を考えることが出来る． 【行動観察，記録分析】
まとめ（5分）	選手権の結果と，作戦を伝え合う． ・ぴったりの記録はなかったけれど，間をとってゴムを引く長さを決めました． ・その通りやったはずなんだけど，どこが違ったのかな． ┌─────────────────────────┐ │決まった位置に車を止めるためには，今までの結果をもとに，車の走るきょりを予想してゴムを引くとよい．│ └─────────────────────────┘	○予め書かせておいた「作戦メモ」を示しながら発表させる． ○必ずしも数値通りにならず，誤差があることに触れる．	

9. 板書計画

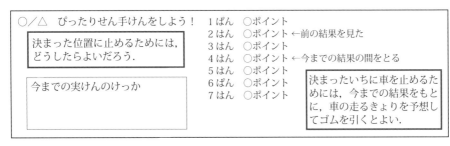

参考文献

文部科学省 (2018)：小学校学習指導要領（平成 29 年告示）解説　理科編，東洋館出版社．

―――――――――――――――――― 課　題 ――――――――――――――――――

1　子どもが「ふしぎ」を感じる事象提示には，どのようなものがあるだろう．「ゴムの力の働き」
　　の単元で考えてみよう．
　　hint 子どもにとって日常生活での身近な「ゴム」にはどのようなものがあるか考えてみよう。その次に，
　　　　 （できればその実物に触れながら）様々なことを試し，自分自身が「おもしろい」と思えるものを
　　　　 見付けてみよう。

2　子どもが当たり前を問い直すのは，自分の当たり前とのズレを感じたときが挙げられる．学校に
　　植物は生えていて，子どもにとっては当たり前にあるものである．植物についてもっと知りたい，
　　調べたい，と思うような当たり前とのズレは，どのように生み出すことができるだろうか．
　　hint 身近な植物をいくつか観察して，植物にはどのような共通点や差異点があるか見付けてみよう。

3　ゴムの力の働きの「量的・関係的」な見方は，例えばどのような場面で顕著に表れるだろうか．また，
　　その「見方・考え方」は，他のどの単元で働かせることが考えられるだろうか．
　　hint 「量的・関係的」とは，一方が変わる（ゴムののび等）とそれに伴ってもう一方も変わるものです。「量
　　　　 的・関係的」は，主に「エネルギー」領域で働かせる見方である。系統性を基に考えてみよう。

第12章　小学校理科の授業の実際（第３学生）：：学習内容と学習指導案

第13章　小学校理科の授業の実際（第4学年）
：学習内容と学習指導案

第1節　理科における重視したい事項：特に第4学年において

1.　既習事項や生活経験を基にした根拠のある予想や仮説の発想と表現について

　小学校学習指導要領では，第4学年において「主に既習事項や生活経験を基に根拠のある予想や仮説を発想し表現する問題解決の力の育成」が目指されている．既習事項とはこれまで生活科や理科の学習の中で学習してきた内容であり，生活経験とは学習の場面以外の部分も含めた児童が生活の中で経験したことである．目の前で起きている自然の事物・現象と，自らのもつ既習事項や生活経験を関連付けて予想や仮説を発想することで，予想や仮説は根拠をもつものになり，他者と対話する場面においても，児童各自が思考したことを共有することが可能になる．

2.　観察，実験に関する技能について

　観察，実験に関する技能については，器具や機器などを目的に応じて工夫して扱うとともに，観察，実験の過程やそこから得られた結果を適切に記録することが求められる．

　観察，実験の結果が正しくなければ，その後の考察が成り立たなくなってしまう．観察，実験の結果発表の際には，観察，実験の仕方についても振り返り，正確に観察，実験を行う技能を身に付けさせていくことが大切である．例えば，「自然の中の水」の単元で水が蒸発することを確かめる実験では，ビーカーに水を入れてふたをするかどうかで水の体積変化を比較する．実験開始前に，水面の位置に印を付けるが，児童には意味を理解させて正確かつ慎重に印を付けさせることが肝要である．「なんとなく減った気がする」と「最初の位置から2cm減った」では，説得力が違うのは自明である．

3.　科学的に解決しようとする意識について

　科学的に解決するとは実証性，再現性，客観性等の条件を重視しながら解決していくということである．そのためには，それぞれの実験データを共有し，対話する中でその妥当性を検討しながら結論を導くことが必要となる．

　科学的に解決しようとする意識をもたせることで，観察，実験において，他と違うデータとなった時になぜそうなったのか振り返るきっかけとなる．また，正確に観察や実験を行おうとする姿勢にもつながっていく．例えば，「電気のはたらき」の単元で直列つなぎと並列つなぎを比較する際に，結線の仕方や電池の残量により違いが不明確な場合がある．そのような場合でも他の班の結果と比較しながら実験方法を振り返り，改善の糸口を児童自身に気付かせていくことが大切である．

4.　実験器具の扱い方や理科における用語について

　第4学年では，アルコールランプや実験用ガスコンロ等の加熱器具を授業で初めて扱わせる．特にアルコールランプは，火を怖がったり，興奮してしまったりする児童が多い．また，ほとんどの児童は生活の中でマッチを使って点火した経験がない．ここでの指導が不十分であるなら，今後の理科の授業で加熱器具を使用する実験では常に危険が伴うことになり，また，特定の児童のみが操作を行ってその他の児童が傍観するということにもつながる．児童

全員が練習できるようにするなど，マッチやアルコールランプの安全な扱い方を十分に指導することが大切である．その他にも方位磁針や温度計など，第4学年では観察や実験で繰り返し使用する器具がある．一度の指導だけでは，使用方法を理解できなかったり，教師が意図しない使用方法を身に付けたりしてしまうことがある．時間が経過してから使わせると誤った使用方法になってしまっていることもあるため，観察や実験で使用する器具は，使用する度に正しく扱うことができていることを確認することが大切である．

第2節　第4学年の理科授業のポイント

1．児童に問いを見いださせる場面

　どの学年においても共通していることであるが，児童が主体的に問題解決に向かうようにすることが大切である．そのためにまず重要なことは，児童に問いを見いださせることである．単元の導入では，教師が何らかの現象を提示したり，共通の体験を行わせたりして，そこから生まれる児童の気付きを焦点化し，問いにつなげていくようにする．児童自身が問いを見いだすことができない場合には，児童の授業に対する動機付けを行うための初発問を教師が行うことがある．そのような場合でも，児童が問題意識をもって自分事として問題解決に向かえるようにすること，児童全員が問題意識を皆で共有すること，問題解決の途中で児童に生じた疑念についても表出させることなどについて，児童に働きかけたい．また，問題解決を行った後で，新たな問いを見いださせ，次の問題解決に向かわせることも重要である．

　第4学年の学習指導案では，フォームポリエチレンの栓をしたペットボトルをお湯と水に入れ，お湯に入れた方だけ栓が飛ぶ現象を提示した．この現象を目の当たりにした児童は，まず温度の違いに着目し，この現象がなぜ起きたのかという問いを見いだす．これにより，温度による空気の体積の変化に焦点化することができ，空気でそのようになるなら水や金属ではどうかという問いが，その後の学習の中で児童から生じる．このように，問題を児童が自ら見いだしていけるように，「○○がわかった．では，他のものはどうか．」「条件を変えるとどうなるのか．」など，活動や考察における児童の意見や発するつぶやき，授業を振り返る際の反応を教師が丁寧に拾い，それらを教室全体で共有する．児童の考えを問いとして継続的・段階的に用いることで，その単元の学習を円滑に進められるようにすることが，教師の重要な役割である．

2．既習事項や生活経験を基にした根拠のある予想や仮説の発想と表現をさせる場面

　この場面では，目の前で起きている事象と，既習事項や生活経験を関係付けて考えさせていくことが大切である．そのためには，教師が「なぜそう考えたのか．」「これまでの学習で同じようなことはなかったのか．」などの問い返しを行い，児童が考えたことの根拠を表出させていくことが有効である．第4学年の学習指導案では，「お湯に入れたペットボトルのせんが飛んだのはなぜだろうか」という問題を見いだした後，児童各自に予想を話させる．ここで児童は「空気の体積が大きくなった」「空気が温められて上に移動した」という2つのうちのどちらかの予想を行うことが多いが，その根拠は様々である．「空気と水の学習の時と同じように・・・．」「以前にテレビで見た気球では・・・．」のように，児童は自分自身が予想した根拠を話すことで，予想や仮説の妥当性について対話を通して考えることができる．

3．観察，実験し，結果を記録する場面

第4学年の実験では，印をつけたり目盛りを見て数値化したりして変化の様子を比べるものが多い．児童が実験計画を立案する際には，すでに行った実験を想起させながら必要なことを考えさせたり，実験後に正確に比較できている班の方法を紹介したりしながら，児童による準備や工夫ができるようにしたい．

また，児童による観察，実験は結果が曖昧な場合がある．観察，実験の対象を画像や映像で記録して，確認できるようにしておくことも有効である．そのような記録は，観察，実験の結果が分かれたときや，実験を振り返るときにも活用できる．

児童には，実験の結果を言葉のみでなく表や図でも表現させることも重要である．空気や水，熱や電流などは現象を可視化しにくく，その代替としてモデルを用いた学習が有効になる．モデルを活用したり，結果から解釈した考えにイメージ図などを用いたりして，児童が発想したことを明確に表現させるようにする．

4．観察，実験の結果を共有し考察させる場面

第4学年で行う実験は，結果が出るまで時間がかかるものが多くなり，内容も第3学年と比較してより高度で複雑になるため，正しく実験結果を出せない班が出てくる．児童の中には，自分の予想に合わせて実験結果を都合よく解釈したり，都合のよいデータが出た時点で実験をやめて結論にしてしまったりする者も出てくる．実は，よい実験結果が得られなかったときこそ，事前に気付かなかった隠れた条件や見逃している条件を検討することができるため，実験の内容を深く理解できるチャンスなのである．複数の班から得られた実験結果（事実）を共有し，事実をもとにして話し合い，より妥当な考えを導き出す大切さを意識させて問題解決に臨ませていくのである．

具体的には，初めのうちは教師が「結果からどのようなことが言えるのか．」「なぜそう思うのか．」「他に考えられることはないか．」など問い続けながら，次第に児童自身で実験結果を見つめ直し，そこから理解したことを表現したり，新たな疑問を表出したりすることにつなげていけるようにする．このように問題解決を継続的に進めて行くことで，児童が隠れた条件や見逃している条件に気付き，主体的に問題解決に向かっていけるのである．

5．まとめる場面

これまでの場面で理解したことを一般化し，児童の言葉を用いながらも科学的な言葉により簡潔にまとめるようにする．問題に対する答えになるように（授業全体がQ＆Aになるように）意識させると，児童がまとめを考える際の支援になる．

第3節　教材研究のポイント

1．児童の興味・関心を誘発する問いの提示

授業（特に導入の場面）では，児童の興味・関心を引き付け，単元で身に付けさせたい知識や技能を印象付けることが大切である．数多く存在する事象の中から，児童の既習事項や生活経験等の実態に照らし合わせて，適切な教材を選ぶことが肝要である．特に第4学年は，まだ理科における既習事項も日常の生活経験も少ないため，児童ができるだけ理解しやすい現象を教師が提示して，児童の興味・関心を引き付けるとともに，児童の問題意識を高める

ことが重要である.

　第4学年の学習指導案では，温めると栓が飛ぶという，児童が見てすぐに理解しやすい現象を教師が提示している.身近にある素材であるが，ペットボトルは押すことが容易であり，児童は栓が上に飛ぶという簡単な現象を目にする.そのため，「外から圧力を加えたのではないか」「空気が温められて上昇したのではないか」等の複数の児童の予想が表出し，それらの予想を確かめる必要性は，多様な実験方法の発想につながる.児童が授業を通して試行錯誤しながら資質・能力を身に付けていけるように，本現象を提示した.

2. 授業構成や安全を確認する予備実験

　教師が提示する実験，児童が考えそうな実験や児童に行わせる実験については，必ず予備実験を行う.その最中に安全面を含めた，授業の中で実験を行うにあたっての留意事項が確認できる.教科書や教師用指導書に紹介されている教材はとても優れた教材が多いが，教師の扱い方により現象がうまく現れなかったり，事故が発生したりすることもあるため，事前の予備実験は欠かせない.

　第4学年の学習指導案では，栓が飛ぶために必要な温度や時間，実験の際に児童が現象を捉えやすいペットボトルの種類・形状について，教師が事前に予備実験を行い，確かめる必要がある.授業の前に必要な条件を確認しておかなければ，授業中に児童に演示する場面で栓が飛ばなかったり，児童自身が実験を行うときにうまくいかなかったりする.「本当はこうなるのだけれど.」という，理科の授業で絶対に言ってはならない言葉を発するのを避けるために，必ず予備実験を行って確認するようにしたい.

3. 計画的な授業の準備

　年間指導計画を策定する際に，あらかじめ授業の準備の方法まで検討しておき，教材の準備が確実にできるようにしておくことが大切である.

　第4学年では，植物や動物の様子の違いや成長を1年間通して観察したり，月や星の動きを観察したりする学習がある.植物や動物の種類は地域によって違うため，学校やその周辺にどのような植物が生育し，どのような動物がいるのか，事前に調べておく必要がある.また，月の観察は月の形によって観察可能な時間や方位が変わる.授業の中で観察に適した月の形の観察は，月齢を手がかりにして計画を立てることができるが，満ち欠けの周期の中で数日しかない.その上，天気によっては観察が不可能になり，予定した日程で授業を行うことが難しい.授業の計画はできるだけ早く行い，かつ柔軟性をもたせておき，条件がそろったときにすぐに指導できるような準備が必要である.

小学校理科　第4学年　学習指導案

1. 日時　20○○年○月○日　（○曜日）　第○限

2. 対象　第4学年○組　○名

3. 単元　ものの体積と温度

4. 単元について

(1) 単元観（教材観）

　本単元は，以下に示す学習指導要領（文部科学省，2018）の第4学年の内容を受けて実践するものである．本内容は，「粒子」領域についての基本的な概念等を柱とした内容のうちの「粒子のもつエネルギー」に関わるものであり，中学校第1分野「(2) ア (ウ) 状態変化」の学習につながるものである．

　ここでのねらいは，児童が体積の変化に着目して，それらと温度の変化とを関係付けて，金属，水及び空気の性質を調べる活動を通して，それらについての理解を図り，観察，実験などに関する技能を身に付けるとともに，既習内容や生活経験から根拠のある予想や仮説を発想する力や主体的に問題解決しようとする態度を育成することである．

　金属，水及び空気はどれも温度により体積が変化するが，その変化の程度には違いがある．温度による体積の変化が大きいものから調べていき，既習の内容や生活経験を根拠に予想しながらものの体積と温度の関係について考える．それぞれの実験結果から，温度による体積の変化の程度を比較することで，それぞれの性質について理解を深めていくことができる．

(2) 児童観

　児童は第4学年「空気と水」の学習を済ませている．その際の導入では，底を切ったペットボトルの蓋を閉めた状態で水の中に入れても水が入らないことから，目に見えない空気にも体積があることも学習してきている．

　理科の学習においては，提示された事象から，その理由や法則性等を見つけようと，進んで問題を設定することのできる児童が多く見られる．また，設定した問題に対し，既習や日常生活の経験から根拠のある予想を立てることができる．特に児童にとって身近な物や場所，共通の体験に関わる事象を提示した時にその姿は顕著に表れる．考察場面においては実験の結果から分かったことや考えたことについて自分の意見をもち，話し合える児童も増えてきた．一方で，実験の結果を都合の良い解釈で捉え，不思議に感じてもそのまま結論付ける児童が存在する．グループや全体で活動することで，理解したつもりになり，「何を学んだか」「何ができるようになったか」を自覚できない児童も存在する．

(3) 指導観

　単元の導入では，栓をした空のペットボトルをお湯と水に入れて栓が飛ぶ現象を提示し，空気の体積と温度の関係について問いを見いださせる．そして，温度による体積の変化が大きい水，金属の順に調べ，ものの体積と温度の関係について変化の程度も比較して理解させる．

　実験は児童が確かめるために必要なものを発想させていくようにするが，せっけん水の膜のように児童が発想しにくいものについては，「空気を閉じ込められて，変化が分かりやすいもの」等の意見が出た時点で教師から使えるものを助言するようにする．

　また，学習の終わりには，振り返りを行わせ，分かったことを自分の言葉で表したり，疑問に思ったことや日常生活との関連について気付いたことを表出させたりする．このことにより，学びを自覚し，問題を科学的に解決できる児童を育成していく．

5．単元の目標

　金属，水及び空気を温めたり，冷やしたりした時の体積変化に着目して，それらと温度の変化とを関係付けて，金属，水および空気の温度変化に伴う体積変化を調べることを通して，金属，水および空気は温めたり冷やしたりするとそれらの体積は変わるが，その程度には違いがあること．これらの中では空気の温度による体積変化が最も大きいことを捉えられるようにする．

6. 単元の評価規準

知識・技能	思考力・判断力・表現力	主体的に学習に取り組む態度
① 金属，水及び空気は温めたり冷やしたりすると，それらの体積は変わるが，程度に違いがあることを理解している． ② 金属，水及び空気の性質について，器具や機器を正しく扱いながら調べ，それらの過程や得られた結果を分かりやすく記録している．	① 金属，水及び空気の性質で見いだした問題について，既習の内容や生活経験から根拠ある予想や仮説を発想し，表現するなどして問題解決している． ② 金属，水及び空気の性質について，観察，実験の結果を基に考察し，表現するなどして問題解決している．	① 金属，水及び空気の性質についての事物・現象に進んで関わり，他者と関わりながら問題解決しようとしている． ② 金属，水及び空気の性質について学んだことを学習や生活に生かそうとしている．

7. 指導と評価の計画（全9時間） 本時は，第1次1時間 （1/9）

時間	学習活動	評価規準・評価方法
	第1次　2時間	
1	栓をした空のペットボトルをお湯と水に入れたときの様子の違いを調べる．（本時）	ペットボトルを温めた時に栓が飛ぶ現象について根拠のある予想や仮説を発想し表現している． （思考力，判断力，表現力／発表・ノート記述）
2	試験管の中の空気を温めたり，冷やしたりした時の体積の変化を調べる．	空気は温めたり冷やしたりすると体積が変わることを理解している．（知識・技能／発表・ノート記述）
	第2次　3時間	
3	試験管の中の水を温めたり，冷やしたりした時の体積の変化を調べる．	水の性質で見いだした問題について，既習や生活経験を基に根拠のある予想や仮説を発想し，表現するなどして問題解決をしている． （思考力，判断力，表現力／発表・ノート記述）
4・5	水を温めたり冷やしたりした時の体積の変化をガラス管を使って調べる．	器具を正しく扱いながら調べ，過程や結果を分かりやすく記録している．　（知・技／発表・ノート記述） 水は温めたり冷やしたりすると体積は変わるが，空気と比べて小さいことを理解している． （知識・技能／発表・ノート記述）
	第3次　4時間	
6	金属をお湯で温めた時の体積の変化を調べる．	金属の性質で見いだした問題について，既習や生活経験を基に根拠のある予想や仮説を発想し，表現するなどして問題解決している． （思考力，判断力，表現力／発表・ノート記述）
7	アルコールランプの使い方を知り，練習する．	アルコールランプの使い方を知り，安全に扱うことができる．（知識・技能／学習の様子・ノート記述）
8・9	金属を火で温めた時の体積の変化を調べる． これまでの学習を振り返り学んだことをまとめる．	金属・水及び空気は温めたり冷やしたりすると，それらの体積は変わるが，その程度に違いがあることを理解している． （知識・技能／発表・ノート記述）

※主体的に学習に取り組む態度については，全時間を通じてノート記述・発言・その他行動の様子から評価していく．
・事物・現象に進んで関わり，他者と関わりながら問題解決しようとしている．
・学んだことを学習や生活に生かそうとしている．

8. 本時

（1）本時の目標
　容器に閉じ込めた空気の温度を変えて体積の変化を調べる活動を通して，空気の体積と温度の関係について根拠のある予想や仮説を発想し，表現することができる．

（2）本時の評価
　ペットボトルを温めた時に栓が飛ぶ現象について根拠のある予想や仮説を発想し表現している．　【思考力・判断力・表現力／発表・ノート記述】

（3）本時の展開

	学習活動・予想される児童の反応	○指導上の留意点	評価
導入（8分）	1　事象を捉える ・お湯に入れた方の栓は飛んで，水に入れた方は変わらない． ・温められた方だけ変化している． ・ペットボトルは空だけれど，中には空気がある． 2　問題を設定する お湯に入れたペットボトルのせんが飛び出したのはなぜだろうか．	○栓をした空のペットボトルをお湯と水の入った水槽に入れる． ○空気と温度に焦点化させ，問題設定につなげていく．	
展開（30分）	3　予想する ・ペットボトルの中の空気が温められて増えた． ・ペットボトルの中の空気が温められて上に移動した． ・ペットボトルは柔らかいから，横から押したのかもしれない． 4　実験方法を考える ・もっと固いもので試すと正確に調べられそう． ・横や下向きで試すと分かりそう． ⇩ ・演示したお湯を使った実験を自分達でも行ってみる ・容器を丸底フラスコに変えて行う実験 ・栓を下や横に向けて行う実験 5　実験する 〈ペットボトルで実験した班〉 ・お湯に入れるだけで栓が飛んだ． ・ペットボトルが膨らんだ気がする． ・ペットボトルをへこませた状態で行うと，膨らんでへこみが直った． 〈丸底フラスコで実験をした班〉 ・やはり栓は飛んだ． 〈容器の向きを変えて実験をした班〉 ・容器を下や横向きにしてお湯に入れても栓は飛んだ． 6　結果を共有し，考察する ・丸底フラスコでも飛んだということは，やはり中に閉じ込められた空気が原因だと思う．	○イメージ図をつかって予想させる． ○予想を確かめる実験方法を考え，発表させる． ○予想を確認できる実験を選択させる． ○お湯の温度は 42，3 度とし，温度を保つようにする． ○実験結果をグループ内で共有し，ノートに記述させる．またそこから考えたことはイメージ図等を用いて記述しておくように話しておく． ○実験結果を根拠に考察させる． ○イメージ図を書画カメラで映して説明させる．	

	・横や下向きにしても栓は飛んだということは，温められた空気が上に移動したのではない． ・ペットボトルが膨らんだということは，中にある空気の体積が温められて増えたからだと思う． ・温めて増えるのなら，冷やしたら減るのかな．		ペットボトルを温めた時に栓が飛ぶ現象について根拠のある予想や仮説を発想し表現している．【発言・記録分析】
まとめ（7分）	考察を基に仮説をたて，新たな問題を設定する お湯に入れたペットボトルのせんが飛び出したのは，中にある空気がお湯で温められて増えたからではないか． ⬇ 空気の体積は温めたり冷やしたりすると変わるのだろうか．		

9. 板書計画

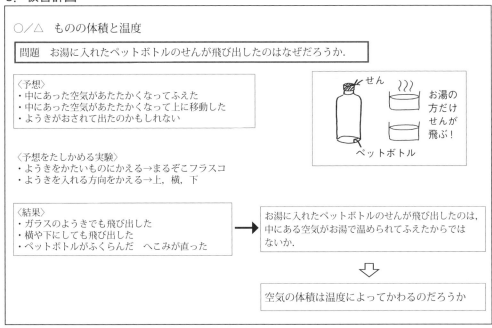

参考文献

文部科学省 (2018)：小学校学習指導要領（平成 29 年告示）解説　理科編，東洋館出版社．

1　学習指導案の導入部では，お湯に浸したペットボトルの栓が飛び出す現象から温度による空気の体積の増減に着目させて，児童に問いを見いださせようとしています．その他にどんな現象の提示が考えられるだろうか．また，学習指導案の提示と比べた時のメリットとデメリットは何でしょうか．

hint 他の現象の提示の仕方では，「空気を閉じ込めやすいもの」「変化が分かりやすいもの」「児童にとって身近なもの」から考えてみよう．また，お湯を使用せずに温める方法も考えてみよう．メリット・デメリットでは，第3節教材研究のポイント1「児童の興味・関心を誘発する問いの提示」を参考にして考えてみよう．

2　温度による空気，水，金属の体積変化について，児童が生活経験や既習事項をもとにして立てた予想や仮説の根拠にはどんなことが考えられるでしょうか．

hint 第4学年の児童の既習事項は，「空気と水（閉じ込めた空気や水を押したときの体積変化）」「自然の中の水（水の自然蒸発と結露）」「水の3つの姿（水の3態）」です．このことを参考にして考えてみよう．

3　本学習指導案で授業を行う際に，予備実験を行って確認しておきたい留意事項にはどんなことがあるでしょうか．

hint 教師が演示する場面と児童が行う場面を想定して，留意事項を安全性や効率・効果などの観点から具体的に考えてみよう．

第 14 章　小学校理科の授業の実際（第 5 学年）：学習内容と学習指導案

第 1 節　第 5 学年理科授業のポイント

　学習指導要領に示される理科の目標をバランス良く実現するためには，授業において観察，実験などを行い，児童の「問題解決の力」を養うように配慮することが重要である．第 5 学年において特に重点が置かれる「問題解決の力」として，「予想や仮説を基に，解決の方法を発想する力」がある．この力を育成するためには，問題解決の過程（図 14-1）において児童が自ら，理科の見方・考え方を働かせつつ，個人内や個人間での言語活動を充実させていくことが重要なポイントとなる．理科の見方（自然事象を捉える視点）として，例えば A 区分の「エネルギー」領域では「量的・関係的」，B 区分の「生命」領域では「多様性と共通性」といった領域固有な視点があるほか，「原因と結果」「部分と全体」「定性と定量」等の領域に依存しない視点もある．ま

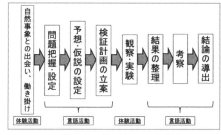

図 14 -1　問題解決の過程

た，理科の考え方については，第 5 学年では主に「条件を制御する」ように，制御すべき要因を区別して計画することが学習指導要領解説で示されており，第 3 学年・第 4 学年で用いてきた考え方と合わせて児童自らがこれらを意識的に働かせられることが求められる．

　また，第 5 学年の「生命」領域では，植物・魚・人を題材としながら，「生命のつながり」を共通テーマとして複数の単元を括ることで，それぞれの学習内容の理解をつなぐ試みを実践している．これらの学習を通して，生物の共通性や生命の連続性に触れさせることで，「生命を尊重する態度」を養いたいと考えている．

　本章では，A 区分の事例として「電磁石の性質」（エネルギー），B 区分の事例として「生命のつながり〜人のたんじょう〜」（生命）の学習指導案を提供する．そして，「電磁石の性質」では第 5 学年の理科の考え方である「条件を制御する」ことをいかに働かせることで，「問題解決の力」を養っていくのかに重点を置いて解説する．「生命のつながり〜人のたんじょう〜」では，生命領域の理科の見方である「多様性と共通性」をどのように働かせることで「生命を尊重する態度」を養っていくのかに重点を置いて解説していく．

第 2 節　問題解決を支える教材等の工夫のポイント

　第 5 学年の B 区分の単元において，例えば「地球」領域「流れる水の働き」における「川の観察」や，「人のたんじょう」における「体内の成長」等，実物を直接用いて取り扱ったり，経過観察をしたりすることが困難な学習内容が多い．そのため，問題解決を支える方法として，適当な映像や模型・モデル，資料等を児童に活用させることが考えられる．しかし，そのような場合であっても児童には問題に向き合うための体験を充実させることで，実感を伴った理解が育まれることを目指したい．例えば，「流れる水の働き」では「川を再現したモデル実験」，「人のたんじょう」では「母体内を再現したモデル実験」等，児童が条件を取り

扱いやすいモデル教材を工夫して導入することで，児童が予想や仮説を基に解決の方法を立案する際に「何かで再現することはできないか」という発想がもてるようにしたい．さらに，子どもの既有の知識を類推などに適用できるように事前に想起させておくことや，アイデアの根源となる知識の所在に気を付けて解決方法を着想する経験を積み重ねさせることで，児童の問題解決の力を高めていくことができる．

第3節　学習指導案作成のポイント

1.　「電磁石の性質」について

　予想や仮説を基に，解決の方法を設定するためには，注目する自然事象に影響を与えると考えられる変数が幾つか児童によって抽出でき，さらにはどの変数が要因として影響を与えるか調べるために，条件制御の考え方を用いることが大切である．そこで，本単元の学習指導案における「本時」（全9時間の4時間目）の指導の流れでは，問題解決の過程のうち，問題把握・設定から検証計画の立案にかけて重点を置いている．まず，仕様の異なる3つの電磁石にクリップを付ける体験で，付いたクリップ数に違いが起こることから疑問をもたせ，問題把握をさせる．次に，予想に向けて，「比較マップ」を用いた記録整理（言語活動）を導入して自然事象の構成要素をつかみ，どの要素（変数）が結果の違いを誘引するのかより確実に捉えられるよう配慮する。さらにその後の実験計画を考える場面では，値を変えていく条件（調べたい条件）と常に同じにする条件をそれぞれ何にすべきか，どの大きさにするかを意識させて立案させるとともに，児童による実験計画に見合った実験器具を準備させて，その後の実験で適切にそれらを操作できるように配慮をさせるなど，授業での柔軟な対応が必要である．

2.　「生命のつながり〜人のたんじょう〜」について

　本単元の学習指導案における「本時」（全6時間の4時間目）の指導に当たっては，系統性を意識した授業計画が重要なポイントである．前に示したとおり，本単元では先に学習した単元の「植物の発芽と成長」「メダカのたんじょう」に続くものであり，それぞれで学んだ知識や理科の見方や考え方を人へと広げて，生物の共通性や生命の連続性を捉えていく．そのため，授業者の教師自身が植物・魚・人の発生や成長の共通点・差異点を理解し，児童の発言の良さやつまずきの存在に向き合って指導に当たる必要がある．具体的には，どの生命も何かに覆われて守られていること，発生から成長に必要な養分は自らの体にあらかじめ備え付けているか，母親から直接もらっていることである．既習経験を想起させておき，教師から「胎児は何によって守られているのか」という学習問題を投げかけたい．また，予想を基に解決の方法を考えさせる際に過去のモデル実験での実物との対応アレンジを想起させた上で，再現する必要があるもの（胎児・子宮・羊水）の特徴を基にして，どのようなもので再現すると検証可能か考えさせることが極めて重要になる．このモデル実験やその後の妊婦体験等を通して，児童に生命の神秘さ・巧みさや共通性に触れさせ，「自分たち人の命だけでなく，どの生き物の命もかけがえのない宝物である」という考えにまでたどり着かせられるよう，丁寧な情意的な指導を心がけたい．

小学校理科　第5学年　学習指導案①

1. 日時　20○○年○月○日　（○曜日）　第○限

2. 対象　第5学年○組　○名

3. 単元　電磁石の性質

4. 単元について

(1) 単元観（教材観）

　本単元はエネルギー概念を柱とする内容のうち，「エネルギーの変換と保存」に関して連なる電気単元の中の1つである．電磁石は，コイルに電流が流れるときに鉄心を磁化する働きを持ち，電流の向きが変わると電磁石の極も変わるという性質を持つ．児童は電磁石の極や磁力の強さに関する問題解決に取り組む際に，電流の大きさや向き，コイルの巻き数などの条件に着目させる．その上で，これらを制御した実験を計画して道具や機器の準備をしたうえで，量的・関係的な視点からまとめた見通しを踏まえた計画的な実験を適切に実施し，結果から見通しの適否を判断することが重要となる．

(2) 児童観

　本学級の児童は第4学年「電池のはたらき」において，乾電池の数を変えて電流を大きくすると豆電球やモーターの働きが変わること，電流の向きによってモーターの回転の向きが変わることを学習している．その際，モーターについては「中はどんな仕組みなのだろう」などと関心が高かった．児童の中には「中に導線をぐるぐる巻いたものがある」と，コイルの存在に気付いた者も見られるが，働きがどのように引き起こされるのか，仕組みは知らない児童が殆どである．

　以前の単元の実践では，32人中28人の児童が条件制御を意識して実験計画を考えることができていたが，そろえる条件が不足したり，条件を2つ変えたりした4人の児童においては，体験した事象から構成要素の抽出が不十分であったと考えられる．また，32人中29人の児童が実験結果に基づき正しく考察を導き出すことができた一方で，正しく考察を導出できなかった3人の児童においては，実験後の結果共有の不十分さがあったと考えられる．

(3) 指導観

　本単元では，導入で用意した複数の電磁石が異なる結果事象をもたらすことを，児童に体験させる．そして，事象の構成要素を整理してどの要素が結果の違いの起因となるか予想をさせる．整理の際に，『比較マップ』を用いることで，構成要素をより確実に捉えられるよう配慮する．その後，予想を基に，条件制御を意識させつつ実験計画を考えさせる．本単元も一人1実験で児童に教材へ十分に触れさせ，体験を通した事実把握を図りたい．各自の実験結果をシールで『集約シート』に貼らせることで，クラス全体の結果を確実に捉え，たとえ正しい実験結果を得られなかった児童でも正しい考察を導出できるように配慮する．

5. 単元の目標

　電磁石の極や磁力の強さの変化に児童が興味・関心を持ち，見通しに基づき電磁石に流れる電流やコイルの巻き数といった条件を制御しながら自ら電流の働きを調べて，量的・関係的な視点から規則性をまとめ，電磁石の働く仕組みの理解を図り，それを活用したも

のづくりができる能力や態度を育む.

6. 単元の評価規準

知識・技能	思考力・判断力・表現力	主体的に学習に取り組む態度
① 電磁石は，電流が流れるときに働くこと，電流の向きで極が変わること，磁力の強さは電流の大きさやコイルの巻き数で変わることが理解できる. ② 電磁石の磁力の強さの変化を工夫して調べ，その過程や結果を定量的に記録することや，導線等を適切に使い，安全で計画的な実験やものづくりをすることができる.	① 電磁石の磁力の強さを変える要因を事象の構成要素から選んで予想し，条件に着目して立てた実験計画を説明できる. ② 電磁石の磁力の強さと電流の大きさや導線の巻き数，電磁石の極の変化と電流の向きを関係付けて考察し，自分の考えを表現している.	① 電磁石に起こる現象へ興味・関心を持ち，電磁石の働きや電磁石の磁力を強くする要因を進んで調べることができる. ② 電磁石の性質や働きを活用したものづくりをしたり，そのしくみを利用した身近な事物の工夫を見直したりすることができる.

7. 指導と評価の計画（全9時間）本時は，第2次1時間（4/9）

次	時間目	学習活動	評価の観点 知	思	態	評価規準	評価
1	1	コイルと電磁石	○			50回巻きコイルを適切に作成している.	行動観察
					◎	コイルに鉄心を入れて電流を流したときの現象に興味・関心をもち，進んで電磁石の働きを調べることができる.	行動観察 発言分析 記述分析
	2	電磁石のはたらき	◎			電磁石は電流が流れているときに磁化すること，離れていても鉄を引き付けることを理解している.	記述分析 小テスト
	3	電磁石の極			◎	4年生で学習した乾電池の向きとモーターの回る向きの関係を基にして，乾電池の向きと電磁石の極について，根拠のある予想を立てている.	記述分析
2	4	電磁石を強くする方法　（本時）			◎	電磁石の強さを変える要因について予想をもち，条件に着目して実験を計画し，表現している.	記述分析
	5	電流の大きさと電磁石の強さ	◎			コイルの巻数を一定にして，乾電池1個のときと2個を直列につないだときの電磁石が引き付けるクリップの数について，その過程や結果を記録している.	行動観察 記録分析
	6	コイルの巻き数と電磁石の強さ	◎			乾電池の数を一定にして，コイルの巻き数が50回と100回のときの電磁石が引き付けるクリップの数について，その過程や結果を記録している.	行動観察 記録分析

2	7	電磁石の強さ	◎	○	電磁石の強さは，電流の大きさやコイルの巻数によって変わることを理解している.	小テスト
3	8・9	作ってみよう		◎	電磁石の性質や働きを活用してものづくりをしたり，そのしくみを利用した事物の工夫を見直したりしている.	行動観察記述分析

◎：指導に生かすともに記録して総括に用いる評価，○：主に指導に生かす評価

8. 本時

(1) 本時の目標

電磁石に関する体験活動を基に，磁力の強さを変える要因を電磁石の構成要素から選んで予想をもち，条件制御に着目した実験計画について自分の考えを表現できる. そして，次時の実験活動への意欲を示すことができる.

(2) 本時の評価

指導に生かすともに記録して総括に用いる評価

・変える条件と変えない条件を明らかにして調べたい条件を1つだけを変え，それ以外の条件は固定した実験計画を表現している.　　【思考力・判断力・表現力／記録分析】

(3) 本時の展開

	学習活動・予想される児童の反応	○指導上の留意点	評価
導入（15分）	1　体験活動を行う. 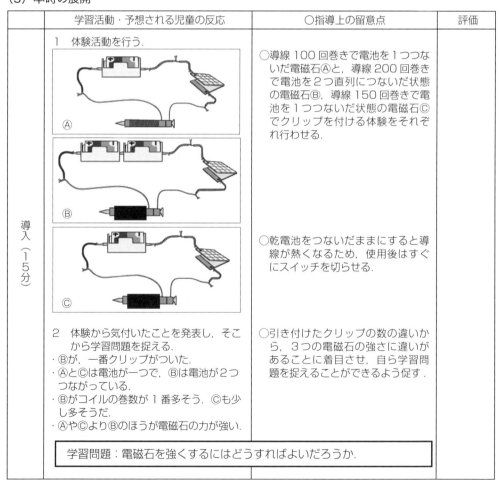 2　体験から気付いたことを発表し，そこから学習問題を捉える. ・⑧が，一番クリップがついた. ・Ⓐと©は電池が一つで，⑧は電池が2つつながっている. ・⑧がコイルの巻数が1番多そう. ©も少し多そうだ. ・Ⓐや©より⑧のほうが電磁石の力が強い. 　学習問題：電磁石を強くするにはどうすればよいだろうか.	○導線100回巻きで電池を1つつないだ電磁石Ⓐと，導線200回巻きで電池を2つ直列につないだ状態の電磁石⑧，導線150回巻きで電池を1つつないだ状態の電磁石©でクリップを付ける体験をそれぞれ行わせる. ○乾電池をつないだままにすると導線が熱くなるため，使用後はすぐにスイッチを切らせる. ○引き付けたクリップの数の違いから，3つの電磁石の強さに違いがあることに着目させ，自ら学習問題を捉えることができるよう促す.	

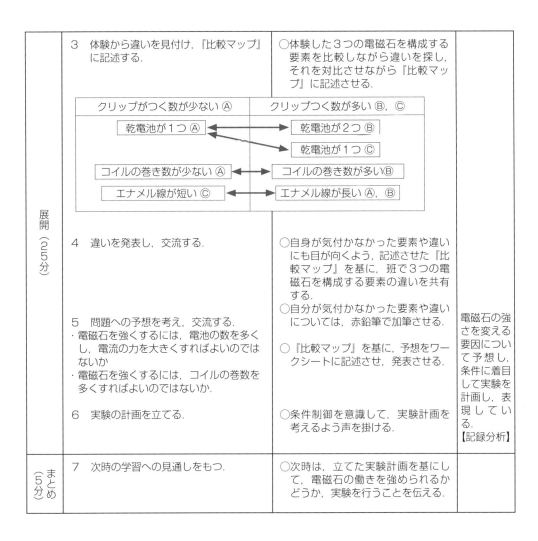

展開（25分）	3 体験から違いを見付け，『比較マップ』に記述する.	○体験した３つの電磁石を構成する要素を比較しながら違いを探し，それを対比させながら『比較マップ』に記述させる.	
	4 違いを発表し，交流する.	○自身が気付かなかった要素や違いにも目が向くよう，記述させた『比較マップ』を基に，班で３つの電磁石を構成する要素の違いを共有する. ○自分が気付かなかった要素や違いについては，赤鉛筆で加筆させる.	電磁石の強さを変える要因について予想し，条件に着目して実験を計画し，表現している.
	5 問題への予想を考え，交流する. ・電磁石を強くするには，電池の数を多くし，電流の力を大きくすればよいのではないか ・電磁石を強くするには，コイルの巻数を多くすればよいのではないか.	○『比較マップ』を基に，予想をワークシートに記述させ，発表させる.	【記録分析】
	6 実験の計画を立てる.	○条件制御を意識して，実験計画を考えるよう声を掛ける.	
まとめ（5分）	7 次時の学習への見通しをもつ.	○次時は，立てた実験計画を基にして，電磁石の働きを強められるかどうか，実験を行うことを伝える.	

9. 板書計画

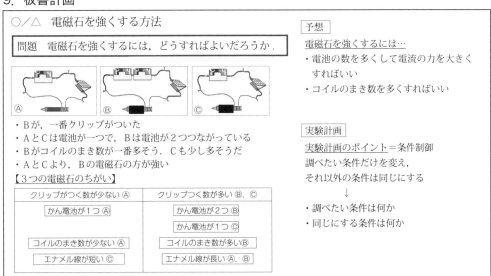

小学校理科　第5学年　学習指導案②

1. **日時**　20○○年○月○日　（○曜日）　第○限

2. **対象**　第5学年○組　○名

3. **単元**　生命のつながり

4. 単元について

(1) 単元観（教材観）

　単元は第5学年の「植物の発芽と成長」「メダカの誕生」に続くもので，植物や動物（魚）で学んだ見方や考え方を人へ広げて，生物の共通性や生命の連続性を捉える集大成の単元である．植物・魚・人の発生や成長での共通条件である，どの生物も卵から始まること，発生には雌雄による受精（受粉）が必要なこと，発生から成長には養分が必要なことの3つを意識させつつ，学習を進めることが大切である．また，これまでの生物と違い，人は母体内で直接養分をもらって育つという哺乳類特有の仕組みへ気付くことも大切であるが，母体内の成長は直接観察が困難なため，映像や模型等の資料を活用することや，成長の仕組みを再現したモデルから体感を促すことが求められる．

(2) 児童観

　本学級の8割超の児童は生き物が好きと答えている．「命とはどんなものですか」と尋ねると多くは「大切なもの」と捉えている一方で，遠足で公園に行った際にアリを踏み付けたり，しっぽが切れたトカゲを面白がって見ていたりする姿が見られる．児童は，生き物に命があるとうわべではわかっているが，"全ての生命がかけがえのないものである"という意識は薄いように思われる．

　1学期実践「メダカのたんじょう」では生命の存在を強く実感できる場を設けた．雌雄のメダカを一人ひとりに飼育させ，実際に卵内の心臓の動き，孵化の瞬間などを観察した活動を通して，児童は愛着をもって飼育し，成長を喜ぶ姿や生命誕生の瞬間に感動する姿を見せ，小さな生命を尊重する態度を育んでいった．しかし，メダカと植物の発生・成長での共通条件に目が向かない児童も多く，「どの生き物の命もかけがえのない大切な宝物だ」との考えにたどり着いていないと思われる．

(3) 指導観

　本単元では人とメダカ，植物の比較を通じて，小さな生命はどれも母親より栄養をもらい，巧みな仕組みで守られることを実感し，どの生物の命もかけがえのない大切な宝物だという考えを養いたい．

　本時では既習事項の植物とメダカの成長を想起させ，それぞれ種子や卵の殻により命が守られていたと確認することで，胎児は「何によって」守られているのかと問題意識をもたせる．児童と共に問題解決の手立てを考えてから実験活動に移ることで，問題解決能力の育成を図る．また，児童にモデル教材を用いた一人1実験を行わせ，主体的な活動を促すようにする．終末では，妊婦体験（おもり入りリュックサックを前掛けで背負う）から，羊水のほかに母親の愛情によっても胎児は守られている（自分たちも守られていた）ことに気付かせたい．

5．単元の目標

　人や動物の発生や成長に児童が興味・関心を持ち，見通しに基づき自ら資料や模型から調べて時間経過と関係付けながらまとめ，発生や成長の仕組みや多様性・共通性の理解を図り，生命尊重の態度を育む.

6．単元の評価規準

知識・技能	思考力・判断力・表現力	主体的に学習に取り組む態度
① 人は，母体内で成長して生まれてくることや，羊水の役割を理解できる. ② 人や動物が母体内で成長する様子を資料や模型などを活用して調べ，その過程や結果を記録できる.	① 人の母体内で成長を予想して，自分の考えをお互いに表現できる. ② 母体内で成長していく様子を調べ，調べたことを時間の経過と関係付けてまとめ，自分の考えを表現できる.	① 母体内で胎児の様子や成長に興味・関心を持ち，人の母体内での成長の仕組みを主体的に調べることができる. ② 動物の発生や成長の多様性や共通性に触れたうえで，生命の神秘さや連続性を感じるとともに，生命を尊重する態度を表すことができる.

7．指導と評価の計画（全6時間）本時は，第1次4時間（4/6）

次	時間目	学習活動	知	思	態	評価規準	評価
1	1	胎児はどう成長して生まれてくるのだろうか		○		人は母体内で成長していくことを予想し，自分の考えを表現している.	記述分析
					◎	母体内での子どもの様子や成長に興味・関心をもち，進んで調べることができる.	発言分析
	2・3	胎児の成長や様子	◎			資料や模型などを活用して人の成長や誕生を調べ，その過程や結果を記録している.	記述分析
						胎児の大きさ・重さや，養分の運ばれ方を理解している.	小テスト
	4	胎児の成長や様子（本時）	◎			胎児を守る羊水の役割を理解している.	記述分析
					○	生命の巧みや不思議さ，神秘さを感じ，生命の大切さについて考えている.	行動観察 記述分析
2	5	いろいろな動物の誕生	◎			資料などを活用して，いろいろな動物の成長や誕生について調べ，その過程や結果を記録している.	記録分析
	6	ふりかえろう			◎	これまで学習してきたことをまとめ，自分の考えを表現している.	記述分析

◎：指導に生かすとともに記録して総括に用いる評価，○：主に指導に生かす評価

8. 本時

(1) 本時の目標

　見通しに基づいたモデル実験から，胎児を守る羊水の役割を理解することができる．さらに妊婦体験も行うことにより母親の愛情にも触れ，生命の巧みさや不思議さ，神秘さを感じ，生命尊重の態度を育むことができる．

(2) 本時の評価

　主に指導に生かす評価

・母体内での成長の仕組みについて，生命の巧みや不思議さ，神秘さや命のつながりを感じ，生命の大切さを表現している．　　　　　【主体的に学習に取り組む態度／行動観察, 記録分析】

　指導に生かすとともに記録して総括に用いる評価

・子宮内に羊水があることで，様々な衝撃から胎児は守られていることを理解している．

【知識・技能／記録分析】

(3) 本時の展開

	学習活動・予想される児童の反応	○指導上の留意点	評価
導入（10分）	1　前時までの学習を振り返り，本時の学習問題をつかむ．	○前時の学習内容を想起させ，胎児が母親の子宮内の羊水の中で成長することや養分の運ばれ方について確認する． ○本時の学習問題を知らせる．	
	主発問（学習問題）：胎児は何によって守られているのだろうか．		
	2　問題に対する予想をもつ． ・子宮→メダカや植物は，外側のからで守られていたから． ・羊水→市販の豆腐のパック内の水のように羊水が衝撃から身を守ってくれるから． ・お母さんの愛情→お母さんがお腹に衝撃がいかないように守ってくれているから．	○既習事項である，植物とメダカの成長を想起させ，植物の命は「種子のから」によって，メダカの命は「卵のから」によって守られていたことを確認する． ○予想だけでなく，そう考えた理由についても記入させ，発表させる． ○根拠を明確にして発表できた児童を称賛する．	
展開（20分）	3　問題の解決方法（実験方法）を考える． ・胎児＝硬すぎではだめ（結果に違いが出ない）→豆腐 ・羊水＝水分　　　→　水 ・子宮＝袋　　　　→　ビニル袋 【実験方法】 豆腐（胎児）を水（羊水）の入ったビニル袋（子宮）と水を入れていないビニル袋にそれぞれ入れて，振る．	○問題を解決するために，どのような方法が考えられるかを児童に問う． ○過去に行ったモデル実験を想起させる． ○モデル実験において，何を再現する必要があるかを考えさせるとともに，再現する必要があるもの（胎児・羊水・子宮）を何で再現すると，予想を確かめることができるか考えさせる． ○実験方法を確認し，変化させる条件（水あり・なし）と変化させない条件（ビニル袋・豆腐・振り方）を確認する．	
	4　実験を行い，実験結果の記録と考察に取り組む．	○実験を終え，結果を記録し終えたら，結果からわかったこと（考察）を記述するよう伝える． ○実験の様子を観察し，児童のつぶやきを捉えて全体交流に生かせるようにする．	

	5　実験結果と実験からわかったことを全体で交流する.	○全体で共有する前に，班で話し合うように声を掛ける. ○実験結果を発表させる. ○実験結果からわかったことを発表させ，児童の発言内容を抽出して，まとめを板書する.	○子宮が羊水で満たされていることと胎児が様々な衝撃から守られていることを関連付けて理解している.【記述分析】
まとめ（15分）	まとめ：胎児は，子宮内に羊水が満たされていることによって，様々な衝撃から守られている.		○人の母体内での成長の仕組みに巧みさや不思議さ，生命の神秘さや命のつながりを感じ，生命の大切さを表現している.【行動観察・記述分析】
	6　本時の学習を振り返る. 【妊婦体験】 おもり（10kg）を入れたリュックサックを前から掛けさせて，妊婦体験を行う.	○妊婦体験を行い，お腹に胎児がいる時の母親の大変さを捉えさせると共に，母親の愛情によっても胎児（自分たち）が守られていたことに目を向けさせる. ○ワークシートに本時の感想を記入させ，時間があれば発表させる.	

9. 板書計画

○／△　たい児の成長や様子

問題　たい児は何によって守られているのだろうか．

母親の
たい内の
子宮の図

予想

児童が発表した予想と理由
①○○○○　②□□□　③△△△△
（理由）………　………　………
　　　　　………　………

実験方法　子宮の中を再現する
（再現）　　　　　　　　　（条件）
子宮　　→　ビニル袋　　　変えない
羊水　　→　水　　　　　　変える
たい児　→　とうふ　　　　変えない

結果
水（羊水）あり　　　水（羊水）なし
豆腐（たい児）は　　とうふ（たい児）
くずれない　　　　　がくずれた

考察（まとめ）
たい児は，羊水がある（満たされている）ことによって様々なしょうげきから守られている．

参考文献

角屋重樹（2013）：なぜ，理科を教えるのか－理科教育がわかる教科書－，文溪堂.

文部科学省（2018）：小学校学習指導要領（平成29年告示）解説 理科編，東洋館出版社.

———————————————— 課　題 ————————————————

1　「電磁石の性質」の学習指導案において，児童による条件制御の取り組みを進めやすくさせる工夫を説明してみよう.

　　hint　使用する教具や提示する板書内容などに着目して，班のメンバーとの議論が進めやすくなるための仕掛けを見いだそう.

2　「生命のつながり〜人のたんじょう〜」の学習指導案において，生命の巧みさ・神秘さや命のつながりへ児童の目を向けさせるために，本時の展開の中で大事にしている場面をいくつか挙げて，それらの特徴を説明してみよう.

　　hint　授業で話題にする生物，他単元の学習との共通性，学習と自分との関係性に目を向けて，その取り扱いのタイミングを捉えてみよう.

第 15 章　小学校理科の授業の実際（第 6 学年）：学習内容と学習指導案

第 1 節　学びに文脈をもたせる授業展開

　理科の問題解決学習では，まず，「問題が本当に子どものものとなっているのか」を教師がきちんと把握できていることが重要である．子どもが自分事として問題に正対し，一人ひとりが解決に向かう意欲を高め，学んでいく過程を大切にしていかねばならない．子どもが主体性をもって問題解決に取り組んでいく姿を引き出すためには，学びのプロセスに文脈をつくりながら，追究していきたいという想いを醸成していくことが必要である．そのために実生活と学習内容との関連性を図りながら，学んでいくことの動機・意義を立ちあげていく．

　本単元では，震災時の動画や，画像を提示することに始まり，震災時に瓦礫を持ち上げ，人命救助をするために 1 本の棒が活躍したことを紹介するところからスタートしていった．実際に防災時に扱われるバールに触れてみたり，実験用大型てこ（＝防災用バールと同じ仕組みであることを確認）で，実際に物を持ち上げる経験を積んだりする中で，どうして指 1 本で加えた小さな力が，重い荷物を持ち上げられるような大きな力に変わるのか知りたいという思いを引き出していった．子どもは，体験を繰り返していく中で，得られた感覚情報を基にしながら，「持ち上げるものの位置を変えると手ごたえも大きく変わるのではないか．」「力をかける位置を変えることで，物を持ち上げる手ごたえも大きく変わるはず．」という気付きを得ていく．第 1 時では，そのような子どもの驚きや気付きを起点として，どのような力のかけ具合で，どのように道具を利用すれば，災害時に効率的かつ安全にものを持ち上げる力がはたらくのだろうかという問題意識を全体で共有していった．

　このようにして，子どもの思考の流れを汲みながら，丁寧に学びの文脈をつくっていくことや，学習内容を学んでいく意義・動機を立ちあげていくことが，単元を通じて主体的に学びへ向かう姿勢を引き出していく．

図 15 -1　防災用バールの利用

図 15 -2　実験用大型てこの利用

第 2 節　問題設定に至るまでの教師の居方と自由試行の在り方

　前述したような単元の導入における自由試行の場面では，子ども一人ひとりが学習材にふれる時間を十分に確保し，実体験を通して，子どもの「さわってみたい．」「試してみたい．」という発意，「なんでだろう？」「〜したらどうなるのだろう？」という疑問を引き出すことが重要である．子どもの実体験に基づく気付きや想いを大切にしていかねばならない．教師

が演示で見せるにとどまったり，代表の児童数人が触れたりするだけでは，学級全体で問題意識が共有されるまでには至らない．一人ひとりが実物にふれ，想いや考え醸成させていくことこそが，集団として追究に向かうエネルギーへと結びついていくものである．

また，本実践のように子どもが問題を見いだし，それを自分事として捉えていくまでには，積極的な教師の働き掛けが必要になってくるだろう．子どもが自由に試行したのち，そこから問題が立ちあがるのをただひたすらに待つのではなく，子どもが問題をもてるような空間・時間をデザインすることや教師のアセスメントに基づく適切な支援が求められるのである．特に単元の導入で問題を設定していく場面においては，追究していくべき問題について焦点化を図っていくような声かけ，問題の見いだしにつながるような事象提示の工夫を考えていかねばならない．教師が問題をおしつけることになってはいけないが，適時・適切な支援により，子どもが問題意識を高め，一人ひとりが問題解決のスパイラルに乗って，追究へ向かう意識を高めていけるような仕掛けをしていくことは必要である．

子どもにとって意欲的な探究活動となっていくよう，深い子どもの見取りとそれに基づく単元全体を見通した教師の授業デザインが求められる．

第3節　理科的な見方を働かせる場面を想定した指導の在り方

子どもがどのような場面で，どのような見方を働かせ，問題の解決に迫っていくのか，具体的な子どもの姿をイメージしておくこと．そして期待する姿が単元の中のどの場面で表れていくものかを想定し，学びの道筋をデザインしていくことが大切である．

新指導要領では，理科における教科特有の見方として，7つの視点が具体的に示された．ここでは，本実践において，子どもが「定性・定量」「量的・関係的」などの理科的な見方を働かせて学びを展開していった具体的な場面を紹介する．

1.　定量・定性的な見方を働かせた授業場面

本実践では，てこの規則性を追究していく過程で，はじめに実験用大型てこを利用して体感的に手ごたえを確かめる実験をしていった．手で押す位置を変えたり，おもり（2Lのペットボトル）をぶら下げる位置を変えたりして実験をしていくと，次のような子どもの反応が生まれていった．

C1：棒の内側を押すとちょっとずつ重くなっていく．ペットボトルは棒の内側に置くとかなり軽くなるよ．
C2：棒の端を押すとすごく軽く感じる．棒の端にペットボトルを下げると今までで一番重くなる．
C3：押す位置やペットボトルを下げるところの位置によって手ごたえがかなり変わるよ．

前述したような子どもの発言を板書し，可視化していく中で，それぞれが得た情報を比較・検討していくと，下線部のような私見に基づく情報は，感覚的（定性的）であり，人それぞれに感じ方や捉え方に違いが出てしまい個人差が表れるということが浮き彫りになっていった．それを受け子どもは，感覚的な情報だけでは，問題の解決に迫ることができないという

ことに気付いていく．感覚情報を客観性のある数値へと変換し，データを共有できるような
かたちに起こしていくことへの必然性が高まっていった場面である．また，ここで感覚情報
が一律ではないこと，信頼性・妥当性が低い情報であるということについて子ども達と改め
て確認をしていくことができた．

　その後，力点を「上から押す力」から「下に引く力」へと変換して考えるということで事
象を捉え直し，そこで働く力を数値に起こして考えていきながら，てこの規則性を改めて追
究していくことになった．そこで使用したのが，吊り量りである．吊り量りを利用すること
は，数値化されたデータの有用性を実感しながら，より妥当性の高い情報を扱って事象を捉
え直していこうとする子どもの姿を引き出していくことに結び付いていった．

　このように，追究していく過程において，子どもが**定量的な見方**をもって考えをつくって
いくことのよさを実感させてあげられること．理科的な見方を働かせながら，問題解決に迫
る場面を教師が単元の中に，意図的に位置付け，想定しておくことが大切である．また，理
科的な見方をもって事象を捉え直すことができた場面を丁寧に取り上げ，価値付けるなど，
その姿を評価していくことが，自律的に見方を働かせ，問題解決を進めていこうとする姿勢
へと結び付いていくものと考える．

2．量的・関係的な見方を働かせた授業場面

　考察場面における結果の読みとり
では，吊り量りを利用して数値化し
たデータを各グループで一度，表に
表したのちに，各グループの実験結
果を共有していくためにグラフへと
転記していった．

　右のグラフは，縦軸をかかる重さ
（kg）とし，横軸を支点から力点ま
での距離（cm）として定め，実験
によって得られた数値をプロット化
したものである．

　このようにして，結果をプロット
化し，グラフとして可視化していく
と，単に表の数値を並べて見ていた
ときには，見えなかった各結果の共

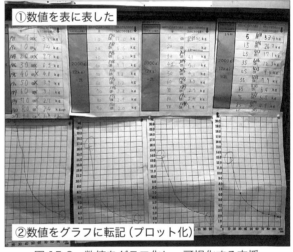

図15-3　数値をグラフ化し，可視化する支援

通性が見られるようになる．そこから，各グループのグラフを比較しながら，改めてどのよ
うな変化や傾向があるのかを分析していった．実際の授業における考察場面では，グラフの
読みとりから具体的に以下のような気付きが見られた．

C4：数値化すると<u>一定の決まりがあるように見える</u>．
C5：<u>力点が支点から遠いほど，軽い力でつり合った</u>．
C6：支点から作用点までの距離より支点から力点までの<u>距離が2倍だと重さが半分（2分
　　の1）くらいでつり合うのかも</u>．<u>2つの数値の関係は，反比例になるのかもしれない</u>．
C7：もしかしたら，<u>距離が3倍になれば重さは3分の1に減るのではないかな</u>．
C8：重さと距離をかけて，両腕の数が同じくらいになるとつり合うのかもしれない．
　　<u>右の重さ×距離＝左の重さ×距離</u>になっている気がする．

子どもは，グラフの縦軸，横軸の２つの数値を関係付けながら，データを捉え直していくことで，「支点と力点の間の距離が長くなるほど，力点にかかる重さが軽くなること」に気付いていった．結果を捉え，考察を深めていく過程の中で，子どもが理科的な見方（**量的・関係的な見方**）を働かせながら考えを構築していった場面である．縦軸・横軸の２つの変数に着目し，量的・関係的な見方を働かせながら，事象を捉えなおしていくことで，その事象の持つ原理によりよく迫ることができたということがいえる．また，ここでは，子どもが体感的な情報を客観的な数値に置き換えていくことの意味を実感しながら，実験に取り組むとともに，実験を通して得られたデータを整理し，プロット化することの有用性を感じとることができていた．

　何度も繰り返すようだが，子どもが理科的な見方を働かせる具体の場面を見通し，想定していくこと，そして理科的な見方を働かせて追究していくことのよさを子ども自身が実感できるような，学びの道筋を描いていくことを大切にしていかねばならない．子どもの思考の流れに寄り添いつつ，上記のような過程を丁寧に歩んでいくことこそが科学的に事象を見つめ，現象の真理を追究していこうとする態度の育成につながっていくものだと考えている．

第4節　理科の「考え方」を身に付け，問題を解決していく6学年の子どもの在り方

　理科の学習指導要領には，問題解決能の力を育成するために学年ごとに重視したい「考え方」として，次の４つの考え方が示されている．第３学年「比較する」，第４学年「関係付ける」，第５学年「条件を制御する」，第６学年「多面的に考える」の４観点である．またこれら，理科的な考え方は，どのような思考の枠組みを活用すれば，よりよく問題解決を図っていくことができるのかを示したものである．

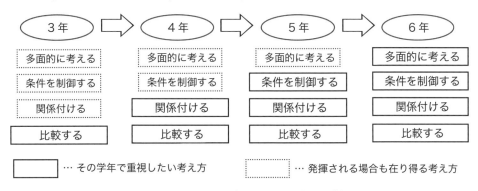

図15-4　各学年で重視される理科的な「考え方」

　そして，問題解決能力を支えるこれら４つの考え方は，各学年ごとに限定的に求められる能力として捉えられるのでなく，上の図のように学年が上がっていくにつれて，積みあげられていくイメージで捉えていくべきである．第３学年で培われた「比較」の考え方は，第４〜６学年時まで，引き続き発揮されるべき考え方であるということである．また，上の学年で重視したい考え方であっても，下の学年で発揮されることはあり得るということにも留意すべきである．例えば，第５学年で重視したい「条件を制御する」という考え方は，第

3・4学年時には発揮されなくてもよいということではない．もちろん，第3・4学年時にも，条件に目を向けて実験方法を構想するというような場面は見られるだろう．学年が上がるにつれて，これまでに経験してきたことを基に，思考の枠組みを拡大し，それらをより自覚的なものとしながら，自律的に「考え方」を働かせていけるようになることが望まれるのである．特に6学年における学びの中では，これまでに培われてきた「考え方」を総合的に働かせるとともに，それに伴う問題解決の能力を駆使しながら自律的に追究に向かっていくという子どもの姿を期待したいところである．

では，どのような場面において「考え方」を働かせる姿が表れていくのだろうか．本実践における問題解決の過程で理科的な「考え方」が発揮されたとされる具体的な場面について以下に示していく．

まず，問題を設定していった第1時の場面では，子どもがてこを押す手ごたえの大きさを変えながら，手ごたえの大きさを比べていく中で，「どうして小さな力でも重いものを持ち上げられるのだろうか？」という問題の見いだしがなされていった．また，問題を設定する場面に限らず，実験結果を基に考察していく場面においても，複数のデータを比較していくことで共通性や差異性を見いだしていく姿が見られた．ここでは主に第3学年で身に付けるべきとされる「**比較**」の考え方がはたらいていたとして捉えられるだろう．

次に，プロット化した実験結果について「支点からの距離」と「かかる重さ」という2つの変数に着目し，それら二項を関連させながら読み解き，考えを深めていった場面は，第4学年で求められる「**関係付け**」の考え方がはたらいた場面であるといえる．

そして，実験方法の立案場面においていえば，初めに力点の位置について追究していくために，支点や作用点は固定して考えるなど，変数を1つとしながら，条件を整理し，何を調べていくのかを明確にし，見通しをもって実験を進めていくという姿が見られた．ここでは，「**条件を制御する**」という考え方が働いていたとして捉えられる．

また，体感したことの中から得られた情報を共有したり，データを数値化して共有したりするなど，様々なアプローチでその事象を捉え直していくことや，複数の情報を基にてこの規則性について推論し，妥当な考えを導き出そうとする子どもの姿があった．その姿はまさに，第6学年で重視される「**多面的に考える**」という思考の在り方として捉えられるのではないだろうか．

以上のように本単元の中で，子どもは「**比較する**」「**関係付ける**」「**条件を制御する**」「**多面的に考える**」といった理科の学びの中で働かせるべき考え方を基に，問題解決の能力を総合的に駆使して，追究活動に取り組んでいたということがいえるのである．

理科の考え方は，問題解決の過程で，必要な場面で適時に発揮されていくことを通して，育まれていくべきものであるし，学年が上がる中で，よりレベルアップしたかたちで，より自律的に発揮されていくことが理想である．そして，何よりも大切なのは，子どもがこれらの「考え方」を働かせ，追究している姿を教師が丁寧に見取り，称賛したり，学級でその価値を共有したりしていくことである．教師が適時に評価をしていくことによって子どもが理科的な考え方を発揮したことについて，自覚化を促していくことが必要なのである．

子どもの「見方・考え方」をより豊かで確かなものとし，自分のものとして自律的に発揮していくことができるよう，教師自身が数値化できない，目に見えない力を評価することについて高い意識をもつことや，授業中の子どもの姿を丁寧に見取ることへの構えが重要になってくるものと考えている．

小学校理科　第6学年　学習指導案

1. **日時**　20○○年○月○日　（○曜日）　第○限

2. **対象**　第6学年○組　○名

3. **単元**　「災害救助で大活躍!!　てこの仕組みを解明しよう！」

4. **単元について**

(1) 単元観（教材観）

　本単元は，「A物質エネルギー⑶てこの規則性」に基づくものであり，「エネルギー」についての基本的な概念等を柱とした内容のうちの「エネルギーの捉え方」に関わるものである．ここでは，児童が加える力の位置や，大きさに着目して，これらの条件とてこの働きとの関係を多面的に調べる活動を通して，てこの規則性についての理解を図り，観察，実験などに関する技能を身に付けるとともに，妥当な考えをつくり出す力や主体的に問題解決を図ろうとする態度を育成することがねらいである．また，単元を通して，実験結果を表やグラフなどに整理し，それらを比較，分析する活動を取り入れながら，規則性への気付きを得たり，わかりやすく結果を整理する能力を高めたりしていくなど，理科の見方・考え方を働かせながら，問題解決に取り組む過程を大事にしていく．

　指導にあたっては，災害時に使用する防災用バールを提示することの導入から，どのようにして道具を扱えば楽に（小さな力）で重い物を持ち上げられるのかという視点をもち，問題を自分事として捉え，解決に迫れるように支援していく．人の力で，重いコンクリートやブロックを動かすことができるという驚きを起点に，どうして「小さな力」を「大きな力」に変えることができるのかということに問いを焦点化していきながら，興味・関心をもって自ら追究に向かっていく姿を引き出していきたい．さらに，実験で明らかになった事実だけでとどまることなく，生活で利用されている様々なものに，見いだした規則性を適用し，考えていく姿が見られるよう指導していく．

(2) 児童観

　本学級の児童は，知的好奇心が高く，諸感覚を働かせて事象を捉え，そこから問題を見いだすことができる．また，生活経験や既習の内容をもとに仮説を立て，見通しをもって実験に臨むことができるようになってきた．問題を自分事として捉え，主体性をもって学びに向かう姿勢が見られることに個々の成長を感じているところである．

　前単元の「物の燃え方」における学習では，『空き缶に入れた割り箸に火をつけるにはどうしたらよいか』を大きな課題として追究していった．その中でAさんは，初め，たくさんの新聞紙や割り箸を缶の中に詰め，火をつけようと試行錯誤していた．何度も試行を繰り返す中で，思うように火がつかないことに気付いたAさんは，「缶に穴を開けてみたい」と話をした．どうしてそのように考えたのかを問うと，「野外炊飯のとき，薪に火をつけるため空気が入るすきまをつくったから」と答えた．自らの生活経験をもとに，見通しをもって，再チャレンジしていこうとする姿はまさに，主体性をもって学びに向かっていこうとする姿であるといえる．また単元の終末では，火のついた長短2本のろうそくを密閉した空間に入れ，長い方の火が先に消えるという事象を提示し，全体でその要因を考えていった．Bさんは，温かい空気が上昇し，使われた空気がペットボトルの上部に溜まっていくことをイメージし，自分の予想を全体に説明した．また，Cさんは，火災が起きた際には，身をかがめて避難した方がよい，という実生活における知識をもとに，「温かい空気は煙とともに上に集まっていく，まだ使われてい

ない新しい酸素はきっと下の方に溜まっているのではないか.」ということを自分なりに推論し考えることができた. 既習の知識と, 新たに得られた知識を統合し, 関係付けながら自らの考えを更新していこうとする姿は, 子どもが自律的に学びを深めていこうとする姿であると言える. 本単元の中でも, そのように問いを自分事として捉え, 積極的に学びに向かう姿勢を引き出していくとともに友達と考えを伝え合いながら, 協働的に考えを深めていく姿が見られることを期待し, 子ども達の学びを支援していきたい.

(3) 指導観

　児童一人ひとりに学びに向かう動機が立ち上がり, 意欲的に解決に向かおうとする前向きな姿勢を引き出していくためには, 学習材との出合わせ方はもちろん, 個が学習材とじっくりとかかわり, 考えをつくる時間を十分に保障していくことが大切である. 今回は, 防災用バールの利用場面を学びのきっかけとして単元をスタートさせ, 学習の流れに文脈をもたせるとともに, 一人ひとりが実際にてこに触れる機会を多く設定し, 手ごたえの違いを体感させながら, 個の考えを深めていけるようにする. 予想を立てる・考察をつくっていく場面においては, 考えていることを言語化するよう促し, それぞれがもっている視覚的なイメージを言語や描画で表現することを求めるとともに, どうしてそのように考えたのか根拠となるデータや事実・生活経験を明らかにしていくよう積極的に声かけをしていきたい. 実験結果の共有場面では, 複数のデータを統合し, 関係付けながら, 推論する力を発揮する場面を意図的に設定するなど, 理科における問題解決能力を発揮していく姿を引き出していく. また, 発揮した場面を見取り, 丁寧に価値付けていくことで, 子どもがその力を自覚していけるように支援していきたい.

　また感覚的な情報を数値における客観性のあるデータへと置き換えるといった, 定性的・定量的な見方を働かせていくことや, 力の大きさと距離という2つの数量を関係付けながら考えをまとめていく経験を通して, より科学的に事象を見つめようとする力を育んでいきたいと考えている. アセスメントとそれに基づく適時の指導を繰り返していくことで, 個々の考えを明確にし, 顕在化していけるよう支援していくと共に, 個々が構築した考えを活発に交流していくことを促しながら, 学級全体で科学概念を構築していくことを目指す.

5. 単元の目標

　てこのはたらきに興味・関心をもって追究していく活動を通して, その性質や規則性について理解する. また, 複数の結果を基に推論し, 妥当な考えをつくるなど, 理科の見方・考え方をもって問題を解決していくことができる.

6. 単元の評価規準

知識・技能	思考力・判断力・表現力	主体的に学習に取り組む態度
① てこを傾ける働きの大きさは, 力の大きさや力を加える位置によって変わり, てこがつり合うときには, それらの間に一定の規則性があることを理解している. ② 支点から作用点までの距離や支点から力点までの距離を変えて, 手応えのちがいを調べることができる. ③ 実験用てこや吊り量りを使用し, 安全に留意しながら, 棒の傾きの変化を調べ, 適切に結果を記録することができる.	① 加わる力の大きさや位置のちがいから, てこの働きや仕組みについて推論し, それを表現することができる. ② てこがつり合うときの重さと支点からの距離との関係を推論しながら調べ, てこの規則性について妥当な考えをつくりだすことができる. ③ 自分の身の回りの道具に, てこの規則性についての考えを適用して考えることができる.	① てこの働きに興味・関心をもち, 実験用てこを進んで調べようとする. ② てこの棒を傾ける働きに興味・関心をもち, その規則性について, 見通しをもって追究しようとする. ③ てこの規則性を利用した身の回りの道具について, 興味・関心をもち, その仕組みについて進んで調べようとする.

7．指導と評価の計画 （全9時間）　本時は第2次，2時間（4/9）

次	時	主な学習活動	□主な評価規準　（評価方法）
1	1	○防災用バール・実験用大型てこを使って，重いものを持ち上げる体験をする．（自由試行） ○「てこ」・「力点」・「支点」・「作用点」という言葉を知る．	□小さな力でも重いものを持ち上げることに興味・関心をもち，意欲的に調べを進めようとする．（主体的に学習に取り組む態度：記録分析，行動観察）
1	2	○おもりが楽に持ちあがった場合と，持ち上がらなかった場合とを比較し，楽に持ち上げられた時には，何が要因となっているのかを話し合う．	□事象を比較していくとともに自由試行における経験を根拠にしながら，要因を考えることができる． （思・判・表：記録分析，発言）
2	3・4・5	○支点を真ん中にして，力点や作用点の位置を変えていくと，持ち上げる力はどのように変化していくのかを調べる． ○持ち上げる力の変化をグラフにまとめ，そこからわかること・いえそうなことをまとめる．（本時） ○てこの仕組みにおける規則性への気付きから，仮説を立てる．	□てこのはたらきを調べるために，支点から力点・作用点の長さをそれぞれ変化させ，条件を制御しながら調べを進めることができる．（技：行動観察） □てこを使い，加わる力の位置や大きさの違いに着目し，そこからてこの仕組みについて推論し考えることができる．（思・判・表：記録分析，発言）
3	6・7	○実験用てこを使って，てこのはたらきを詳しく調べ，規則性について改めて検証していく． ○おもりをぶら下げる位置やおもりの重さを変えて，実験用てこがつり合うときの結果を整理し，支点からの距離と力の関係をまとめる．	□実験用てこを使って，てこがつり合うときのおもりの重さと支点からの距離との関係を推論しながら調べ，てこの規則性に気付くことができる．（思・判・表：記録分析，発言）
4	8・9	○防災用バールの利用の仕方について改めて考える． ○てこの規則性が適用されている身近な道具についての理解を深める．	□てこの仕組みについて理解し，有効な利用の仕方を考えることができる．（知：記録分析，発言） □てこの規則性を利用した身の回りの道具を探し，てこの仕組みや働きについての考えを適用することができる．（思・判・表：記録分析，発言）

8．本時

（1）本時の目標

・支点から力点までの距離と力の関係を定量的に調べ，てこの規則性について考えることができる．

・実験結果を比較し，共通点や傾向を捉えることで，複数のデータから考察できることを自分なりに表現することができる．

（2）本時の評価

・てこのはたらきを調べるために，支点から力点の長さを変化させ，条件を制御しながら調べを進めている．　【知識・技能／行動観察】

・てこを使い，加わる力の位置や大きさの違いに着目し，そこからてこの仕組みについて推論し，考えている．　【思考力・判断力・表現力／記録分析，発言】

(3) 本時の展開

	学習活動（○） 予想される児童の反応（・）	指導上の留意点（・）	評価（□）・評価方法
導入 （7分）	○前時に立てた学習問題を確認する. **力点の位置を変えていくと，力点にかかる力（重さ）はどれくらい変化していくのだろうか？** ○前時にどのような予想を立てたのかをふりかえるとともに，実験方法を確認する.	・本時の学習問題を全員が明確に把握できるよう板書する. ・実験に入る前に，前時に立てた予想や実験方法を確認していくとともに，実験結果への見通しをもてるようにする.	
展開 （30分）	○支点・作用点はそのままにして，力点の位置を変えていくと，持ち上げる力はどのように変化していくのかを実験して調べる. ○実験結果を整理する. ○実験結果から考察する. 　（個人考察→全体考察） ・グラフに表すと，みんな似たようなデータになっていることがわかるね. ・グラフから大まかな傾向や規則性が見えてきたね. ・予想通り，数値化すると決まりがあることが見えてきた. ・力点が支点から遠いほど，軽い力でつり合った. ・支点から作用点までの距離より支点から力点までの距離が2倍だと重さが約半分（2分の1）でつり合うことがわかった. ・てこのつり合いは，計算式で求められるのかもしれないよ.	・力の大きさを重さで表していくために水の入ったペットボトルと吊り量りを使用する. ・各グループの結果をプロットしていくことで視覚的に実験結果を捉えられるようにする. ・既習との関係付けを図りながら，てこの規則性について推論して考えている発言・記述を価値付ける. ・お互いの考えを比べながら，考えていけるように板書で児童の意見を可視化していく. ・結果からいえること・いえそうなことを自分なりに捉え，考察する姿を価値付ける.	□てこのはたらきを調べるために条件を制御し，目的をもって調べを進めることができている.（技能：行動観察） □加わる力の位置や大きさの違いに着目し，そこからてこの仕組みについて推論し，考えることができている.（思・判・表：記録分析・発言） □各グループが出した結果を比較し，傾向を捉えていくことができる.（思考：発言・記録分析）
まとめ （8分）	○今回調べてわかったことをまとめる. 　（結論）	・問いに立ちもどって，考えをまとめていけるよう声かけする.	

9. 板書計画

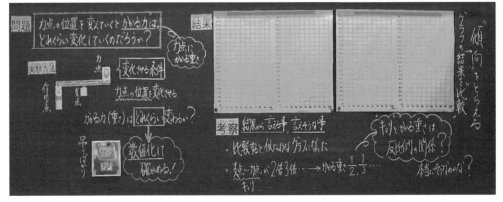

10. 学習材の有用性（吊り量りの利用について）

　本単元では，「支点から力点」「支点から作用点」までの距離を変化させる事が，手ごたえ（かかる重さ）をどれだけ変容させていくのかについて調べていくために，吊り量りを利用する．この学習材のよさは，手ごたえという体感的な情報と数値としての客観的な情報との両面で同時に事象を捉えていくことができ，実感を伴った事象理解へとつなげていくことができるところにある．吊り量りは，一定時間を過ぎると，数値が確定するもの，数値が確定した際に音がなるものを用意した．また，下向きに引く事になるので，数値を表示する液晶が側面にあり計測しやすいものを選んだ．

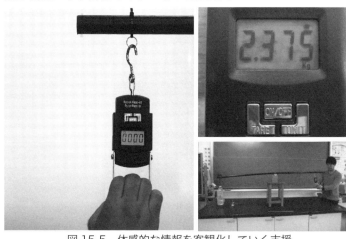

図 15-5　体感的な情報を客観化していく支援

参考文献

文部科学省（2018）：小学校学習指導要領（平成29年告示）解説理科編，東洋館出版社．

森本信也 編著（2017）：理科授業をデザインする理論とその展開，東洋館出版社．

森本信也・八嶋真理子 編著（2009）：子どもが意欲的に考察する理科授業，東洋館出版社．

--------------------------------- 課　題 ---------------------------------

1　問題の設定場面において，教師が大切にすべき支援の在り方について，具体例をあげながら考えを述べましょう．

　　hint 本書における実践（てこのはたらきの単元）に限らず，他の単元の具体的な場面を想定しながら，次の2つの視点をもって整理し，支援のあり方を考えてみよう．

　　　・子どもが学習材にふれるための時間と空間のデザイン

　　　・子どもが学習材にふれたときに，どのような反応・発言をするのか

　　　（具体的な子どもの姿・発言を想定し，イメージしてみる．）

2　本実践 『6年：てこのはたらき』において，児童が実験で得た数値データをグラフに転記していく（プロット化していく）という過程は，どのような見方・考え方の発揮を期待し，意図したものだったのかを考えましょう．

　　hint 本章における第3節をもとに，どのような「見方」「考え方」を発揮することが望ましいかについて整理し，具体的な子どもの姿を想定しながら，考えを書き出してみよう．

第16章　生活科や中学校理科との関係性

第1節　乳幼児期の遊びと小学校理科との関係性

　自然と関わる乳幼児期の遊びの姿から小学校理科との関係性を考察していく．乳幼児期の遊びでは，感覚的な遊びを創造する姿が見られる．ここでは特に，自然と関わる活動の中での遊びについて考えていく．この時期の子どもは，自然やものに触って，感覚的な「遊びの創造性」が，早くも3歳児頃に現れると一般的にいわれている．この頃は「ひとり遊び」の時期であり，気付いたことにも長期記憶はない．その後4歳児には，遊びの交流が他者と

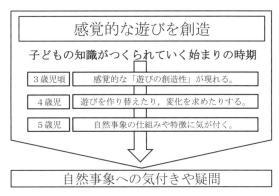

図 16 -1　自然事象と乳幼児期の遊び

行われるようなる．また自然の中で遊びを作り替えたり変化を求めたりするようになる．この頃から自然の事物・現象に対する創造性が育まれていく．さらに5歳児になると，遊びのルール性が生まれ，とくにもののしくみやその動きの特徴に気が付くようになる（下條・福地，2002：47-48）．つまり，小学校入学前頃から，子どもたちは遊びの体験を通して，自然事象への気付きや疑問が生まれていくのである（図16-1）．このような体験を通した感覚的な知識が小学校生活科や小学校理科へとつながっていくと考えられる．

　幼稚園という生活の場においては，幼児の自発的な活動としての遊びを重視しながら，教師の支援を受け，幼児期にふさわしい資質・能力の基盤を育むことが必要である．「幼児期の教育は，教科を中心とする小学校以上の教育と違って，遊びを中心とした生活を通じて生涯にわたる人格形成の基礎を培うことが基本となっている．そのため幼稚園教育要領では，『健康』『人間関係』『環境』『言葉』『表現』という5領域が示され，これらの様々な体験を重ねることで，お互いを関連させながら徐々に育むこととしている．」（神永，2018：42-43）小学校理科との関係を考えていく上で，「幼稚園教育要領」（文部科学省，2018a）（以下，「教育要領」）を基に検討する．「教育要領」では，幼稚園教育の「環境」領域について以下のようにねらいと内容を設定している．内容については，特に小学校理科と関連の深い項目が挙げられている．

　周囲の様々な環境に好奇心や探究心をもって関わり，それらを生活に取り入れていこうとする力を養う．

　［環境領域のねらい］

　　(1)　身近な環境に親しみ，自然と触れ合う中で様々な事象に興味や関心をもつ．

　　(2)　身近な環境に自分から関わり，発見を楽しんだり，考えたりし，それを生活に取り入れようとする．

　　(3)　身近な事象を見たり，考えたり，扱ったりする中で，物の性質や数量，文字などに対する感覚を豊かにする．

［内容］

(1) 自然に触れて生活し，その大きさ，美しさ，不思議さなどに気付く．

(2) 生活の中で，様々なものに触れ，その性質や仕組みに興味や関心をもつ．

(3) 季節により自然や人間の生活に変化のあることに気付く．

(4) 自然などの身近な事象に関心をもち，取り入れて遊ぶ．

(5) 身近な動植物に親しみをもって接し，生命の尊さに気付き，いたわったり，大切
にしたりする．

(6) ～ (12) 省略 　　　　　　　　　　　　　　　　　（文部科学省，2018a：14-15）

　小学校理科へとつながっていく幼児の姿を具体化するために，内容 (4) の「自然などの身近な事象に関心をもち，取り入れて遊ぶ」姿を取り上げる．「教育要領」には，風で遊ぶ幼児の姿が示されている．風の動きを肌で感じ，自分でつくった紙飛行機や凧などを少しでも高く，遠くに飛ばそうと高いところを見付け，飛ばしたり，風の向きを考えたりして遊んでいる姿である．

　「遊びが幼児の興味や関心に基づいて十分に繰り返されるように援助しながら，幼児の自然などの身近な事象への関心が高まるようにすることが大切である．単に自然の事象についての知識を得ることではなく自然の仕組みに心を動かし，ささいなことであってもその幼児なりに遊びの中に取り入れていくことが大切である．」(文部科学省，2018a：198)

　このように，風の動きを体験的に味わう活動を十分に設定していくことが，小学校理科の学習へとつながっていく．例えば第 3 学年理科「風のはたらき」（霜田他，2015a：89）である（図 16-2）．この単元では，風のはたらきで風車を回す活動をもとにして，風車の速さを比べたり，風を当てたときのものの動く様子を確かめたりしながら，風にはものを動かす力があるということについて考え，理解することをねらいとしている．この単元の理解を支える基礎として，「空気を動かすと風が生まれること」や，「風には『強さの違い』」があることを理解していることが必要である．このことを感覚的に理解しておかないと，「風の強さ」を変化させる実験方法やそれによるものの動きの様子を定量的に調べて，関連付けて理解していくことは難しい．

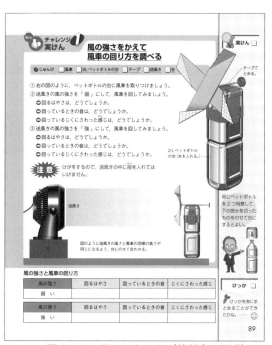

図 16 -2　風のはたらき（教科書の記述）

　このような理解は，幼児期の風の力を利用した様々な遊びの中で十分に養われるものである．このように，乳幼児期における遊びと小学校理科の内容は関わり合っている．乳幼児期の遊びの中で体験的に育まれた自然の事物，現象についての感覚的な理解を，小学校理科の学習につなげて考えさせていくことが大切である．

第2節　生活科と小学校理科との関係性

　須本（2018）は、「生活科は、平成元年創設以来、児童の生活圏を学習の対象や場として、それらと直接関わる具体的な活動や体験を通して様々な気付きを得て、自立への基礎を養うことをねらいにしてきた教科である。気付きは、低学年児童の発達の特性から設定されてきた生活科独自の資質・能力の一つといってよい。」(p. 26) と生活科の独自性を指摘している。幼児期の教育と児童期では、教育の仕方に違いがある。以下に示す表16-1は、幼児期の教育と児童期の教育を5つの観点で比較したものである。

表 16-1　幼児期の教育と児童期の教育の違い

	幼児期の教育	児童期の教育
教育課程の基準	幼稚園教育要領 保育所保育指針 幼保連携型認定こども園教育・保育要領	小学校学習指導要領
	5領域 （健康・人間関係・環境・言葉・表現）	各教科等
主な教育課程の構成原理	経験カリキュラム （生活や経験を重視）	教科カリキュラム （学問体系を重視）
教育目標の設定	方向目標 （教育の方向付けを重視）	到達目標 （目標への到達を重視）
主たる教育的アプローチの方法	遊びを通した総合的な指導	各教科の目標・内容に沿って選定された教材による指導
「学び」の形態	学びの芽生え（無自覚な学び）	自覚的な学び

(出典：須本，2018: 40)

　児童期（小学校）における生活科の教育は、目標や内容に沿って選定された教材によって、目標への到達を重視した指導を行っていくところにその特色がある。生活科は、その創設当初から幼児期から児童期にかけての学びの違いを円滑に接続できるように取り組んできているところが1つの特色である。

　小学校理科との関係を考えていく上で小学校学習指導要領解説生活科編（文部科学省，2018b）（以下「生活科指導要領」）を基に捉えていくようにする。

　「生活科指導要領」では、以下のようにねらいと内容が設定されている。内容については、特に小学校理科と関連の深い項目が挙げられている。

　［生活科の目標］

　具体的な活動や体験を通して、身近な生活に関わる見方・考え方を生かし、自立し生活を豊かにしていくための資質・能力を次のとおり育成することを目指す。

(1)　活動や体験の過程において、自分自身、身近な人々、社会及び自然の特徴やよさ、それらの関わり等に気付くとともに、生活上必要な習慣や技能を身に付けるようにする。

(2)　身近な人々、社会及び自然を自分との関わりで捉え、自分自身や自分の生活について考え、表現することができるようにする。

(3) 身近な人々，社会及び自然に自ら働きかけ，意欲や自信をもって学んだり生活を豊かにしたりしようとする態度を養う.

［内容］

(1) ～ (4) 省略

(5) 身近な自然を観察したり，季節や地域の行事に関わったりするなどの活動を通して，それらの違いや特徴を見付けることができ，自然の様子や四季の変化，季節によって生活の様子が変わることに気付くとともに，それらを取り入れ自分の生活を楽しくしようとする.

(6) 身近な自然を利用したり，身近にある物を使ったりするなどして遊ぶ活動を通して，遊びや遊びに使う物を工夫してつくることができ，その面白さや自然の不思議さに気付くとともに，みんなと楽しみながら遊びを作り出そうとする.

(7) 動物を飼ったり植物を育てたりする活動を通して，それらの育つ場所，変化や成長の様子に関心をもって働きかけることができ，それらは生命をもっていることや成長していることに気付くとともに，生き物への親しみをもち，大切にしようとする.

(8)(9) 省略

(文部科学省，2018b：8-51 一部抜粋)

小学校理科へとつながっていく生活科での児童の姿を具体化するために，内容(6)の「身近な自然を利用したり，身近にある物を使ったりするなどして遊ぶ活動」をする姿を考えていく. 例えば，第1学年生活科「みずやつちであそぼう」（片上他，2013：42）の単元である（図16-3）. この単元では，水を校庭で流してみてその様子を観察したり，様々な大きさの泥団子を作ってみたりする活動を行う. その中で，水や土の面白さや不思議さに気付くとともに，みんなと楽しみながら水や土を使った様々な遊びを作り出そうとすることをねらいとしている.

水や土を使った生活科の学習の中での気付きは，例えば，第4学年理科「もののせいしつ」へとつながっていく. 具体的には，「校庭の水が乾いていく」という気付きが，水の状態変化についての見通しをもった観

図16-3 みずやつちであそぼう（教科書の記述）

察，実験につながっていくなどである. 校庭の水が乾いていくことに気付き，そのことに興味や疑問をもたせながら活動させていくようにする.

このように，生活科における学習と理科の内容は関わり合っているものである. 生活科における気付きを，理科の学習につなげて考えさせていくことが大切である.

第3節　中学校理科と小学校理科の関係性

　従来，小学校理科と中学校理科ともに「科学的な見方や考え方」は，「問題解決の活動によって児童が身に付ける方法や手続きと，その方法や手続きによって得られた結果及び概念を包含する」とされてきた．今回の学習指導要領の改訂では，「見方・考え方」は資質・能力を育成する過程で児童が働かせる「物事を捉える視点や考え方」であること，さらには，教科等ごとの特徴があり，各教科等を学ぶ本質的な意義や中核をなすものとして全教科等を通して整理された．小学校理科と中学校理科の関係性を考えるときに，理科の見方・考え方が表16-2のように発達の段階に応じてつながっていくものだということを認識する必要がある．

表16-2　小・中学校理科の見方・考え方

小学校理科	中学校理科
[見方] 自然の事物・現象をどのような視点で捉えるかを領域ごとの特徴から整理 [考え方] 児童が問題解決の過程の中で用いる，比較，関係付け，条件制御，多面的に考えることなど	自然の事物・現象を，質的・量的な関係や時間的・空間的な関係などの科学的な視点で捉え，比較したり，関係付けたりするなどの科学的に探究する方法を用いて考えること

(出典：文部科学省，2018c；2018d)

　小学校と中学校を通して学ぶ個々の学習内容が「エネルギー」，「粒子」，「生命」，そして「地球」という4つの概念の領域で整理された．このような小学校と中学校の区分が統一されたことにより，学習内容が明確に整理され，系統性も明らかになったと言える．ここに日本の理科教育の伝統であるスパイラル・カリキュラムの特色が見られる．

表16-3　小・中学校の内容の系統性

小学校分類		A区分（物質・エネルギー）		B区分（生命・地球）	
中学校分類		化学分野	物理分野	生物分野	地学分野
小学校	3年	【例】 　物と重さ（形と重さ，体積と重さ）			
	4年				
	5年	物の溶け方（溶ける量の変化，重さの保存）			
	6年	水溶液の性質（酸・アルカリ・中性，物が溶けている水溶液）			
中学校	1年	水溶液（物質の溶解，溶解度，再結晶）			
	2年	化学変化，化学変化と物質の質量（化学変化と質量の保存，質量保存の法則）			
	3年	酸・アルカリとイオン			

　このように小・中学校で学習する理科の内容が，物理・化学・生物・地学の4区分を俯瞰する「科学の基本的な見方や概念」を柱として整理された．
　表16-3で示した第3学年（形と重さ，体積と重さ）から学んでいく内容については，系

統性が見えやすい．児童がどのように学びを深めていくか，この内容を基に説明する．

第3学年単元「ものの重さを調べよう」（霜田他，2014：120）では，身の回りのいろいろなものに関心をもち，それらの重さを体感や測定によって調べる活動を通して，ものの重さをものの体積や種類と関係付けて捉えられるようにすることがねらいとされている（図16-4）．ものの形を変えたり細かく分けたりすると，重さは変わるのか調べる活動を通して，ものは形や大きさが変化しても全体の重さは変化しない（粒子の保存性）という考え方の素地を養っていくようにする．具体的には，粘土などの，児童が操作しやすい教具を使って実験を行っていく．

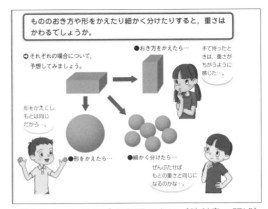

図16-4　ものの重さを調べよう（教科書の記述）

第5学年単元「もののとけ方」（霜田他，2015c：139）では食塩やミョウバンについて，水の量や温度等の条件に着目しながら溶け方の違いを観察し，見いだした問題を意欲的に追究していくことをねらいとしている（図16-5）．その中で，物が水に溶けてもその重さは保存されていることを捉えていく．この学習では，溶かした物質が目に見えなくなる．しかし，物の重さが保存されていることを予想するときに，第3学年で，目に見える大きさのものを細かくしても，重さが変わらなかった学習を想起することができれば，見通しをもって観察，実験でき，内容の理解もさらに深まっていくと考えられる．

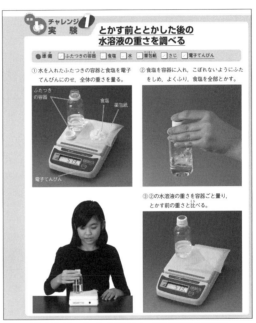

図16-5　ものの溶け方（教科書の記述）

一方，中学校第2学年単元「化学変化と質量の保存」では，化学変化の前後における物質の質量を測定する実験を行い，反応物の質量の総和と生成物の質量の総和が等しいことを見いだして理解することをねらいとしている．中学校第1学年や小学校で学んだことを基に考えながら，化学変化によって，質量の総和が前後で変化しないことを考えていく．学年，学校間において，内容の関連を計画的に図っていくことができる．

このように，小学校理科において学んだ内容や方法は，中学校理科の学習へと系統的に関わり合っていくことがわかる．ここで大切なことは，第1，2節で述べてきたように，小学校第3学年が児童の学習のスタートではないということである．第1学年生活科「みずやつちであそぼう」では，水に土を混ぜて泥団子作りをする．その団子を合体させたり，小さな団子に分けたりする活動の中で，児童は体験的に質量について学んでいる．さらに遡ると，乳幼児期に砂場で自由に遊ぶ体験を行っているのである．ある程度の時間が経過しながらも，児童（幼児，生徒）は段階的に学びをつないでいるのである．

第4節　小学校低学年理科の可能性

　これまでに，幼児教育，小学校生活科，小学校理科，中学校理科の関係性について述べてきた．小学校では第3学年から，理科という教科を設定している．しかし，これまでに述べてきたように，小学校低学年以前でも理科に関わる内容については，体験的にではあるが学習をしているところである．小学校低学年における理科の可能性についてもう一度考えていきたい．

　まず，低学年段階で実施されてきた理科が廃止され，生活科が新設された経緯を，以下に示す表16-4でまとめた．1967年以降，低学年理科と社会科について，児童の発達段階に即していないのではないかという議論が繰り返しなされてきた．

表 16-4　生活科誕生までの議論の変遷

年	審議会等	低学年へ生活科が誕生するまでの議論の経過
1986	低学年の教育に関する調査研究協力者会議	◎1977年版小学校学習指導要領では，「教科編成を変えないでも指導方法の工夫によって（低学年の指導が）できるのではないか」という意見が出され，「教科の編成は従前どおり」とし，合科的な指導が推進された．しかし，合科的な指導には「指導計画の作成や教材の面で実施上の問題があり，必ずしも普及し，定着していないのが実情」であった． ◎調査研究協力者会議は，「低学年児童には未分化な発達状態がみられ，また，この時期は具体的な活動を通して思考する段階にあることから，……児童の具体的な活動や体験に即して指導する方が一層有効に達成できる」とし，「総合的な新教科として生活科（仮称）を設けること」を提言した．
1987	教育課程審議会答申	◎児童の発達上の特徴や社会の変化に主体的に対応できる能力の育成等の観点から，「新教科として生活科を設定し，体験的な学習を通して総合的な指導を一層推進するのが適当である」と判断した．
1989		○生活科創設

（出典：須本，2018：13-14. 一部抜粋）

　磯﨑（2018）は，「一般的に幼児期には，自然に親しみ，自然の中で遊びを通して身の回りの自然に対する興味，関心を喚起すること，植物の栽培や動物の飼育を通して生命への畏敬の念を育成すること，玩具の製作や遊びなどを通して工夫・考察すること，などが低学年理科で育成すべき資質・能力等として歴史的に求められてきた．加えて，戦後の日本の初等理科教育（低学年に限らず）は問題解決がキーワードとなっていた．」（p. 39）と述べている．低学年理科を実施する際には，問題解決学習となり得るかを検討していく必要がある．

　広島大学附属小学校では，小学校低学年理科を開設し，実践を行っている．子どもの発達の段階を考慮して，基礎・基本的な内容からより幅を広げ深化させた内容を学んでいくスパイラル・カリキュラムの視点から，第1学年理科「空気のひみつをさぐろう」の学習指導案を作成した．

小学校理科　学習指導案

1. 日時　20○○年○月○日　（火曜日）　第○限

2. 対象　第1学年○組　○名

3. 単元　空気のひみつをさぐろう

4. 単元について

(1) 単元観（教材観）

　本単元は，「水，空気，金属などの物質と有効利用」について，空気を集めたり，空気を閉じ込めたりして，空気の性質についての考えをもつことができるようにすることを主なねらいとしている．具体的には，①空気は，ポリエチレンの袋や風船の中に閉じ込めることができること，②空気は，水中では泡になり，見えるようにすることができることである．この学習は，第4学年「もののせいしつ」（図16-6）（霜田他，2015b）へとつながっていくもの

である．「もののせいしつ」の学習では，空気を閉じ込めて，力を加えていくことから始まる．単元始めに体験的に空気を集める活動を設定するものの，「空気が存在している」，「空気は集めることができる」という考えを前提とした学習となっている．そこで，小学低学年の段階で，このような空気についての基礎となる理解を広げていくこと（スパイラル・カリキュラム）は，体験的な学習を通して，五感を使って体験的に理解していくことに適している小学校低学年という発達の段階からも意義深い．

図16-6　もののせいしつ（教科書の記述）

(2) 児童観

　本学級の児童は，身の回りの自然事象に興味をもち，進んで調べていこうとする児童が多く見られ，「理科で土を使って，進んでひみつを見つけたか」という問いに85%の児童が「とてもそう思う」と答えていた．さらに児童の実態を幼児期の遊びと関連付けて捉えていくようにする．幼児期の遊びでは，紙飛行機を作って飛ばしたり，ボールを使って友達と関わったりする活動を90%以上の子どもが経験している．その中で，空気という言葉は知っている．しかし，「ボールの中には何も入っていない．」「ボールの中は全てゴムでできている」と考えるなど，空気の存在を確かに実感することは十分ではない児童もいる．

(3) 指導観

　第1次では，段ボールを使った空気鉄砲を提示する．身の回りにある空気の存在や，感覚を体感的に味わわせることで，空気の性質について見通しをもち，追究していきたいという意欲をもたせる．第2次では，様々なもの（袋や風船）に空気を集める活動を設定する．

目に見えない空気を集め，その感触を確かめることで，空気が確かに存在していることについて理解できるようにする．第3次では，目に見えない空気を視覚的に確かめる方法として水中の泡に着目させる．袋の中の空気を水中で少しずつ出させたり，容器内の空気を水中で確認させたりすることで，より空気の存在を実感していくことができるようにする．

5．単元の目標
○ 空気は，ポリエチレンの袋や風船の中に閉じ込めることができること，水中では泡になり見えるようにすることができることを様々な方法で実験し，理解することができる．
○ 空気を集める実験を行ったり，水中で泡の様子を観察したりする活動を通して，空気が存在していることについて考え，図や言葉で表現することができる．
○ 空気に関心をもち，空気をいろいろなものの中に集めたり，水中で視覚的に空気の存在を捉えたりする活動に進んで取り組み，空気について理解を広げながら，その面白さを感じることができる．

6．単元の評価規準

知識・技能	思考力・判断力・表現力	主体的に学習に取り組む態度
空気は，集めることができ，存在していることについて確かめ理解することができる．	空気が存在していることについて考え，図や言葉で表現することができる．	空気を用いた実験に進んで取り組み，その面白さを感じることができる．

7．指導と評価の計画（全6時間））本時は、第2次1時間　（3/6）

次	時間目	学習活動	評価の観点 知	評価の観点 思	評価の観点 態	評価規準	評価
1	1	空気鉄砲の観察と試しの活動			◎	空気鉄砲を観察したり，試しの活動を進んで行ったりして面白さを感じている．	行動観察
	2	空気鉄砲の体験と振り返り	○			空気を使って活動したことを振り返っている．	発言分析
2	3	空気を様々な大きさの袋に集める遊びを通した活動（本時）	○			遊びを通して，空気は集められることを理解している．	行動観察
				◎		袋の中の空気の存在について，図や言葉を使って表現している．	記述分析
	4	袋を使った活動の振り返りとまとめ	○			袋の中の空気について交流したことを振り返り，再度確かめる活動を行っている．	行動観察
3	5	水中における泡の観察，実験	○			水中の泡を観察して，空気が水中に存在していることや，見て確認できることを確かめ理解している．	行動観察発言分析

			◎	水中における空気の存在について，図や言葉を使って表現している．	記述分析
6	空気について観察したことの振り返りとまとめ	○		これまでに空気について学習してきたことを振り返り，分かったことをまとめている．	発言分析 記述分析

◎：指導に生かすとともに記録して総括に用いる評価，○：主に指導に生かす評価

8．本時

(1) 本時の目標

　様々な大きさや形の袋に空気を集めるという遊びを通して，空気は集めることを理解できる．さらに袋の中の空気の存在について，「袋の中には，空気があって，押すと戻される感触がある」など図や自分の言葉を使って表現できる．

(2) 本時の評価

　主に指導に生かす評価
・遊びを通して，空気は集めることができることを理解している．【知識・技能／行動観察】
　指導に生かすとともに記録して総括に用いる評価
・空気の存在について，「袋の中には，空気があって，押すと戻される感触がある」など図や自分の言葉を使って表現している．　【思考力・判断力・表現力／記録分析】

(3) 本時の展開

	学習活動・予想される児童の反応	指導上の留意点	□ 評 価
導入（5分）	1　前時の空気鉄砲で見つけたひみつを振り返り，本時の活動について話し合う． ・空気鉄砲の箱には空気が入っていたな． ・空気は他のものでも集めることができるかな．	・箱の中の空気に着目させることができるように，空気鉄砲の仕組みを図で提示する．	
展開（30分）	2　空気が集めることができるかを予想し，袋に空気を集める遊びを通して，空気の感触を確かめる． ・大きな袋だとたくさん押すことができるな． 3　袋に穴を開けて空気が抜けていく様子を確かめる実験を行う． ・やっぱり袋に穴を開けると，空気が入っていたな．	・空気の感触を何度も確かめることができるように，様々な形，大きさの袋を準備する． ・空気鉄砲の仕組みを振り返らせることで，穴を開けて調べる見通しをもたせる．	□遊びを通して，空気は集められることを理解している．【行動観察】
まとめ（10分）	4　空気の様子を図や言葉で表現し，交流する． ・袋の中には，空気があって，押すと戻される感触があるな．	・空気鉄砲で提示した図を提示し比較させることで，表現する方法を考えさせる．	□空気について調べてわかったことを，図や言葉で表現している．【記述分析】

9. 板書計画

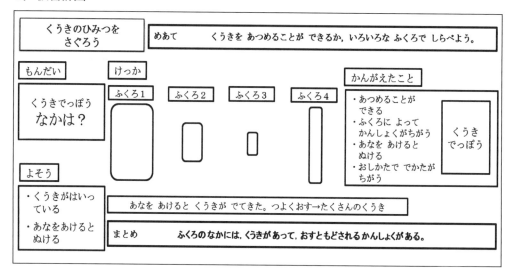

引用文献

磯﨑哲夫（2018）：あらためて低学年理科について考える，学校教育，1212, 38-43.

片上宗二 他（2013）：あたらしいせいかつ上，学校図書.

神永典郎（2018）：第3章 低学年児童の実態，須本良夫編，「生活科で子どもは何を学ぶか - キーワードはカリキュラム・マネジメント -」，東洋館出版.

文部科学省（2018a）：幼稚園教育要領，東洋館出版社.

文部科学省（2018b）：小学校学習指導要領解説生活編，東洋館出版社.

文部科学省（2018c）：小学校学習指導要領解説理科編，東洋館出版社.

文部科学省（2018d）：中学校学習指導要領解説理科編，東洋館出版社.

下條隆嗣 他（2002）：小学校理科教育法，学術図書出版社.

霜田光一他（2015a）：みんなと学ぶ小学校理科3年，学校図書.

霜田光一他（2015b）：みんなと学ぶ小学校理科4年，学校図書.

霜田光一他（2015c）：みんなと学ぶ小学校理科5年，学校図書.

霜田光一他（2015d）：みんなと学ぶ小学校理科6年，学校図書.

須本良夫（2018）：第1章 生活科教育のこれまでとこれから，須本良夫編著，「生活科で子どもは何を学ぶか - キーワードはカリキュラム・マネジメント -」，13-14，東洋館出版社.

1　小・中学校理科において，理科の「見方・考え方」はどのように関連付けられているだろうか．
　　hint 小・中学校理科において，「見方」と「考え方」がそれぞれどのように整理されているかを考え，
　　　　共通点と相違点を整理しよう．

2　小・中学校理科の内容はどのように系統化されているかを説明しよう．
　　hint 小学校と中学校の学習内容の区分がどのように整理されているかを検討してみよう．

3　生活科が創設された教育的背景について考えよう．
　　hint 本章における表16-4から，低学年の教育に関する研究をもとに，それまでの指導の課題や改善
　　　　点を整理しよう．
.
4　理科のスパイラル・カリキュラムについて簡潔に述べよう．
　　hint 小学校ての理科学習，さらに中学校理科へと，学習内容がどのように関連付けられているのかをま
　　　　とめよう．

初 等 理 科 教 育 法
～先生を目指す人と若い先生のために～

令和 6 年 8 月 26 日　第 4 刷発行

磯﨑 哲夫　編 著

発行者　橋本　和夫

発行所　学校図書株式会社

　　　　〒 101- 0063　東京都千代田区神田淡路町 2 - 23 - 1

　　　　電話 03 - 6285 - 2957　（編修）

　　　　URL http://www.gakuto.co.jp

ISBN978-4-7625-0240-8 C3037